教育行政概论

（第三版）

JIAOYU XINGZHENG GAILUN

陈孝大　主编

国家开放大学出版社·北京

图书在版编目（CIP）数据

教育行政概论/陈孝大主编. —3版. —北京：国家开放大学出版社，2021.5（2025.4重印）

ISBN 978-7-304-10816-8

Ⅰ.①教… Ⅱ.①陈… Ⅲ.①教育行政-概论-开放教育-教材 Ⅳ.①G46

中国版本图书馆 CIP 数据核字（2021）第 087690 号

版权所有，翻印必究。

教育行政概论（第三版）
JIAOYU XINGZHENG GAILUN
陈孝大　主编

出版·发行：国家开放大学出版社
电　话：营销中心 010-68180820　　　总编室 010-68182524
网　址：http://www.crtvup.com.cn
地　址：北京市海淀区西四环中路 45 号　　邮编：100039
经　销：新华书店北京发行所

策划编辑：陈　蕊	版式设计：何智杰
责任编辑：秦　潇	责任校对：吕昀谿
责任印制：陈　晨　马　严	

印刷：固安县铭成印刷有限公司
版本：2021 年 5 月第 3 版　　　2025 年 4 月第 4 次印刷
开本：787mm×1092mm　1/16　　印张：16.75　字数：292 千字

书号：ISBN 978-7-304-10816-8
定价：26.00 元

（如有缺页或倒装，本社负责退换）
意见及建议：OUCP_KFJY@ouchn.edu.cn

前　言

《教育行政概论》（第三版）是国家开放大学公共事务管理（学校及社会教育管理方向）（专科）专业的统设必修课程指定教材。该教材从2001年的初版，到2016年的第二版，再到2021年的第三版，20年过去了。这20年间，我国的经济、社会获得了飞速发展，教育结构和规模都发生了极大的变化，教育行政从理论到实践各方面都有了显著的进步。在这个背景下，本编写组应约对本书在第二版基础上再次作出修订。

本教材第三版编写人员分工如下：第一章、第八章、第十三章，陈孝大教授；第二章、第七章、第十一章，别敦荣教授；第三章、第五章、第九章，杨永博副教授；第四章、第六章，余学锋副教授；第十章，李晓燕教授；第十二章，肖远军教授、杨永博副教授。陈孝大教授担任本教材主编，负责全书统稿、定稿。

本次修订工作于2020年开始。第三版教材是在2016年第二版的基础上，综合吸收了国内外教育行政领域的最新研究成果，特别是体现了党的十九大以来中国教育行政法规和政策的变化，增加了"教育政策"一章，并对第二版的"教育行政组织机构"一章和"教育督导"一章等内容进行了适当修订和补充。

本教材编写组最早成立于1998年夏天，为了保证本教材的质量，第一版曾经历了课程教学大纲的起草、研讨、审定，样章的起草、研讨、审定，全部初稿的撰写、研讨、审定等环节。我国部分有代表性的老一辈著名教育行政理论学者，如萧宗六教授、贺乐凡教授、卢元锴教授、张耀源教授、刘淑兰教授、孙天正教授、黄元祺教授等都为本教材的编写给予了不同程度的指导和帮助。国家开放大学的杨永博副教授为本书的顺利付梓做了大量的组织协调工作，该校的李林曙教授、赵莉副教授也对本书的设计提出了宝贵的建议。

在本书第三版即将付梓之际，我们还要特别感谢国家开放大学出版社的三任编辑。本书初版的编辑为沈芬，第二版的编辑为李京妹，第三版的编辑为秦潇。她们都为本书的质量把关、文字把关和美工设计付出了辛勤的劳动，在此一并致谢！

《教育行政概论》（第三版）编写组
2021年3月于上海

目 录

第一章	绪论	1
第一节	教育行政的含义、内容和研究方法	2
第二节	我国教育行政的产生和发展	7

第二章　教育行政体制 …………………………………… **16**
　　第一节　教育行政体制概述………………………………… 17
　　第二节　中华人民共和国教育行政体制的历史发展………… 23
　　第三节　我国基础教育行政体制改革……………………… 27
　　第四节　我国高等教育行政体制改革……………………… 30

第三章　教育行政组织机构 ……………………………… **34**
　　第一节　七十年来我国教育行政组织机构的发展过程……… 35
　　第二节　我国现行的中央教育行政组织机构……………… 37
　　第三节　我国现行的地方教育行政组织机构……………… 42
　　第四节　教育行政组织机构的改革………………………… 46

第四章　学校教育制度 …………………………………… **52**
　　第一节　学校教育制度概述………………………………… 53
　　第二节　学校教育制度建立的依据………………………… 56
　　第三节　我国近现代学校教育制度的发展………………… 59
　　第四节　我国现行的学校教育制度………………………… 63

第五章　课程行政 ………………………………………… **69**
　　第一节　课程行政概述……………………………………… 70
　　第二节　课程行政体制……………………………………… 71
　　第三节　课程行政的内容…………………………………… 75

　　　　第四节　课程实施的指导……………………………………… 84

第六章　教育人事行政 ……………………………………………… 88
　　　　第一节　教育人事行政概述 …………………………………… 89
　　　　第二节　教育行政机关内的国家公务员管理 ………………… 92
　　　　第三节　校长的管理 …………………………………………… 98
　　　　第四节　教师的管理 …………………………………………… 107

第七章　教育财政 …………………………………………………… 114
　　　　第一节　教育财政概述 ………………………………………… 115
　　　　第二节　教育财政的基本制度 ………………………………… 116
　　　　第三节　我国的教育经费 ……………………………………… 119

第八章　教育设施 …………………………………………………… 127
　　　　第一节　校舍的建设与管理 …………………………………… 128
　　　　第二节　学校设备的配置与管理 ……………………………… 141

第九章　教育政策 …………………………………………………… 148
　　　　第一节　教育政策概述 ………………………………………… 149
　　　　第二节　教育政策制定 ………………………………………… 154
　　　　第三节　教育政策执行 ………………………………………… 158
　　　　第四节　我国当前教育政策的现状 …………………………… 162

第十章　教育法规与教育行政执法 ………………………………… 170
　　　　第一节　教育法规概述 ………………………………………… 171
　　　　第二节　教育立法 ……………………………………………… 175
　　　　第三节　教育行政执法 ………………………………………… 180

第十一章　教育规划 ………………………………………………… 193
　　　　第一节　教育规划概述 ………………………………………… 194
　　　　第二节　制订教育规划的相关因素 …………………………… 196
　　　　第三节　制订教育规划的原则 ………………………………… 200
　　　　第四节　制订教育规划的方法和程序 ………………………… 203

第十二章　教育督导 ………………………………………………… 210
　　　　第一节　教育督导概述 ………………………………………… 211

第二节　教育督导的职能 ················ **215**
　　第三节　教育督导的过程 ················ **218**
　　第四节　教育督导的内容 ················ **222**
　　第五节　教育督导的机构和人员 ············ **225**
　　第六节　教育督导的原则 ················ **229**

第十三章　教育评价 ······················· **236**
　　第一节　教育评价概述 ················· **237**
　　第二节　教育评价的原则 ················ **244**
　　第三节　教育评价的方法 ················ **247**
　　第四节　教育评价的实施 ················ **252**

参考文献 ····························· **255**

第一章

绪　论

学习目标

了解教育行政的含义；

明确教育行政的内容；

熟悉教育行政的研究方法；

理解我国教育行政产生和发展的基本过程；

认清我国当前教育行政改革的基本走向。

第一节　教育行政的含义、内容和研究方法

一、教育行政的含义

　　教育行政是政府的职能，是国家行政的重要组成部分，是国家通过政府的教育行政部门对教育事业进行的组织、领导和管理。

　　教育是一项培养人的系统工程，是社会向年轻一代传递知识、技能、文化、习俗、道德的过程。教育既是家庭的工作，也是社会的工作。学校的出现，使得教育更加专门化，提高了教育的规模和效益。在现代社会里，教育成了生活的必需品，谁来负责组织和管理年轻一代的教育呢？仅靠家庭是不够的，仅靠企业也是不够的，最具权威的组织和管理者是政府，包括地方政府和中央政府。不同国家的形成方式和民族传统不一样，其政府对教育行政的职责也不一样。在中央集权制国家，教育行政的重心在中央政府，中央政府对该国教育事业进行统筹、组织和管理。在地方分权制国家，教育行政的重心在地方政府，地方政府在教育行政中发挥更大的作用，中央政府只起协调和统筹的作用，在地方分权制教育行政体制下，不同地区的教育会有不同的法规、要求。

　　《中华人民共和国教育法》（简称《教育法》）规定："中等及中等以下教育在国务院领导下，由地方人民政府管理。""高等教育由国务院和省、自治区、直辖市人民政府管理。"（第14条）"县级以上地方各级人民政府教育行政部门主管本行政区域内的教育工作。""县级以上各级人民政府其他有关部门在各自的职责范围内，负责有关的教育工作。"（第15条）

　　教育行政的目标在于保障全体公民的教育权利，促进社会教育事业的发展，从而为社会进步和繁荣服务，具体来说主要有两个目标：一是增强民族凝聚力。统一文字的编订与使用，民族传统文化进入"教科书"，统一的教育行政网络的建立，都强调了民族的共性，对民族的形成和发展，都起到了极其重要的作用。没有民族凝聚力就没有社会的安定和世界的和平，历史和现实都充分地说明了这一点。二是推动社会经济发展。知识经济时代的到来，要求各国政府做好准备，培养好本国的人力资源，使他们能够适应迅速变化的全球经济。全球经济的生产流通和消费都需要优质教育的支撑。中国政府提倡素质教育，就是要培养适应知识经济需要的、有创新精神和实践能力的一代新人。这是今天中国教育行政的主旨。

教育行政具有以下三方面功能：

1. 领导功能

教育行政工作者要代表政府对教育事业实施领导，要紧紧围绕国家意志和社会需要来制定教育目标和规划，使基层教育系统与整个教育系统的目标相一致，同时使教育系统的目标与社会发展的总目标相一致。

2. 服务功能

邓小平多次说过，行政工作就是服务。教育行政就是为教育事业服务，为教师的教与学生的学服务，为学校工作服务。这就要求教育行政工作者有效地调配人、财、物，使人尽其才、物尽其用、财尽其效，为办好教育事业服务。

3. 监督功能

教育行政工作者不光要布置任务，提供服务，还要及时进行检查指导，依据教育目标，对教师、学生和学校进行考核和监督。

二、教育行政的内容

教育行政作为一个研究领域，出现于20世纪初，其标志是美国的达顿（Dutton）和斯内登（Snedden）于1908年发表的《美国公共教育行政》（*The Administration of Public Education in the United States*）一书。

同期，还有其他教育行政专著问世。这一时期教育行政的研究人员受美国古典管理学家泰勒（Taylor）的科学管理思想的影响，强调在学校系统中引入企业管理的方法，以提高教育工作的效率与效益。这一时期的教育行政研究涉及教育经费、教育督导、教育统计、课堂管理等问题。

教育行政这一学科的充分发展则始于20世纪50年代，这一时期西方的社会科学研究中大量地使用了实证的研究方法，心理学、社会学、经济学等领域的学者，开始把他们本领域的研究方法带入教育行政领域，使教育行政学的研究从经验总结转入了实证研究。研究人员深入学校、深入教室、深入家庭，从教育现场收集信息，撰写研究报告，丰富了教育行政研究，使教育行政学获得了独立的学科地位。

我国的教育行政研究开始于20世纪初，这一时期的教育行政研究主要是为了配合西方学校制度的引入和科举制度的废除而开展的，主要是介绍西方和日本的教育行政学著作。中华人民共和国成立以后，在大学教育系的课堂上，主要是使用苏联的教育学著作，这些著作介绍了苏联有关学者对马克思主义教育观念的理解，侧重讨论了学生怎样学、教师怎样教等问题，对怎样领导教育事业，缺少专门研究。中国教育行政研究的繁荣是1979年以后的事情，为了配合教育行政人员培训的需要，也为了满足教育研究人员正规化培养的需要，一些学者撰写了一批教育行政与管理的著作，总结了1949年以后国家教育行政的基本经验，联系西方发达国家教育研究的成果，把我国的教育行政研究提到了一个新的高度。其中代表性的著作是萧宗六、贺乐凡主编的《中国教育行政学》一书（1996年人民教育出版社出版）。为了加强对教育行政的研究，1983年全国学校管理研究会成立，1987年该会更名为全国教育管理研究会。全国教育管理研究会下还成立了专业委员会，专题研究教育行政的体制、学科建设、整体实验与改革等问题，30多年来，我国的教育行政研究取得了重大进展。

不同的教育行政学者，对于教育行政的学科体系有不同的理解，有一些学者强调教育行政与其他部门行政的共性，从行政职能角度出发，构建教育行政的学科体系；还有一些学者从系统论的角度构建教育行政的学科体系，把教育行政看作教育系统对社会环境、对市场的一种积极反应。本书采纳的学科体系由三部分构成：第一部分是教育行政的制度层面，包括教育行政的体制、教育行政的机构以及学校教育的制度。这些制度框架，具有很强的法规性质，是教育行政的出发点和依据。第二部分是教育行政的内容层面，它涉及课程行政、人事行政、财务行政和设施管理。教育行政就是要合理地配置人、财、物等资源，使每一个学习者都能够接受法律规定的教育。第三部分是教育行政的方法层面，教育行政工作者要通过政策、立法与执法、规划、督导、评估等手段，来推动教育事业朝着预定的目标发展与前进。

学科体系的构建应该是开放、多元的，最基本的要求就是要能够容纳本领域现有的研究成果，同时又成为教育行政新知识生产的推动器。我们认为以上的学科体系容纳了教育行政领域的主要研究成果，有助于学习者简明扼要地把握本学科的基本框架。

三、教育行政的研究方法

1. 经验总结法

从每个国家教育行政学科的历史发展看，教育行政研究无不起源于对教育行政实践的总结和反思，最初的教育行政学专家大多是中小学的校长或者是教育行政部门的负责人，他们把自己丰富的管理经验带进了这一学科领域，他们最先感受到教育行政环境的变化，以及由此产生的教育行政难题。相关学者、专家总结他们的成功经验，反思自己的成长道路，给教育行政的研究注入永不枯竭的源泉。当然，归纳教育行政的经验是一个去粗取精的过程，是一个总结归纳的过程。

2. 文献分析法

教育行政研究要注重收集教育生活中有价值的文献，如学校的各种档案资料、图书馆的各种相关资料、教师的备课笔记、学生的作业、家庭与学校的联系册、学生的学籍资料、教育行政机关的文书资料，这些都可以成为文献分析的重要内容。20世纪90年代美国教育界有很多人对自己国家的教育质量很不满意，认为美国教育每况愈下，今不如昔，于是有位学者拿出了美国20世纪初叶的一份考卷，与20世纪90年代的一份考卷进行比较，发现80年后的学生和80年前的学生在基本考题上的成绩相差无几。他的研究有力地回击了美国教育界一些没有根据的批评与评论。文献分析法使用得好可以得到很好的效果。

3. 调查法

调查法是从社会学中发展起来的一种有效的了解社会的方法，主要依靠问卷与访谈。首先要确定调查的问题，然后要确定调查对象、取样方法，编制问卷表与访谈提纲，之后通过邮寄问卷和现场访谈的方式获取信息，最后处理数据形成结论。调查法能够对教育政策的形成背景、实施过程与效果提供大量的、准确的、有价值的信息，一项重要的教育政策的出台，无不要经过大量的、艰苦的、细致的调查。教育调查有一整套控制效度与信度的技术，成本比较高，涉及面也比较广，需要大型机构甚至跨国组织来主持，国际上有一批专门进行教育调查的非营利的学术组织，定期调查各国的教育问题，包括教育行政问题。个人所进行的教育调查，应当控制调查范围、调查内容，使之具有可操作性。

4. 实验研究法

实验研究法是创设一定的教育情景，改变这个情景中的一个变量，从而引起其他变量的相应变化，从中发现因果关系的研究方法。这一研究方法起源于自然科学，在心理学研究中应用比较广泛，在教育行政研究中也偶尔使用，它的研究对象的面比较小，对于研究结果的解释比较容易，多用于针对课堂教学的研究。教育行政涉及的不可控因素比较多，对于结果的解释比较困难，在教育行政研究的实验设计中，多采用准实验设计。

5. 文化人类学研究法

这一研究方法是从人类学研究领域借用过来的，它要求研究人员不带任何假设和理论框架进入人类生活的场景，平静地观察生活、记载生活、描述生活，发现人们生活中的一些不断重复的生活方式，找出生活中的一些看不见的规则与观念。这一研究方法在20世纪80年代以后的研究中使用得越来越多，日益成为研究方法的主流。在教育行政的文化人类学研究中，研究人员试图发现基层教育研究工作者的生活现实、工作愿望和基本处世规则。我国教育行政的文化人类学研究自20世纪90年代被引入以后，开始受到更多的关注。如校长要参加的会议特别多，有人就用文化人类学研究法去观察校长一学期开会的次数及会议内容，思考和调查为什么会有这么多会议，校长、教师、上级行政部门对这些校长会议的看法，从校长的角度去理解这些会议的原因和环境，并试图用校长的生活去做出解释。

6. 比较研究法

比较研究法最初来源于一些教育学者的旅行和出国观感。几百年来，教育学者们不停地了解其他国家的教育行政制度，比较本国与其他国家的课程建设、课堂组织、教育管理，取人之长，补己之短。随着比较教育学的诞生，比较研究法也延伸到了教育行政的领域，今天的教育行政比较不仅在于国与国之间的比较，很多人还尝试一个国家不同地区的比较，从中发现教育行政与组织的发展规律。

第二节 我国教育行政的产生和发展

各国教育行政的发展，无不打上历史的烙印，了解我国教育行政的发展历程，对思考今天的教育行政改革是很有好处的。本节分古代、近代、现代和当前四个时期，简要叙述我国的教育行政发展历程。

一、古代的教育行政

在中国古代的氏族社会中，教育机构极为简单，官师合一。进入奴隶社会后，教育机构才逐渐具有学校的特性，这时单靠少数官吏来进行教育则显得人力不够，于是政府便在各地选出拥有功勋和道德声望的前辈，迎养在教育机构中，对贵族子弟进行"习射""学乐""习礼"的教育。西周时期，统治者更加重视对教育机构的管理，实施了天子视学制度。天子和诸侯每年视学多达四次，每次视学，当日清晨击鼓聚众，等天子到来的时候，即行祭奠先老之礼，第二天再举行隆重的养老典礼仪式。这种视学与养老制度，就是我国早期教育行政的核心制度。

这一时期在教育内容上，"以礼为教"。在远古和夏商时期，迷信鬼神的气氛特别浓厚，老一辈教育孩子学习祭神，祭神的"礼乐"则成了重要的教育内容。西周继承夏商重"礼乐"的传统，把"礼"的含义进行了根本性的改造，使"礼"由"事神致福"转变为防止民众有不道德行为的教化手段，使年轻一代学"礼"而"明人伦"，使人神之礼变成了人伦之礼，以协调父子、君臣、夫妇、兄弟、朋友之间的关系，确保人民各安本分，不"犯上作乱"，这样的教育意在维护社会安定，也开创了中国古代教育重道德教化的传统。

经过春秋战国和秦代的战乱后，汉代进入了学校大发展的时期，官学和私学都得到了空前的发展。政府设置教育行政长官管理学校，建立了初步的教育行政体系。汉代官学分为五级：在中央有太学和特殊学校鸿门学、四姓小侯学一级；在地方按行政系统分学、校、庠、序四级。这五级学校之间没有隶属关系，不相衔接。汉代中央政府负责教育事务的长官由掌管宗庙礼仪的最高官员——太常兼任。地方教育由各级行政长官兼管。此外，汉代经师讲学之风很盛，这就促进了私学的发展。私学分为两类：一类是私塾性质的"书馆"，属于小学教育；另一类是由著名经师设帐聚徒讲学，具有大学性质。这两种不同层次的私学对官学起着补充作用。

在教育内容上，汉武帝采纳了董仲舒的建议："罢黜百家，独尊儒术"，将文化教育提高到治国平天下的战略地位。这时的儒学经过董仲舒的改造，变成了夹杂大量迷信成分的神学化的儒学，成为论证君权神授、皇权至上等教条的工具。这样的儒学有利于统治者加强专制集权。在太学中，朝廷只设灌输儒家思想的五经博士。借助官方的大力倡导，儒学的伦理道德教育被推行到全国，导致了教育的伦理化，并影响中国达2 000年之久。

在选士制度上，汉武帝还创立了察举制，由地方官根据一定的科目和标准考察选拔人才，向朝廷推荐，经皇帝亲自策问，按成绩高低授以不同官职。察举的科目很多，影响最大的是贤良方正和孝廉。贤良方正为最高选士科目，一般是在国家有重大问题需要解决时，由皇帝下诏，令公卿郡守等高级官员推荐贤良方正，与皇帝当场对策，如获通过，即可高升。孝廉通常每年选一次，大致平均20万人的郡每年选一名，旨在选拔有良好道德操守、勤于耕作的农夫或廉洁自律的官吏。这样的选士制度虽然不是教育行政制度，但是对学校学生的学习产生了导向作用。

经过魏晋南北朝近400年的战乱和分裂，隋朝建立了统一强盛的封建帝国，同时建立了一套较完备的中央集权的教育行政体系。这一体系中有两点对后世影响很大：其一是国子寺的设立。国子寺是当时国家最高教育行政机构和最高学术研究机构。国子寺下设国子学、太学、四门学、书学、算学五学。其二是创立科举制度。汉代察举制的选士权放在地方官手中，百姓之子没有靠山就很难被推荐。另外察举制重"声名"，这又导致了士人交结权贵、沽名钓誉，使得朝廷得不到真正的人才。魏晋南北朝时期，建立了九品中正制度。朝廷在州设大中正官，在郡设小中正官。大小中正官的职责是根据辖区内代表人物的品行定为九品，三年一定。小中正官向大中正官推荐人，大中正官向朝廷推荐人。这一制度将察举之权从州和郡的主要负责人手中换到了专职的中正官手中，有利于选士的中央集权，但还是没有客观的选士尺度。隋朝开始采用科举制。科举制就是用分科考试的办法来挑选人才，重考试成绩而轻地方官的推荐意见。

唐朝承袭了隋朝教育行政的这两大制度，并予以进一步完善。政府把国子监作为全国最高的教育行政领导机构。唐朝没有专设地方教育行政机构和专职的行政官员，兼管地方教育行政事务的官员叫长史，负责统一领导州、县官学。

在教育内容上，隋唐统治者进一步认识到，儒学有利于封建社会的长治久安，形成了"重振儒术，兼重佛道"的文教政策。一方面，政府号召学习儒家经典"五经"，并编撰《五经正义》，使儒家思想居于正统地位。另一方面，又大造佛寺，鼓励佛经的翻译与宣传，同时还设立了专门的道教学校，开设有关道教教义的科考门类。

结束五代十国的战乱之后，宋朝又建立了大一统的封建王朝。在教育行政上，宋朝继承了唐朝的体制，并有两大改进。其一是为学校提供比较固定的经费。隋唐以前的学校无固定的教育经费。宋朝政府一方面给学校调拨钱粮，另一方面给学校颁置学田，由学校独立经营，以充教育经费。其二是对私学的支持。朝廷多次向书院和私学赐书、赐匾额。私学虽为私人讲学的机构，却拥有官方拨付的学田。许多大学者都担任过书院主持和主讲。一些私学的主讲还被聘为官学教师。

元朝在承袭宋朝的教育行政体制外，还开设了蒙古国子学和回回国子学。前者是为培养蒙古族子弟而开设的，后者是为培养精通波斯文字的人才而开设的。

明清时期，中央集权制的教育行政体制更趋集中，具体表现为：其一，国子监集教育行政管理机构和教学机构为一体，并且从礼部中独立出来，直接受中央的控制和管理。其二，明清地方教育的管理权也收归朝廷。明朝起在布政使司下设立了儒学提举司，司内设置提学官，专门管理地方学校。提学官代表朝廷巡视辖区内的地方官学，考核教官和学生，这就将选才和育才的大权统一到了皇帝的手中，进一步强化了国家对教育的宏观控制。

宋元明清时期，儒佛道三教进一步融合，最终促成了程朱理学的产生。程颢、程颐等人将佛教和道教思想吸收到儒学理论中来，朱熹再加以总结和系统化。程朱理学认为，"理"是独立于万物之外的客观实在，天地万物都派生于"理"，要"存天理，灭人欲"。程朱理学在宋元明清时期一直广受统治者的欢迎，并不断地被推向至尊地位。

在选士制度上，宋元明清时期都承袭隋唐时期的科举制度，但有所改变。其一，考试管理更加严格，以免泄题、冒名顶替考试。其二，考试内容发生变化，唐代科举重诗赋；宋代重经义；发展到明清时期，科举考试一律使用"八股文"，每篇文章都要由破题、承题、起讲、起股、虚股、中股、后股、束股八部分组成，每股都要用对偶句，观点要取自儒家经典，代圣人立言，不许自由发挥。其三，科举及第后的待遇提高了，一旦考试合格，即获官位。

二、近代的教育行政

中国教育的近代化是在西方列强的炮声中开始的，1840年鸦片战争前后，一些有识之士开始意识到中国不是世界的中心，要想拯救民族危亡，唯有奋发图强。在政治、经济、文化变革的同时，教育及教育行政也面临变革。推动这些变革的是三股力量：洋务派、维新派、共和派。

1. 洋务派

中国封建统治阶级内部一些务实开明的官僚，在与西方的交往过程中逐步认识到了中国经济、军事、文化和教育的落后，主张"师夷之长技以制夷"，对封建专制制度进行枝节性的修改。他们主张部分引进西方教育制度。具体措施有两条：

第一是创办新型学校，即外国语学校、工业技术学校和军事学校。洋务派认为中国鸦片战争的失败原因主要是军事武装不及西方，所以要购买和制造轮船、枪炮，因此建立了上海机器制造局（1865年）、福建马尾造船厂（1866年），并在这些工厂内附设了工业技术学校。军舰还需要人来操作，因此创办了天津武备学堂（1885年）、南京陆师学堂（1885年）、广东水陆师学堂（1887年）、南京水师学堂（1890年）、天津军医学堂（1893年）。学校以"西文"和"西艺"为教育内容，这就需要培养本国的外语人才，于是推动清政府成立了京师同文馆（1862年）、上海广方言馆（1863年）、广州同文馆（1864年）、湖北自强学堂（1883年）。这些学馆的建立，引进了西方班级授课制，对中国传统的个别化教学制度是一个巨大的冲击。

第二是派遣留学生出国学习。洋务派人士奏请清朝廷每年派30名左右资质聪颖的幼童到美国留学，主要学习军政、船政、步操、制造，后来又请求派学生去法国学制造、去英国学驾驶。洋务派的教育目的是学习西方的军事与制造技术，以维持中国的封建统治，但是这一教育改革在客观上打破了中国的封建教育制度，使中国第一次建立了新型学校，开展了国际教育交流，为中国教育的近代化开辟了道路。

2. 维新派

洋务派的改革很快宣告失败。甲午海战中，洋务派苦心经营的海军惨败于日本海军，中国被迫割地赔款。一部分具有维新思想的官吏和爱国知识分子形成了资产阶级的维新派。他们主张解放思想，宣传维新，变革政治。他们的教育主张主要是两条：一是废科举，二是兴学堂。

1898年6月23日，在维新派的奏请下，光绪皇帝发布上谕，规定："自下科为始，乡会试及生童岁科各试，向用四书文者，一律改试策论。"乡会试仍然定为三场：第一场考中国历史、政治；第二场考实务；第三场考四书五经。以实学实政为取士标准，不以文字的优美和工整来判定考试成绩。

在兴办学堂方面，改各地旧有的书院为学堂，要求兼习中学与西学。省会书院改为高等学堂，府城书院改为中等学堂，州县书院改为小学堂。在北京设京师大学堂。在京师大学堂内设大中小三级学堂，并设师范学堂。京师大学堂管辖各省学堂。1901年，朝廷特设"管学大臣"，管学大臣既管理京师大学堂，又是全国教育行政机关的长官。1905年，朝廷下令设立学部，学部成为清政府的11个行政部门之一，同时又在省设提学使司，作为省级教育行政机构，在府州县设劝学所，作为地方教育行政机构。1909年，朝廷将全国划分为12个视学区，每区派学官2人，按年份到各区视察，三年轮换一遍。这是我国教育督导制度的开端。

3. 共和派

"百日维新"的失败，唤醒了中国近代资产阶级民主革命者。1911年10月，辛亥革命动摇了清王朝封建统治。1912年1月1日，孙中山在南京就任临时大总统。南京临时政府任命蔡元培为中华民国的教育总长。在蔡元培领导下，共和派对封建教育进行了系统的全面改革。

在行政体制上，1912年8月设立中华民国教育部，蔡元培任教育总长，作为全国教育文化行政最高长官，并且指挥、监督各省市教育行政首长。教育部下设普通、专门和社会三司，以及参政室、视学处和总务厅。1913年起，在省、区民政长官行政公署下设教育司，分三科或四科负责教育行政工作。

在教育方针上，蔡元培坚决批判了清朝末年忠君尊孔的教育方针，不仅提出"忠君与共和政体不合，尊孔与信教自由相违"，还提出"公民道德、军国民主义、实利主义、世界观及美育"五育并重的教育宗旨。1912年至1913年，南京临时政府颁布实行了新学制，史称《壬子癸丑学制》，整个学制为期17～18年，共分三段：初等教育（初小四年、高小三年）、中等教育（四年）、高等教育（预科三年、本科三至四年）。

在推行新学制的同时，教育部于1912年颁布了《小学校令》《中学校令》《大学校令》《师范教学令》《实业教学令》，对于各机构的学校培养目标、课程设置、师生要求、学校经费与设备及领导管理都做出了规定。共和派的教育行政主张与措施，反映了中国社会近代化要求，部分铲除了中国传统教育中的封建因素和空疏无用的成分，引进了当时世界先进的学制模式，但缺点是中小学年限过长，不利于教育的普及。

三、现代教育行政

五四运动揭开了现代中国的序幕，它倡导民主与科学的精神，为中华民族的复兴打下了思想理论基础。五四运动以后到中华人民共和国成立之前，国共两党在各自统辖的范围内，推行自己的教育主张，形成了两种性质不同的教育管理体系。

1. 南京国民政府的教育行政

1927年南京国民政府建立以后，在教育行政上试行了一年大学院制和大学区制，就是将大学院作为全国最高的学术领导机构和教育行政机构，以省为单位组织大学区，大学校长兼任大学区教育行政长官，试图使教育行政独立于国民党的官僚体系之外，结果不仅不能使行政机关学术化，反而降低了行政机关的工作效率，忽视了中小学教育的自身特点，试行不到两年即被废止，重新设立教育部管理全国的教育事业，各省设立教育厅管理地方学校，县设教育局。

在教育宗旨与内容上，南京国民政府以"三民主义"作为中华民国的教育宗旨，以充实人民生活、扶植社会生存、发展国民生计、延续民族生命为目的，务期民族独立，民权普遍，民生发展，以促进世界大同。在学制上，南京国民政府延续了1922年的学制，该学制小学、初中和高中修业年限分别为六年、三年和三年，所以也称"六三三学制"，这是中国现代史上实施时间最长、影响最大的学制。

2. 革命根据地的教育行政

1927年国共第一次合作破裂以后，中国共产党在江西等地建立了革命根据地，推行以工农大众为核心的新民主主义教育，初步探索了社会主义教育行政的基本经验。在江西的中央苏区，学校系统包括干部教育和群众教育两个部分。干部教育时间从几个月到一年，主要进行专业性的政治训练。干部教育中上层的有大学，如红军大学、苏维埃大学和马克思共产主义大学，这些号称大学的干部培训班利用简陋的教学设备和非专业的教师，培养了大批的优秀干部；中下层的有劳动学校、步兵学校、特科学校、通讯学校、卫生学校、农业学校，以军事学校为多，服务于战争的需要。群众教育包括成人的扫盲教育、政治教育和儿童的小学教育。

红军转移到陕甘宁边区以后，继承了江西苏区教育行政的优良传统，提倡教育为党的中心工作服务，教育与生产劳动相结合，理论与实际相结合，坚持因地制宜，多种形式办学，这一时期的教育仍然包括三个部分：干部教育、工农群众教育和儿童教育。干部教育机构有抗日军政大学、陕北公学、鲁迅艺术文学院、延安大学，这些学校的办学形式和学习时间都很灵活，一切服从战争需要，为中国的抗日战争和解放战争培养了大批干部。这一时期的工农群众教育机构有识字组、识字班、夜校、半日校、冬学，以扫盲和政治教育为办学目的。儿童教育实行"三二制"，前三年为初等小学，后两年为高等小学，这些小学大多数为民办小学，且大多数是初级小学。

革命根据地的教育行政条件非常艰苦，形式灵活多样，积累了很多经验，如干部培训的经验，教育与生产劳动相结合的经验，民办公助的经验，教学与实践相结合的经验，都为中华人民共和国成立以后教育方针的制定提供了丰富的"养料"。

3. 中华人民共和国成立后的教育行政

中华人民共和国成立以后，我国教育事业的发展可以分为三个时期：

第一时期为中华人民共和国成立初期。从1949年至1966年"文化大革命"之前，这17年经历了向苏联学习以及寻找自我的过程，我们的教育体制从学美国转向学苏联，强调教育为无产阶级政治服务，又红又专，改造了所有的私立学校，进行了大学的院系调整，撤销了大多数的综合性大学，建立了很多专科性学院，进行了大学的布局调整，将沿海的部分大学迁往内地，从而为大批量、大规模地培养专业人才提供了保证；中学设置了职业学校、技工学校、中等专业学校；小学进行了半工半读的试验，在乡村普及教育，进行了大规模的扫盲运动，极大地改变了中国教育的落后局面，使得工农子女有机会受到良好的干部教育与专业教育。

第二时期为"文化大革命"时期。"文化大革命"时期教育受到了极大的冲击，学校系统及其教育质量都受到了极大的损害。

第三时期为改革开放时期。"文化大革命"结束后的四十多年，是中国历史上教育发展的黄金时期，党和政府的历届领导人强调教育在经济发展中的重要作用，在教育上及时采取了很多重要的措施，城乡免费义务教育全面实现，职业教育快速发展，高等教育进入大众化阶段。教育的发展极大地提高了全民族素质，推进了科技创新、文化繁荣，为经济发展、社会进步和民生改善做出了重大贡献。

四、我国当前教育行政的改革

我国正处在改革发展的全面深化阶段，经济建设、政治建设、文化建设、社会建设以及生态文明建设全面推进，工业化、信息化、城镇化、市场化、国际化深入发展，人口、资源、环境压力日益加大，经济发展方式加快转变，都凸显了提高国民素质、培养创新人才的重要性和紧迫性。总体来说，我国当前教育行政改革有四个基本方向：

1. 确立教育优先发展的国家战略

教育优先发展是近七十年来许多国家发展的一条成功经验，也是党和国家提出并长期坚持的一项重大方针，是贯彻落实习近平新时代中国特色社会主义思想的一项基本要求。这一国家发展战略要求政府在谋划经济社会发展时优先考虑教育发展，财政资金优先保障教育投入，公共资源优先满足教育需要。优先发展教育要调动全社会支持教育的积极性，政府的财政投入是一方面，还要完善体制和政策，鼓励社会力量兴办教育，不断扩大全社会包括家庭对教育的投入。

2. 改革教育体制机制

要以体制机制改革为重点，鼓励地方和学校大胆探索和试验，在教育的重要领域和关键环节改革上取得突破，全面深化教育改革。创新人才培养体制、办学体制、教育管理体制，改革质量评价和考试招生制度，改革教学内容、方法、手段，建设现代学校制度。教育行政改革要加快解决三对矛盾，即经济社会发展对高质量、多样化人才的需要与教育培养能力不足的矛盾，人民群众期盼良好教育与优质教育资源相对短缺的矛盾，增强教育活力与传统体制机制约束的矛盾。

3. 促进教育公平发展

教育公平是社会公平的重要基础，教育公平的关键是机会公平。要保障公民依法接受良好教育的机会，建成覆盖城乡的基本公共教育服务体系，逐步实现基本公共教育服务均等化，缩小区域差距，努力办好每一所学校，教好每一个学生，不让一个学生因家庭经济困难而失学，切实解决进城务工人员子女平等接受义务教育问题，保障残疾人的受教育权利。政府要合理配置教育资源，向农村地区、边远贫困地区、民族地区和特殊教育倾斜，形成惠及全民的公平教育。

4. 促进教育质量提升

教育发展既要有数量要求，也要有质量要求。随着普及义务教育任务的逐步完成，政府要把教育行政的重点由数量控制转向质量控制，把提高质量作为教育改革发展的核心任务。教育行政工作者要树立科学的质量观，把促进人的全面发展、适应社会需要作为衡量教育质量的根本标准。要注重教育的内涵发展，建立以提高教育质量为导向的管理制度和工作机制，把教育资源配置和学校工作重点集中到提高教育质量上来。要在总结中国以往经验和借鉴国际经验的基础上制定教育质量的国家标准，建立健全教育质量保障体系。

本章小结

教育行政是国家通过政府的教育行政部门对教育事业进行的组织、领导和管理。教育行政的目标在于保障全体公民的教育权利，促进社会教育事业的发展，从而为社会进步和繁荣服务。教育行政具有领导功能、服务功能和监督功能。本书采纳的教育行政学科体系由三部分构成：第一部分是教育行政的制度层面，第二部分是教育行政的内容层面，第三部分是教育行政的方法层面。教育行政的研究方法主要有经验总结法、文献分析法、调查法、实验研究法、文化人类学研究法和比较研究法。本章分古代、近代、现代和当前四个时期，简要叙述了我国教育行政的发展历程。

学习活动建议

1. 采访两位教育行政工作者，听听他们对教育行政任务的理解与感受。
2. 仔细阅读本章内容后，再联系本书目录，说说本书各章之间的联系。
3. 比较教育行政的各种研究方法，议一议各种方法之间的异同。
4. 联系我国教育行政的发展历程，谈谈你对当前我国教育行政改革走向的理解。

第二章
教育行政体制

学习目标

了解教育行政体制的含义；

明确不同教育行政体制的内涵和主要特点；

了解中华人民共和国教育行政体制变迁的历史轨迹；

明确中华人民共和国教育行政体制变迁的经验教训；

明确我国教育行政体制改革的目标及其主要内涵。

第一节 教育行政体制概述

一、教育行政体制的含义

教育行政体制又称教育行政管理体制或教育管理体制，是国家管理教育事业的组织体系和相关制度的总称。它主要包括国家管理教育事业的各级教育行政机构的组织形式，国家教育行政权力结构及有关教育行政制度。教育行政体制既是国家行政体系的一个重要组成部分，同时又是国家教育体制的重要内容。教育行政体制既受国家行政体制的制约，又服从或服务于国家的教育体制。教育行政体制改革不但应当与国家行政体制改革相一致，而且应当符合教育体制改革的要求。

教育行政体制的含义主要包括以下五个方面的内容。

第一，教育行政体制的核心是国家教育行政权力结构。它包括中央与地方政府之间的教育行政权力分配关系，各级政府教育行政部门与其他部门之间的教育行政权力配置，教育行政机关与各级各类学校之间管理权力的划分，以及教育行政机关内部的各种权力分配关系。国家教育行政权力结构的设置合理与否直接影响到教育行政效率。教育行政权力结构设置合理，教育行政体制就能够有效地履行和完成教育行政任务，促进教育事业健康、迅速发展。反之，就可能出现教育行政权力交叉重叠，不同教育行政部门互相钳制，教育行政的职责、权力关系混乱，教育行政功能难以实现，从而也会制约教育事业的发展。因此教育行政体制改革的任务首先就是要合理设置国家教育行政权力结构。

第二，各级各类教育行政机构是国家教育行政体制的组织形态。国家教育行政权力结构隐含于各级各类教育行政机构之中。教育行政机构是外显的，它以一定的组织层次、部门设置、职位和职数的限定表现教育行政体制。教育行政机构具有层次性、多样性和规模的限制性等特点。从层次性来讲，教育行政机构主要分为中央教育行政机构和各级地方教育行政机构，教育行政机构内部又有上、中、下等不同管理层级。从多样性来讲，教育行政机构有政府综合性教育管理职能部门，即人们常说的政府教育行政部门，也有政府有关部门设置的、管理所属各级各类学校的机关。从规模的限制性来讲，教育行政机构的规模是受到多种因素制约的，教育行政机构内部各级各类部门的设置、各部门职位和职数的配备都有一定的限度，不能无限膨胀。因此，教育行政体制改革的具体任务往往都体现在教育行政机构改革上。

第三，教育行政制度是维系教育行政机构正常运转、发挥职能的基本保证。教育行政机构正常运转所必需的条件很多，既有物质方面的，如各种办公设施、工作场所、活动经费等；又有技术方面的，如信息传输技术等；还有制度方面的，教育行政制度对教育行政机构的行政活动和行政职能具有重要的规范作用。教育行政制度除包括一般的国家行政法规外，还包括各级各类教育行政机构的组织条例、各级各类教育行政机构之间的报告与协调制度、教育行政机构内部的工作责任制度、教育行政机关对各级各类学校的领导与管理制度等。教育行政制度有正式制定、见诸文字材料的，也有在长期的教育行政实践中形成习惯的。人们一般比较重视见诸文字材料的教育行政制度，而对于教育行政实践中形成的一些习惯性规范往往不太重视。其实，教育行政实践中形成的习惯性规范对教育行政也具有重要影响，不容忽视。教育行政体制改革既包括修订或完善见诸文字材料的教育行政制度，也包括形成良好的教育行政的习惯性规范。

第四，教育行政体制的形成是国家经济体制、政治体制、文化传统和教育体制等综合作用的结果。从世界各国的教育行政体制来看，不同国家的教育行政体制都具有各自的特点，人们在研究工作中对各国教育行政体制所做的归类，只是就各国教育行政体制的大体情况而言的。不同国家在教育行政体制改革上是可以相互借鉴、相互参考的。我国教育行政体制改革也可以借鉴或参考其他国家教育行政体制的有益经验。但是，不顾具体国情盲目照抄照搬他国的教育行政体制模式的做法，是不可取的。

第五，教育行政体制，作为一种社会事业管理体制，不是一成不变的。随着社会背景条件的变化或教育体制本身的发展，教育行政体制必须做出与之相适应的变革。从变革的动力源看，教育行政体制变革既有外力强制性改革，比如由于教育行政部门的重大工作失误，或出现重大社会变故，政府采取措施，重组教育行政权力结构，改组教育行政机构，修订教育行政制度等；又如教育行政体制的自我适应性改革，所谓自我适应性改革是指教育行政机关根据社会需要或教育体制改革的要求，主动采取相应的改革措施，以增强教育行政体制的生机与活力，提高其适应性、有效性。显然，教育行政体制改革主要是自我适应性改革。我国正在进行的教育行政体制改革就是教育行政机关的一种自我适应性改革。

二、教育行政体制的类型

国家教育行政机关行使国家教育行政权力。根据国家教育行政权力在各级教育行政机关的分配状况和结构特征，教育行政体制主要有以下两种分类方式。

（一）中央集权制、地方分权制和中央与地方合作制

这种分类方式的主要标准是中央和地方的教育行政权力分配关系。中央和地方的教育行政权力分配关系是教育行政权力结构中的一对关键性矛盾关系，以此为依据所划分的教育行政体制类型也具有典型意义。

1. 中央集权制

教育行政的中央集权制是指教育行政权力集中于中央政府及其教育行政部门，地方各级政府及其教育行政部门服从中央政府及其教育行政部门的领导或指导的教育行政体制。它是国家行政管理实行中央集权制的一个组成部分。在中央集权制下，国家行政权力集中于中央政府，地方各级政府及其教育行政部门服从和接受中央政府及其教育行政部门的领导和统治。在教育行政管理中，中央政府及其教育行政部门直接领导和管理国家的教育事业，地方各级政府及其教育行政部门的职能主要是实施中央制定的教育法律、政策、规划和指令等。中央教育行政机关与地方教育行政机关之间表现为一种从属关系，教育行政事务的决策权或最终决定权集中在中央，地方只能根据中央的决定、命令或指示行使有关教育行政职能，并向中央负责。在中央集权制下，教育事业是国家的事业，由国家直接干预，一切教育活动必须接受国家行政权力的指导和监督，地方办学和管学都必须遵循中央的方针政策，地方自主的思想居次要地位。例如，法国是比较典型的实行教育行政中央集权制的国家。法国国民教育部的权力非常广泛，纵向领导从大学区、省、直辖市到市、县（市）、镇、村的教育行政；横向其权限包括领导和监督属教育部管辖的公立和私立教育机构，确定教育目标、教育计划和大纲、考试时间和内容、管理公立学校教职员人事、决定教育经费分配等。

教育行政中央集权制的优点主要表现在：它有利于统一全国的教育方针，统一制订教育事业发展规划；有利于中央调节各地教育的不平衡发展，加强对落后地区教育事业的扶持和帮助；有利于实行统一的教育标准，并据之评估和检查全国教育事业的发展状况；有利于国家根据国民经济和社会发展战略，实施教育事业的重点发展战略；有利于国家教育政策、法令的执行，在全国范围内提高教育行政效率。

教育行政中央集权制的不足之处主要表现在：容易忽视地方特点，强求全国一致，不利于地方因地制宜发展教育事业；教育行政的主要责任集中在中央，不利于调动地方发展教育事业的积极性和责任感；中央集中管理，地方缺少自主权，导致地方教育行政缺乏灵活性，教育行政效率较低。

为了消除中央集权制的弊端，实行教育行政中央集权制的国家，采取了各种措施扩大地方教育行政的权限，促进社会参与教育管理。例如，在法国，20世纪60年代以来的多次教育立法都不同程度地强调教育行政权力下放；在历次教育行政改革中，建立了各系统的督学制度，以沟通上下情况，提高教育行政决策的合理性；建立了各种教育咨询和审议机构，保证家长、教师和社会各阶层代表参与教育管理，增强教育管理的民主性。

2. 地方分权制

教育行政的地方分权制是指由地方政府依据法律的授权独立行使教育行政权力的一种教育行政体制。在教育行政的地方分权体制下，中央教育行政机关和地方教育行政机关之间表现为一种平行的或合作的对等关系，中央对地方权力范围内的事务无权干涉，地方自主决定自身权限范围内的事务。与中央集权制不同，在地方分权制下，教育事业是由地方公共团体独立自主举办和管理的，只在必要范围内才由国家干预，中央政府处于援助、指导地位。例如，美国是比较典型的实行地方分权制的国家。美国宪法规定，美国的教育权属于各州所有，因此美国传统上一直实行地方分权的教育行政体制。美国联邦政府及联邦教育部没有直接领导教育事业的权力。联邦政府主要通过国会的教育立法和教育部的行政指导及行政协调对教育事业发挥影响。美国各州享有对教育的直接领导和管理权力。各州都有独立的教育立法和教育行政权。学区则拥有制订教育计划、编制教育预算、征收教育税、管理教职员人事、维修管理校舍、购置教材教具、为学生提供交通工具等多方面的行政权力。

教育行政地方分权制的优点主要表现在：教育行政权力分散，有利于各地因地制宜发展教育事业，使教育的发展适应各地经济和社会发展的需要；地方政府及其教育行政部门执掌有关教育行政权力，有利于充分调动其积极性和主动性来发展教育事业，避免出现事事依赖中央政府的现象；地方自主管理教育事业，有利于地方及时处理或决断有关教育问题，提高教育行政效率。

教育行政地方分权制的不足之处主要表现在：教育行政权力分散，不易统一政令、统一标准、统筹兼顾；各地条件不同，对教育事业的认识不同，容易造成教育的不平衡发展；各地自主行政，中央调控能力有限，不利于组织地方教育协作。

实行地方分权制，由于难以做到全国统一规划、统一标准，因而容易造成教育的不平衡发展。例如，在美国由于学区大小不一，贫富悬殊，教育条件差别很大，标准不一，直接影响到教育质量的提高和国家教育事业的均衡发展。因此，为了加强联邦政府的教育行政职能，20世纪50年代后期以来，美国联邦政府通过了一系列教育法规和法令，强化联邦政府对教育事业的管理责任，使联邦政府的教育行政作用趋于增强。

3. 中央与地方合作制

教育行政的中央与地方合作制是指由中央与地方分工合作共同管理教育事业的一种体制。它既不同于中央集权的教育行政体制，也不同于地方分权的教育行政体制，介于中央集权制与地方分权制之间，重视中央与地方之间的"伙伴关系"，中央不集权但也不放任不管，而是行使法律规定范围内的职权，地方在法律规定职责范围内享有实际的自主权。一般认为，英国的教育行政体制是一种中央与地方合作制。英国的教育事业由中央的教育科学部与地方的教育当局共同管理。中央教育行政机关的主要职权是：制定国家教育标准；控制学校建筑的质量与分配；培训师资队伍；资助一般学校、大学和少数专门的教育机构；对教育计划提出指导性意见；派出督学检查、评估除大学外的各级各类教育机构。地方教育行政机关主要负责领导本地区的教育事业，重点负责设立和管理除大学外的其他学校；聘用教师和其他教育职员；建造和维护学校建筑；向学校提供教育设备与材料等。

教育行政中央与地方合作制的优点主要表现在：它能够较好地发挥中央与地方两方面的积极性，既能发挥中央教育行政的规范作用、协调作用和指导作用，又能发挥地方教育行政的主动性和创造性，使中央和地方教育行政在各自的权限范围内分工合作，提高教育行政效率，促进教育事业的发展。

教育行政中央与地方合作制的不足之处主要表现在：教育行政中，要真正做到合理划分中央与地方教育行政的职权范围难度很大，理论上较易论证，实际上不易操作；另外，中央与地方教育行政的成功协调对于中央教育行政与地方教育行政的正常有效运转具有重要的意义。然而，协调中央教育行政与地方教育行政的关系，不仅需要建立有关的专门机制，而且必须有长期形成的历史传统。英国的女王督学团在协调中央与地方教育行政的关系方面发挥了重要作用。

以上分别论述了教育行政的中央集权制、地方分权制和中央与地方合作制三种体制。事实上，一个国家实行哪一种教育行政体制，并不是由人们的主观意志决定的，而是由一个国家的社会政治、经济、文化、教育背景以及教育行政传统所决定的。不论是中央集权制，还是地方分权制，抑或是中央与地方合作制，都只不过是一种教育行政权力结构形式，都存在如何处理中央集中管理与地方自主管理的关系问题。教育行政体制改革的目的就是建立中央与地方、集权与分权相互协调的关系模式。现代国家在教育行政体制改革中，十分重视通过教育立法来规范和调整中央与地方、集权与分权之间的矛盾关系，从而使教育行政体制所反映的教育行政权力结构关系成为一种法律关系。

（二）从属制和独立制

这种分类方式的主要标准是教育行政机关与政府之间的权力结构关系。教育行政从属制又称完整制，主要指各级教育行政机关是政府的一个职能部门，接受政府首长的领导，而不能成为脱离政府行政的独立组织的体制。教育行政从属制有利于政府统筹规划、协调教育事业的发展与国民经济和社会发展之间的关系，有利于加强教育行政的权威性和强制性，但由于发展教育事业的周期长、见效慢，容易使政府工作轻视教育，不重视发展教育事业，还可能因为政府首长任期的限制，在教育行政中出现不按教育规律办事、追求短期效果的现象。教育行政独立制又称分离制，一般应用于地方教育行政，主要指地方教育行政机关不属于地方政府的一个职能部门，不接受地方政府首长的领导，脱离一般行政而独立存在的组织体制。教育行政独立制有利于教育行政按教育规律办教育，避免外行领导内行，避免同级一般行政的干扰，提高教育行政效率，但教育行政独立于一般行政之外，不利于发挥地方政府办教育的积极性，不利于教育事业与其他社会事业协调发展。

第二节 中华人民共和国教育行政体制的历史发展

一、中华人民共和国教育行政体制的发展历程

中华人民共和国成立以来,由于我国社会政治经济形势多变,我国教育行政体制也经历了多次变革,走过了一条十分曲折的发展道路。纵观其发展历程,可以看出,中华人民共和国教育行政体制大致经历了以下几个阶段:

第一阶段(1949年至1957年),实行集中统一的教育行政体制。1952年,教育部颁发《小学暂行规程(草案)》和《中学暂行规程(草案)》,规定:小学不论是公办的或私立的,都由市、县人民政府教育行政部门统一领导;中学由省、市文教厅、局遵照中央和大行政区的规定实行统一领导;省文教厅必要时得委托专员公署、省属市或县人民政府领导所辖地区的中学。因此,在教育行政实践中,在县范围内,中小学校一般都由县教育行政部门统一领导。全国高等学校则以中央人民政府教育部(高教部)统一领导为原则,中央教育行政部门委托各大区行政委员会或省、市、自治区人民政府直接管理有关高等学校。

第二阶段(1958年至1962年),实行以地方分权为主的教育行政体制。1958年中共中央、国务院发布《关于教育事业管理权力下放问题的规定》,指出:小学、普通中学、职业中学、一般的中等专业学校和各级业余学校的设置与发展,无论公办或民办,都由地方自行决定;1959年,进一步实行"公办全日制中等学校和县的重点小学由县直接管理;公办的一般全日制小学、公社办的和联队合办的农业中学、民办中学由公社直接管理;民办小学、大队办的农业中学、农村各种业余学校、扫盲和推广普通话工作,由生产大队直接管理"。高等教育行政体制根据1958年中共中央颁发的《关于高等学校和中等技术学校下放问题的意见》,"除少数综合大学、某些专业学院和某些中等技术学校仍旧由中央教育部或者中央有关部门直接领导以外,其他的高等学校和中等技术学校都可以下放,归各省、市、自治区领导","地方性较大的学校(例如农学院、医学院、师范学院等)可以比统一性较大的学校(例如综合大学、工业学院等)

更多地下放"。1958年，全国791所高等学校中，由中央业务部门领导的有86所（包括教育部所属院校6所），由地方领导的有705所。

第三阶段（1963年至"文化大革命"前），实行统一领导，分级管理，教育行政权力相对集中于中央的教育行政体制。1963年中共中央转发《全日制小学暂行工作条例（草案）》和《全日制中学暂行工作条例（草案）》，规定：国家举办的全日制小学由县（市属区）教育行政部门统一管理；国家举办的全日制中学实行分级管理。全日制初级中学一般由县、市教育行政部门管理；全日制高级中学和完全中学一般由省、市、自治区教育厅、局管理，也可以委托所在专区（市）或县（市）教育行政部门管理。高等教育行政根据1963年中共中央、国务院颁布的《关于加强高等学校统一领导、分级管理的决定（试行草案）》规定，实行中央统一领导，中央和省、市、自治区两级管理的制度。在高等教育工作中，各地区、各部门、各学校都要贯彻执行中央统一的方针政策；都要遵守中央统一规定的教学制度和其他重要的规章制度；都要按照全国统一的高等教育事业规划和计划办事。

第四阶段（"文化大革命"期间），教育行政体制遭到严重破坏，混乱不堪。中小学校一度由工宣队、贫宣队管理，后来由"革命委员会"领导。1969年中共中央发布《关于高等院校下放问题的规定》，指出：国务院各部委所属的高等学校，设在北京的，仍归各有关部门领导；如果搬到外地，可交由当地省、市、自治区革命委员会领导；设在其他地方的，交由当地省、市、自治区革命委员会领导。教育部所属的高等院校，全部交由所在省、市、自治区革命委员会领导。革命委员会对教育事业的领导管理无章可循，一片混乱，教育事业受到严重破坏。

第五阶段（"文化大革命"结束至1984年），基本上恢复了1963年至"文化大革命"前的统一领导、分级管理的教育行政体制，强调中央教育行政的权威。1978年教育部重新颁布《全日制小学暂行工作条例（试行草案）》和《全日制中学暂行工作条例（试行草案）》，规定：全日制小学由县（市属区）教育行政部门统一领导和管理，社队办的小学，可以在县的统一领导下，由社队管理；全日制中学原则上由县以上教育行政部门统一领导和管理，社队办的中学，可以在县的统一领导下，由社队管理。1979年中共中央批转教育部党组关于建议重新颁发《关于加强高等学校统一领导、分级管理的决定》的报告，同意对高等学校实行统一领导，归口管理。综合大学、多科性工业大学、高等师范学校由教育部和省、市、自治区教育行政部门管理；工、农、医、财经、艺术、体育等科高等学校，由中央或省、市、自治区有关业务部门为主负责管理。

第六阶段（1985年至2002年），我国新一轮教育行政体制改革全面启动。这一轮改革是在国家经济体制、政治体制、教育体制和科技体制改革的宏观大背景下进行的。1985年发布的《中共中央关于教育体制改革的决定》，提出了我国新一轮教育行政体制改革的总体目标和思路。《中共中央关于教育体制改革的决定》提出，实行基础教育由地方负责、分级管理的原则，基础教育管理权属于地方。除大政方针和宏观规划由中央决定外，具体政策、制度、计划的制定和实施，以及对学校的领导、管理和检查，责任和权力都交给地方。省、市（地）、县、乡分级管理的职责如何划分，由省、自治区、直辖市决定。1986年7月1日施行的《中华人民共和国义务教育法》（简称《义务教育法》）规定，义务教育事业，在国务院领导下，实行地方负责，分级管理。关于高等教育行政体制改革，《中共中央关于教育体制改革的决定》提出，改变政府对高等学校统得过多的管理体制，在国家统一的教育方针和计划的指导下，扩大高等学校的办学自主权。1985年至2002年，我国教育行政体制改革取得了长足进展。

第七阶段（2002年至今），我国的教育行政体制改革进一步深化。2002年前后，国家教育政策的重点就已经转到了教育公平上。在义务教育阶段，教育均衡发展作为促进教育公平的重要途径，获得了从上至下的一致关注。2006年，新修订的《义务教育法》提出："国务院和县级以上地方人民政府应当合理配置教育资源，促进义务教育均衡发展，改善薄弱学校的办学条件，并采取措施，保障农村地区、民族地区实施义务教育，保障家庭经济困难的和残疾的适龄儿童、少年接受义务教育。"为改变农村教育投入长期不足的状况，2003年国务院《关于进一步加强农村教育工作的决定》要求落实"以县为主"的新体制，并提出"县级政府要增加对义务教育的投入，将农村义务教育经费全额纳入预算"。作为城市中的弱势群体，进城务工人员随迁子女的入学问题日益得到重视。从2008年秋季学期开始，在全国范围内全面免除城市义务教育阶段学生学杂费，在这个过程中，教育部提出要将进城务工人员随迁子女接受义务教育纳入公共教育体系，对接收进城务工人员随迁子女的公办学校足额拨付公用经费。

二、中华人民共和国教育行政体制改革的经验教训

总结中华人民共和国成立以来历次教育行政体制改革的经验教训，对于深化教育行政体制改革无疑具有特别重要的意义。

第一，教育行政体制改革必须有利于调动各方面的积极性。从一定意义上说，教育行政体制是各级教育行政机构之间，以及各级教育行政机构与学校和社会之间的职责权利的协调和制约机制。教育行政体制改革的主要目的是调整和完善这种协调和制约机制，最大限度地发挥各级教育行政机构、学校以及社会相关机构的积极性、主动性、创造性，促进教育事业快速、稳定、健康发展。所以，教育行政体制改革必须有利于调动各方面的积极性，否则，就会导致有关各方职责、权力结构失衡，影响教育行政功能的有效发挥，阻碍教育事业的健康发展。例如，在1985年以前的历次教育行政体制改革中，我们都十分注重调整中央与地方各级教育行政机构之间的权力结构关系，对调整各级教育行政机构与学校和社会之间的关系重视不够。

第二，教育行政体制改革应当有助于教育行政实现科学化、民主化和现代化。教育行政体制是教育行政的基础，教育行政体制的优劣，对于教育行政实现科学化、民主化和现代化具有重要影响。例如，"文化大革命"时期，实行各地革命委员会管理教育事业的体制，推行军管会、工宣队、贫宣队管理学校，违背了教育行政的科学规律，扰乱了教育行政的正常秩序，教育事业的健康发展也就失去了行政体制保证。1985年以后的教育行政体制改革更加关注转变各级教育行政机关的职能，完善教育行政机构设置，改进教育行政方法和手段，更新教育行政技术等问题。

第三，教育行政体制改革必须从我国国情出发。我国教育行政从属于政府一般行政。教育行政体制改革是国家行政体制改革的一个组成部分。国家教育行政体制改革的目标和进程最终取决于国家行政体制改革的目标和进程。因此，教育行政体制改革必须从我国国情出发，与国家行政体制改革相协调。外国教育行政体制的某些优点和改革经验，必须结合我国国情来学习和借鉴，不能生搬硬套。

三、我国教育行政体制改革的目标

我国教育行政体制改革的目标应当是建立中国特色社会主义教育行政体制。其具体内涵包括：

第一，在政治领导方面，坚持党对教育事业和教育行政的政治领导，建立健全有效的政治领导机制，既要避免出现否定党的领导，或忽视党在教育行政中的政治领导地位的现象，又要防止将党的政治领导等同于行政管理，出现以党代政、党政不分、党组织包办一切的问题。

第二，在中央、地方、学校和社会的关系上，建立中央统一领导，地方分级管理，学校自主办学，社会参与管理的运行机制，防止出现权力过度集中或过度分散的现象，充分调动中央、地方、学校和社会各方面的办学积极性，共同发展教育事业。

第三，在教育行政权力的配置上，坚持适当分散的原则，健全教育行政的咨询、决策、执行、监督等组织体系，避免出现教育行政职责权能界限不清、功能紊乱的现象。

第四，在教育行政职能上，逐步简政放权，使教育行政由重直接管理转变为重间接调控，由重微观管理转变为重宏观协调。

第五，在教育行政手段上，根据教育行政职能的转变，由主要采用教育行政指令、行政监督的方式，转变为主要通过教育立法、教育督导、教育评估、教育规划、教育拨款等手段行使教育行政职能。

第六，在教育行政的组织机构和人员配备上，根据精简和高效的原则，科学设计教育行政机构的职能部门，合理设置行政职位和职数，避免产生教育行政机构部门林立、冗员充斥、教育行政效率和效益低下的弊端。

以上六个方面的内容互相联系、互相作用、不可割裂，共同构成建设中国特色社会主义教育行政体制的目标模式。

第三节　我国基础教育行政体制改革

20世纪80年代中期以来，在"基础教育管理权属于地方""分级办学、分级管理"等原则的指导下，基础教育行政体制改革取得了重要进展，新的基础教育行政体制的雏形在某些地区初步形成并发挥作用。目前，我国基础教育行政体制在城市和农村地区各有不同。在城市，特别是大中型城市，一般实行市、区两级办学，两级管理；个别城市在区以下设学区管理本学区基础教育。在农村，大致有以下三种形式：

第一种，两级办学，两级管理。基础教育由县（市）、乡（镇）两级办学，两级管理。重点中学、单设高中、完全中学、师范学校、教师进修学校、单设区初中、重点小学和示范幼儿园由县（市）办县（市）管理，乡（镇）初中、中心小学和村小由乡（镇）办乡（镇）管理。

第二种，三级办学，三级管理。基础教育采取县（市）、乡（镇）、村三级分别办学，分别管理。其中村委会负责村小的办学与管理。

第三种，四级办学，四级管理。基础教育由县（市）、区、乡（镇）、村四级办学并管理。其中区教育行政部门负责区初中的举办和管理。

就全国来讲，进一步深化基础教育行政体制改革的任务还十分艰巨，主要表现在：第一，中央和地方各级教育行政之间的关系尚未完全理顺；第二，教育行政部门与学校之间的关系还没有得到根本改善，学校办学缺少生机和活力；第三，学校与社会之间的封闭关系没有取得重大突破。因此，深化基础教育行政体制改革仍然是当前和今后一个时期教育行政体制改革的主要任务。

一、继续推行基础教育管理地方化

基础教育管理地方化，就是指基础教育主要由地方负责管理，地方各级政府在国家教育方针政策的指导下，依据有关教育法规，因地制宜制定基础教育事业发展规划、法规制度，并组织实施、督导和评估，有效地履行基础教育管理职能。实行基础教育管理地方化、由地方负责的管理体制，不仅是教育行政系统本身的要求，而且也是由我国目前和今后一个时期基础教育发展的形势所决定的。它不但符合我国国情的要求，而且顺应当前世界各国基础教育行政体制改革的共同趋势。

把基础教育管理权交给地方，有利于充分发挥地方的优势，调动地方的积极性；有利于地方根据国家教育发展规划和地方经济与社会发展的需要发展基础教育事业；有利于各地根据本地区实际情况，制定普及九年义务教育的地方性法规或条例，积极创造条件普及九年义务教育；有利于地方多渠道筹集基础教育经费，改善教师待遇和解决其生活困难，搞好校舍的新建、扩建、维修以及设施的添置更新。

实行基础教育管理地方化，对中央政府及其教育行政部门来讲，就是要转变教育行政职能，逐步简政放权。中央主要管住、管好全国基础教育事业发展战略、基础教育立法、教育督导与评估、基础教育的重点援助项目等。为了实现基础教育行政职能的转变，除中央基础教育行政机构及其职责权限应当做必要的调整外，中央教育行政手段也应随之转变，由主要采用教育行政监督、行政指令的方式，转变为主要通过基础教育立法、教育督导和教育援助拨款等手段行使教育行政职能。

二、明确划分地方各级政府及教育行政部门的职责权限

明确划分地方各级政府及其教育行政部门的职责权限是实行基础教育管理地方化，由地方负责的基础教育行政体制的根本要求。省、市（地）、县（市）、乡（镇）四级政府及其教育行政部门因其在教育行政系统中的地位不同，所应承担的基础教育行政职责和权力各不相同。

省级政府是地方基础教育行政的最高机关，全面担负着地方分级办学、分级管理的责任。省级政府有权确定本地区的学制、年度招生规模，确定教学计划，选用教材和审定省编教材，确定教师职务限额和工资水平等。

市（地）是分级管理基础教育的中间环节，担负着统筹规划和指导所属县（市）的基础教育事业的责任。市（地）的主要任务是检查、督促并保证中央和省的有关部门教育工作方针、政策、措施的落实。

县（市）是分级管理基础教育的关键环节，担负着统筹管理辖区内基础教育、职业技术教育、成人教育，以及统筹规划经济、科技、教育发展的责任。县（市）管理基础教育的主要任务是分配和管理国拨教育经费和县（市）财政拨款，审核乡（镇）政府教育经费预决算，主管高级中学干部和教师的任免，考核任免乡（镇）初中和乡（镇）中心小学校长，统管全县（市）中小学教育教学业务等。

乡（镇）是农村基础教育分级管理的基层单位。就全国而言，乡（镇）一级政府管理教育的基础还比较薄弱，因此乡（镇）政府及其教育行政部门的主要任务是协助县（市）教育行政部门制订教育规划，开展教职员工队伍建设，筹措并计划、使用本乡教育经费等。

村是我国农村的基层自治组织，虽然不具有行政机构的地位，但是在基础教育管理中能够发挥重要作用。村的作用主要体现在：改善学校办学条件，提高教师待遇，筹措民办（代课）教师的工资，维护农村中小学校秩序，动员适龄儿童入学等。

三、实行政校分开，促进学校主动发展

实行政校分开，要理顺教育行政与学校办学之间的关系，澄清管理者和办学者的权利及责任界限，使学校成为相对独立的办学实体。

从政校合一到政校分开，不仅仅是一个教育行政职能转换问题，它需要以教育行政系统内外一系列条件为基础。就教育行政系统内部来讲，它涉及教育行政机构的改革，教育行政机构内部各层级、各部门职责权限的重新分配组合，教育行政职能与教育行政手段的根本转变等。更为重要的是，教育行政人员整体素质和管理水平必须提高到一个新水平。就教育行政系统外部来讲，它需要以国家的进一步改革为背景。

2020年，教育部等中央八部门颁布了《关于进一步激发中小学办学活力的若干意见》，强调深化教育"放管服"改革，落实中小学办学主体地位，增强学校发展动力，提升办学支撑保障能力，充分激发广大校长教师教书育人的积极性、创造性，形成师生才智充分涌流、学校活力竞相迸发的良好局面，推动基础教育公平发展和质量提升，加快现代学校制度建设，增强学校办学的内生动力。

四、加强社会的参与管理，增强基层教育行政的活力

我国基础教育发展的历史经验教训表明，基层教育行政必须充分发挥各种社会团体、组织和个人的办学积极性，发动社会各界参与教育事业的规划和监督，逐步建立社会参与的基础教育管理体制。要建立健全学校办学信息公开制度，重点公开课程设置、教学安排、招生入学、收费项目及标准等信息，保证学生家长及社会公众对学校重要事项的知情权。建立学校与社区沟通联系制度，及时听取社区和人大代表、政协委员等方面人士对学校工作的意见建议。同时要密切家校沟通，广泛凝聚共识，积极争取各方理解支持。

第四节 我国高等教育行政体制改革

20世纪80年代中期以来，我国高等教育行政体制进行了多方面的改革尝试。20世纪80年代主要进行了扩大高等学校办学自主权的改革。扩大高等学校办学自主权的改革，旨在改善政府教育行政部门与高等学校之间的关系，使高等学校成为自主办学的社会法人实体，建立一种新型的政校关系。20世纪90年代主要进行了联合办学改革。以共建、调整、合作、合并为主要形式的联合办学改革的目的在于调整高等教育

宏观管理结构，建立适应市场经济体制的高等教育行政体制。21世纪初期的10年，中央政府结合国家机构改革，对高等教育行政体制进行了重大改革，为解决条块分割问题，优化资源配置，在中央政府各部门之间、中央与地方政府之间重新确立和划分了管理责任与权限，通过五种途径（共建共管、合并学校、合作办学、协作办学和转由地方办学）对已有的高等教育资源进行了有机整合，"中央和省两级管理、以省级政府管理为主"的高等教育行政体制基本形成。

今后一个时期，我国高等教育行政体制改革的主要任务是理顺高等教育行政的几种主要关系，建立科学、合理的高等教育权力结构。

一、政事分开，明确高等教育行政职权范围和高等学校的自主权范围

政事分开就是要明确划分政务与校务，理顺政府和高等学校之间的关系，建立政府主管政务、学校自理校务、政府宏观控制、学校自主办学的新型政校关系。

政事分开的前提条件是国有高等教育资产产权关系的调整。在高度集中的计划经济体制下，国有高等教育资产的所有权归国家（全民）所有，其使用管理权则属于高等学校主管部门。高等学校对所获得的高等教育资源只能按照主管部门的计划进行再分配和使用，没有自主权。在市场经济体制下，调整国有高等教育资产产权关系的外部条件趋于成熟。国有高等教育资产包括公立高等学校的全部动产和不动产、有形资产和无形资产的所有权与使用权所属关系的调整，可以参照经济管理改革中解决国有资产两权关系的办法进行，国有高等教育资产的所有权不变，但其使用管理权划归高等学校，学校享有依法自主再分配和使用其占有的国有高等教育资产的权利。

二、适度分权，中央与地方合理分掌高等教育行政权力

适度分权，就是要理顺中央与地方之间的关系，合理划分中央与地方管理高等教育事业的权力。适度分权的关键在于掌握好集权与分权之间的"度"，将那些影响到国家高等教育事业建设与发展全局的权力集中在中央。比如，全国性高等教育政策、法律、标准的制定权，对地方有关高等教育政策、法律、标准、计划的终审权或备案权，

对全国高等教育事业的督导权以及运用政策、拨款等手段对全国高等教育事业的调控权等，都应当由中央统一掌握；而对那些有利于调动地方举办高等教育的积极性、加强和完善地方高等教育行政的权力则下放给地方。比如，地方高等教育政策、法规的制定权，地方高等教育事业（包括本地区中央所属高等教育）的统筹权，高等学校及其专业、学科点的设置权，学位授予权，高级专业技术职务等的审批权，等等，都应当归属地方。这种大权集中、小权分散的高等教育行政体制是与我国经济体制、政治体制改革的目标和思路相吻合的。它的建立既有利于加强中央对全国高等教育事业的宏观调控，保证高等教育事业在国家利益优先的原则下健康发展，又有利于地方因地制宜发展高等教育事业，密切高等教育与地方经济和社会发展之间的关系，增强高等教育的社会适应性。

三、适度制衡与监督，建立健全高等教育行政的咨询、决策、执行、评估和督导组织体系

长期以来，我国高等教育行政组织结构单一，行政权力过分集中，尽管行政效率较高，但是，高等教育行政的民主性不强，行政活动的合理性、科学性难以保证，对行政权力的运用缺乏制衡与监督。高等教育行政体制改革的民主化、科学化、合理化要求建立健全高等教育行政的咨询、决策、执行、评估和督导组织机构，并赋予它们相应的职责权能，充分发挥各类机构的行政作用，在保证行政效率的同时，加强高等教育行政的民主性和科学性。

本章小结

教育行政体制是国家管理教育事业的组织体系和相关制度的总称，国家教育行政权力结构是教育行政体制的核心内容。本章主要从教育行政权力结构出发，阐释教育行政体制的类型，其中重点分析中央集权制、地方分权制和中央与地方合作制的主要特点；对中华人民共和国成立以来我国教育行政体制的发展历程进行回顾，并以此为基础剖析我国历次教育行政体制改革的经验教训，提出我国教育行政体制改革的目标，即建立中国特色社会主义教育行政体制。本章的最后两节分别描述我国基础教育与高等教育行政体制的现状与改革的主要任务。

📝 **学习活动建议**

1. 阅读你所能收集到的与教育行政体制有关的主要参考文献。

2. 访问一位地方政府教育行政人员和一位校长，听听他们对基础教育行政体制改革的看法。

3. 调查你所在县（市）或乡（镇）的教育行政部门，了解该部门近五年来是如何改革基层教育行政体制的。

第三章

教育行政组织机构

学习目标

了解教育行政组织机构的概念；

了解七十年来我国教育行政组织机构的沿革；

熟悉我国中央和地方教育行政组织机构设置及其职能；

理解教育行政组织机构改革的意义；

掌握教育行政组织机构改革的原则；

了解教育行政组织机构改革的实施步骤。

第一节 七十年来我国教育行政组织机构的发展过程

一、教育行政组织机构的概念

教育行政组织机构是教育行政学研究的重要内容。关于这一概念的解释，主要有三种观点：第一种观点认为，教育行政组织机构是指国务院、地方各级人民政府和各级教育行政部门。第二种观点认为，教育行政组织机构是指所有对教育管理负有责任的国家立法、司法及有关部门，包括全国人大常委会和地方各级人大常委会，国务院和地方各级人民政府，国家教育部和地方各级教育行政部门，各级政府的有关部门。第三种观点认为，教育行政组织机构是指在各级政府领导下的教育职能部门，从国家教育部到乡镇教育委员会、教育办公室。我们认为第三种观点更符合当前实际。因为，第一种观点和第二种观点把教育行政等同于一般行政，把政府的领导机关等同于职能机关。领导机关是各级行政组织的决策和指挥中心，我国行政组织的领导机关是指中央人民政府和地方各级人民政府。职能机关是领导机关下设的执行部门。教育行政组织机构就是各级政府领导下的教育职能部门。本章所阐述的主要内容包括：我国教育行政组织机构七十年来的历史沿革，我国现行的中央教育行政组织机构的设置及其职能，我国现行的地方教育行政组织机构的设置及其职能，教育行政组织机构的改革。

二、我国教育行政组织机构的发展

自 1949 年中华人民共和国成立以来，我国中央和地方的教育行政组织机构不断发展变化。中央教育行政组织机构从 1949 年到 1998 年的 49 年间，经过了 8 次大的调整，主要特征是分、合、增、减。与此同时，机构内部的设置也不断变化，同样呈现出分、合、增、减的特征。这些变化都直接受国家大的政治、经济背景的影响，有特定的历史原因。

1949 年 11 月 1 日，中央人民政府成立教育部和文化教育委员会，教育部内设办公厅、高等教育司、中等教育司、初等教育司、社会教育司、视导司、高等教育委员会和识字运动委员会。文化教育委员会对教育部的工作起指导作用，具有向教育部颁发决议、命令并检查有关决议、命令执行情况的权力。1952年11月，三年经济恢复时期的任务基本完成以后，为了适应新的大规模经济建设的需要，国务院的机构进行了一次普遍调整，教育行政组织机构在保留教育部的基础上增设了高等教育部和扫除文盲工作委员会。教育部内设办公厅、高等师范教育司、中等师范教育司、中学教育司、小学教育司、工农业余教育司、民族教育司、教学指导司、计划财务处、幼儿教育处、盲聋哑教育处、体育指导处。高等教育部内设办公厅、综合大学教育司、工业教育第一司、工业教育第二司、农林卫生教育司、中等技术教育司、留学生管理司、教育指导司、计划财务司、学校人事司、政治教育处、工农速成中学教育处、基本建设处。扫除文盲工作委员会下设城市扫盲工作司、农村扫盲工作司和编审司。1958年2月，根据第一届全国人民代表大会第五次会议决定，将高等教育部和教育部合并为教育部，下设办公厅、高等教育教学第一司、高等教育教学第二司、普通教育司、普通教育师资培训司、中等专业教育司、高等学校政治教育司、高等学校干部管理司、高等学校学生管理司、业余教育司、对外文化联络和留学生管理司、计划司、财务基建生产设备司、民族教育委员会、普通教育教材编审委员会、体育处。1964年3月，国务院又将教育部分设为教育部和高等教育部。教育部下设办公厅、研究室、政治工作司、计划司、中学教育司、小学教育司、师资培训司、职业教育司、业余教育司、生产供应局。高等教育部下设办公厅、研究室、人事司、计划财务司、高等教育第一司、高等教育第二司、外语教育司、中等教育司、留学生司、学生管理司、文科教材办公室和生产供应局。1966年7月，高等教育部和教育部再次合并为教育部。1970年6月，国务院撤销教育部，并于同年7月成立国务院科教组，下设办公室、政工组、计划组、中小学组和外事组。1975年1月，根据第四届全国人民代表大会第一次会议决定，撤销国务院科教组，恢复教育部，下设办公厅、政治部、计划司、普通教育司、高等教育司、业余教育司、外事局。1985年6月，为了加强对教育工作的领导，第六届全国人民代表大会常务委员会第十一次会议决定撤销教育部，成立国家教育委员会（简称国家教委）。聘请国家计划经济委员会、国家经济贸易委员会、国家科学技术委员会的副主任和财政部及劳动人事部的副部长任兼职委员。到1989年，国家教委的职能司局达到23个，直属事业单位达到26个，直属企业单位达到4个。1998年3月，第十五届全国人民代表大会决定将国家教委更名为教育部，并按照精简、统一、效能的原则对教育部内部的机构进行了改革，使职能司局减少到 18 个。

在我国中央教育行政组织机构发展变化的同时，地方教育行政组织机构也不断进行相应的调整，但各省、自治区、直辖市的情况不尽相同。1949 年，中央人民政府教育部成立之后，全国各大区行政委员会设教育部，各省、自治区、直辖市设教育厅（局），县级政府设教育局（文教局）或教育科。乡级政府设教育组、教育办公室或由中心小学代行政府教育行政职能。据教育部 1981 年的统计资料，当时全国有 22 个省级人民政府设有文教委员会（文教办公室或教育卫生办公室）；约 12 个省（市）在文教委员会（文教办公室或教育卫生办公室）下设高等教育厅（局）或高等教育办公室；共有 28 个省（市）设置了分管中小学教育或兼管高等教育的教育厅（局）；部分省（市）设有第二教育局或工农教育局等分管工农教育的教育行政组织机构。1985 年，教育部撤销，国家教委成立以后，全国大部分省、自治区、直辖市，以及部分县、市、区都相应成立了教育委员会。1998 年，国家教委会更名为教育部并进行机构改革，对地方教育行政组织机构的名称、设置及职能都产生了新的影响。

第二节　我国现行的中央教育行政组织机构

我国现行的教育行政组织机构从纵向上分为五个层次，即中央、省（自治区、直辖市）、地（州、盟、省辖市）、县（县级市、旗）、乡五级教育行政组织机构。横向上每一级教育行政组织机构又有不同的设置，并具有不同的职能。我国的中央教育行政组织机构是中华人民共和国教育部，省以下教育行政组织机构统称为地方教育行政组织机构，地方教育行政组织机构的名称，各地不尽相同。

一、中央教育行政组织机构的设置

1998 年，国家教委更名为教育部后，设置了 18 个内设机构，分别是：办公厅、研究室、发展规划司、人事司、财务司、基础教育司、职业教育与成人教育司、高等教育司、民族教育司、师范教育司、教育督导团办公室、社会科学研究与思想政治工作司、高校学生司、科学技术司、体育卫生与艺术教育司、语言文字应用管理司、语言文字信息管理司、国际合作与交流司。此外，教育部还代管国务院学位委员会办公室和中国联合国教科文组织全国委员会。经过多次调整，目前教育部有 26 个内设机构，分别是：办公厅、政策法规司、发展规划司、综合改革司、人事司、财务司、教材局、基础教育司、职业教育与成人教育司、高等教育司、教育督导局（国务院教育督导委员会办公室）、民族教育司、教师工作司、体育卫生与艺术教育司、思想政治工作司、社会科学司、科学技术与信息化司、高校学生司、学位管理与研究生教育司（国务院学位委员会办公室）、语言文字应用管理司、语言文字信息管理司、国际合作与交流司（港澳台办公室）、巡视工作办公室、机关党委、离退休干部局、中华人民共和国联合国教科文组织全国委员会秘书处。

教育部的主要职责是：

（1）研究教育改革与发展战略，并就重大问题进行政策调研；起草综合性教育法律法规草案；承办全国教育系统法制建设和依法行政的有关工作；承担机关有关规范性文件的合法性审核工作，承担有关行政复议和行政应诉工作。

（2）拟订全国教育事业发展规划；承担高等学校管理体制改革的有关工作；会同有关方面拟订高等教育招生计划和高等学校设置标准；参与拟定各级各类学校建设标准；会同有关方面审核高等学校设置、撤销、更名、调整等事项；承担教育基本信息统计、分析工作；承担直属高等学校和直属单位的基建管理工作；承担民办教育的统筹规划、综合协调和宏观管理的有关工作；承担高等学校的安全监督和后勤社会化改革管理工作。

（3）承担国家教育体制改革领导小组办公室的日常工作；承担统筹推进贯彻落实教育规划纲要有关工作；研究提出落实教育体制改革的重要方针、政策、措施的建议；承担组织推进重大教育改革的有关工作；监督检查教育体制改革试点进展情况；承担教育体制改革宣传工作。

（4）承担机关和直属单位、直属高等学校、驻外使（领）馆教育处（组）等干部人事工作；规划、指导高等学校教师和教育行政干部队伍建设工作；承担指导教育系统人才队伍建设工作。

（5）参与拟定教育经费筹措、教育拨款、学生资助的方针、政策；承担统计全国教育经费投入情况的有关工作；负责直属高等学校和直属单位国有资产、预决算、财务管理和内部审计；参与义务教育保障机制经费、有关教育专项经费管理；参与利用国际金融组织等对我国教育贷款的立项工作。

(6) 承担国家教材委员会办公室工作，拟订全国教材建设规划和年度工作计划，负责组织专家研制课程设置方案和课程标准，制定、完善教材建设基本制度规范，指导管理教材建设，加强教材管理信息化建设。

(7) 承担基础教育的宏观管理工作，拟定推进义务教育均衡发展政策，拟定普通高中教育、幼儿教育、特殊教育的发展政策；会同有关方面提出加强农村义务教育的政策措施，提出保障各类学生平等接受义务教育的政策措施；会同有关方面拟定义务教育办学标准，规范义务教育学校办学行为；拟定基础教育的基本教学文件，推进教学改革；指导中小学校的德育、校外教育和安全教育；指导中小学教学信息化、图书馆和实验设备配备工作。

(8) 承担职业教育统筹规划、综合协调和宏观管理工作；拟定中等职业教育专业目录和教学基本要求；会同有关方面拟定中等职业学校设置标准；指导中等职业教育教学改革和教材建设工作；指导中等职业学校教师培养、培训工作；承担成人教育以及扫除青壮年文盲的宏观指导工作；指导各级各类高等继续教育和远程教育工作。

(9) 承担高等教育教学的宏观管理工作；指导高等教育教学基本建设和改革工作；指导改进高等教育评估工作；拟定高等学校学科专业目录、教学指导文件。

(10) 拟定教育督导的规章制度和标准，指导全国教育督导工作；依法组织实施对各级各类教育的督导评估、检查验收、质量监测等工作；起草国家教育督导报告；承办国务院教育督导委员会的具体工作。

(11) 指导、协调少数民族教育的特殊性工作；统筹规划少数民族"双语"教育工作；指导中小学生民族团结教育；负责协调对少数民族和少数民族地区的教育援助。

(12) 规划、指导各级各类学校教师队伍建设；拟定教师教育和教师管理政策法规；拟定各级各类教师资格标准并指导教师资格制度的实施；宏观指导教师教育和教师管理工作。

(13) 指导大中小学体育、卫生与健康教育、艺术教育、国防教育工作；拟定相关政策和教育教学指导性文件；规划、指导相关专业的教材建设以及师资培养、培训工作；协调大中学生参加国际体育竞赛和艺术交流活动。

(14) 承担高等学校学生与教师的思想政治工作，宏观指导高等学校基层党组织建设、精神文明建设以及辅导员队伍建设工作；负责高等学校稳定工作和政治保卫工作，及时反映和处理高等学校有关重大问题；负责高等学校网络文化建设与管理工作。

（15）统筹规划和协调高等学校思想政治理论课教育教学工作；规划、组织高等学校哲学社会科学研究工作，组织、协调高等学校承担国家重大哲学社会科学研究项目并指导实施；协调直属高等学校和直属单位出版物的监督管理工作，承担教育系统新闻电视的指导和协调工作。

（16）规划、指导高等学校科学技术工作；协调、指导高等学校参与国家创新体系建设，以及高等学校承担国家科技重大专项等各类科技计划的实施工作；组织、指导高等学校科技创新平台发展建设和产学研结合等工作；承担教育系统网络安全和信息化工作的统筹规划、综合协调和宏观管理等工作。

（17）承担各类高等学历教育的招生考试和学籍学历管理工作；指导地方教育行政部门和高等学校开展大学生就业指导和服务工作；参与拟定普通高等学校毕业生就业政策；组织实施国家急需毕业生的专项就业计划。

（18）组织实施《中华人民共和国学位条例》（简称《学位条例》）；拟订全国学位与研究生教育工作的改革与发展规划；指导与管理研究生培养工作；指导学科建设与管理工作；承担"世界一流大学和一流学科建设"等项目的实施和协调工作；承办国务院学位委员会的日常工作。

（19）拟订语言文字工作的方针、政策和中长期规划；组织实施语言文字规范化工作；监督、检查语言文字的应用情况；组织推行《汉语拼音方案》，指导推广普通话工作以及普通话师资培训工作；承办国家语言文字工作委员会的具体工作；研究并审定语言文字标准和规范，拟定语言文字信息处理标准；指导地方文字规范化建设；承担少数民族语言文字规范化工作，指导少数民族语言文字信息处理的研究与应用。

（20）组织指导教育方面的国际合作与交流，拟定出国留学、来华留学、中外合作办学、外籍人员子女学校管理工作的政策；承担教育涉外监管的有关工作；指导驻外使（领）馆教育处（组）的工作；规划、协调、指导汉语国际推广工作，开展与港澳台的教育合作与交流。

（21）承担教育部直属高校、直属单位、驻外机构等方面巡视工作，负责有关综合协调、政策研究、制度建设等事务；拟订巡视工作计划方案并组织实施；会同有关方面做好巡视工作人员的培训、调配、监督、管理等工作；提出巡视工作成果运用的意见和建议；负责督办有关巡视工作事项。

(22) 负责机关和在京直属单位的党群工作。

(23) 负责机关离退休干部工作，指导直属单位的离退休干部工作。

(24) 负责协调中华人民共和国联合国教科文组织全国委员会各委员单位及其他部门、机构与联合国教科文组织开展教育、科技、文化等方面的合作与交流；负责与联合国教科文组织总部、各地区办事处以及各会员国全国委员会的联系与交流。

二、教育部的直属单位及其职能

教育部的直属单位包括：教育部机关服务中心、国家教育行政学院、中国教育科学研究院、教育部教育发展研究中心、教育部高等学校社会科学发展研究中心、教育部职业技术教育中心研究所、教育部中外语言交流合作中心、教育部科技发展中心、语言文字应用研究所、国家开放大学、中央电化教育馆、中国教育电视台、教育部教育装备研究与发展中心、教育部教育管理信息中心、课程教材研究所（教育部基础教育课程教材发展中心）、国家留学基金管理委员会秘书处、教育部经费监管事务中心、教育部民族教育发展中心、中国教育报刊社、教育部考试中心、教育部留学服务中心、全国学生资助管理中心、全国高等学校学生信息咨询与就业指导中心、教育部学位与研究生教育发展中心、教育部高等教育教学评估中心、教育部学校规划建设发展中心、教育部中外人文交流中心、中国教育出版传媒集团（人民教育出版社、高等教育出版社、语文出版社）、中国教育国际交流协会秘书处、教育部学生体育协会联合秘书处、中国教育学会秘书处、中国高等教育学会秘书处、中国教师发展基金会秘书处、中国教育发展基金会秘书处。

以上这些单位是协同教育部对全国的教育事业提供指导和服务的企事业单位，在国家的教育事业发展中发挥着十分重要的作用。例如，人民教育出版社主要承担研究、编写、出版和发行基础教育教材以及各级各类教材和教育图书的任务。教育部考试中心的主要任务是参与国家有关考试政策的拟定工作，负责全国普通高校、成人高校的本专科招生中全国统考的命题、评卷、成绩统计分析与评价工作等。教育部教育管理信息中心的主要任务是组织、协调和推进省、地、县教育行政部门管理信息系统的建设；组织各级教育管理部门、各级各类学校教育管理软件的开发、推广和培训工作；组织、开发、利用信息中心数据资源，提供统计分析和评价报告，为教育部宏观管理和决策提供服务；等等。

第三节 我国现行的地方教育行政组织机构

一、省、自治区、直辖市教育行政组织机构的设置及其职能

我国的省、自治区、直辖市人民政府均可根据需要,经国务院批准设立教育厅(委、局),并批准下属州、县、市、市辖区人民政府设教育局(文教局)作为专门的教育行政组织机构。省级教育行政组织机构的设置,各地不尽相同。除我国台湾地区和港、澳两个特别行政区外,全国大部分省级行政区设立了教育厅(局),有的省还在教育厅(局)之外,设置了独立的高等教育厅(局)、成人教育局。省教育行政组织机构的设置,一般设有办公室、政策法规处、人事处、教师工作处、计划处、财务处、基建处、条件装备处、基础教育处、职业教育处、学前教育处、计划财务处、高等教育处、德育处、成人教育处、学生处、体育卫生处、艺术与校外教育处、科研处、对外合作与交流处、校办产业管理处、学校后勤管理处、审计处、监察处、老干部处、机关事务管理处、机关党委、教育督导室等职能处室。省级教育行政组织机构一般也都设有若干直属事业单位,协助省级教育行政组织机构开展有关工作。

省级教育行政组织机构在省(自治区、直辖市)政府和国家教育部的领导下,统筹管理全省(自治区、直辖市)的教育工作,以海南省为例,其主要职责一般包括:

(1) 贯彻执行党和国家有关教育工作的方针、政策和法规,依法拟定并组织实施本省教育工作的政策、法规和重要规章制度。

(2) 编制有关教育事业的发展规划,研究确定本省教育事业的发展重点、规模、速度和步骤。指导、协调和监督教育规划、计划的实施。

(3) 组织和指导教育改革,建立适应特区社会主义建设需要的教育体制和运行机制。宏观管理和指导全省基础教育、高等教育、职业技术教育、成人教育等工作。

(4) 审核普通高等学校、中等职业技术学校、成人高等学校、成人中等专业学校

的成立、合并和撤销；审批和管理社会力量办学。

（5）会同计划部门编制普通高等学校、成人高等学校、中等职业技术学校、普通高中及研究生的计划和普通高等学校、中等专业学校的毕业生分配计划。

（6）承办全省高等院校和中等专业学校的考试、录取工作，负责全省的自学考试及其他的学历考试；参与指导资格考试和录取工作。

（7）指导和推动开展岗位培训，贯彻国家的岗位培训的工作方针、政策和法规，汇总全省岗位培训工作和信息经验交流等服务工作。

（8）统筹规划各级各类教师队伍的建设，主管各级各类学校教师的评聘工作。

（9）拟定教育系统劳动、人事管理的具体政策和规章制度，统筹规划、指导各级教育行政干部队伍的培训。按照干部管理权限任免副厅级以下机关单位处、科级干部。管理直属单位的领导班子。协助省委组织部、省高校工委对高校领导班子进行考察、考核。

（10）拟定教育基建投资、事业经费、人员编制和统配物资设备的管理制度及定额原则；拟定筹措基建投资、教育经费的方针、政策和法规；管理省分配给教育的基本建设投资及境外给本省的教育贷款。

（11）负责组织全省的教育科学研究和教学研究工作，指导和推动高等学校的科学研究工作。负责或指导各级各类学校的教育和教学的督导、评估。

（12）执行教育外事工作的方针、政策与规定，归口管理教育对外交流工作和出国留学（交流进修）人员、智力引进及来华留学人员的工作。

（13）规划、组织和指导全省电化教育工作和教育技术装备工作。

（14）组织各级各类学校开展勤工俭学集资办学活动。

（15）检查和监督市、县地方政府及教育行政部门贯彻执行中央和省关于教育工作的方针、政策以及有关法规的情况。负责全省教育行政部门、下属事业单位的纪检、监察工作，处理群众的来信、来访。

（16）规划和实施教育管理情报、统计、信息系统的开发和建设工作。办好教育厅机关刊物，负责指导教育方针、政策的宣传舆论监督工作。

（17）归口管理省语言文字工作。指导有关教育学会、协会、基金会等组织的工作。

（18）承办省委、省政府交办的其他事项。

二、地区行政公署、自治州、盟人民政府，省辖市以及直辖市的区、县教育行政组织机构的设置及其职能

地区行政公署、自治州、盟人民政府，省辖市以及直辖市的区、县教育委员会或教育局是代表当地政府管理教育事业的职能部门，其机构设置各地不尽相同，一般设有办公室、人事科、计财科、小教科、中教科、师范教育科、职业教育科、成人教育科等职能部门。直属事业单位一般有教研室、教育学院、电教馆、开放大学（电大）分校、教学仪器站等。

地区行政公署、自治州、盟人民政府，省辖市以及直辖市的区、县教育委员会或教育局的主要职责包括：

（1）领导所辖县、市、区教育行政部门贯彻执行国家的教育方针、政策、法规和上级教育行政部门的各项决定。

（2）根据当地政府和上级教育行政部门的要求，制订本地区教育事业的发展计划，领导本地区的各项教育改革。

（3）根据当地政府和上级教育行政部门的要求，协助县、市、区进行教育部门的思想政治工作。

（4）统筹管理辖区的幼儿园、中小学和师范院校的领导班子建设、师资配备和财政拨款。

（5）对所辖地区的教育行政部门和学校的各项工作进行检查督导。

（6）制订本地区教师和教育行政干部队伍的培训和建设规划，并组织对教师和教育行政干部队伍培训和建设规划的实施工作。

（7）承办上级教育行政部门和当地政府交办的其他各项工作。

三、县、县级市、旗教育行政组织机构的设置及其职能

县、县级市、旗教育行政组织机构一般为教育局或教育委员会，在我国教育行政组织机构的系统中具有十分重要的地位，是广大中小学最直接的管理机关，拥有比较完整的教育行政职能，其机构设置因各地的地域大小、人口数量等情况有所不同，但基本情况大同小异，一般都设有办公室、人事科、招生办、普教科、幼教科、成教科、

计财基建科、督学室等科室，有的地区将科称为股。此外，一般还设有教研室、教学仪器站、教师进修学校、函授和开放大学（电大）辅导站、劳动服务公司等直属单位。

县、县级市、旗教育委员会（教育局）的主要职责包括：

（1）贯彻落实国家的教育方针、政策、法律法规，结合本地实际制定具体的实施办法和有关补充规定。

（2）在当地政府和上级教育行政机关的领导下，制订本地区教育事业的发展规划，统筹管理本地区的幼儿教育、九年制义务教育、高中教育、成人教育和职业技术教育。指导乡教育行政组织机构制订教育事业发展计划。

（3）统一指导本县各级各类学校的各项教育教学工作，组织各种教研活动，推进教育改革。

（4）统筹管理本县各级各类学校的招生工作。

（5）在当地政府的领导下，做好所属部门的思想政治工作。

（6）做好本县教师和教育行政干部的培训、管理工作。

（7）做好教育经费的分配工作，并对下属教育行政组织机构和学校的财务状况进行监督。

（8）组织并指导教学仪器和电教设备的采购、供应和管理。

（9）不断加强对各级各类学校的各项工作的监督检查，建立健全教育督导制度。

（10）承办当地政府和上级教育行政部门交办的其他工作。

四、乡（镇）教育行政组织机构的设置及其职能

1985年《中共中央关于教育体制改革的决定》颁布以后，我国基础教育开始实施"分级管理、分级办学"的体制，基础教育的管理权限下放，乡一级政府对教育的责任大大加重，因此，全国大多数乡（镇）纷纷成立教育委员会作为基层教育行政组织，教育委员会下设教育办公室作为日常办事机构。教育委员会主任一般由乡（镇）党政领导兼任，并聘请若干名相关重要部门的负责人为副主任或委员，教育办公室设主任一名，聘请若干名干事，协助教育办公室主任处理日常教育事务。

乡（镇）教育委员会作为我国最基层的教育行政组织机构，代表乡（镇）政府和上级教育行政部门，统一管理全乡（镇）行政区域内的教育工作。其主要职责包括：

（1）贯彻执行党和国家的教育方针、政策、法律法规。

（2）协助上级教育行政部门制订教育事业发展计划，并组织制订本乡（镇）的教育事业发展规划。

（3）在当地政府和上级教育行政部门的领导下，统筹管理本乡（镇）的中小学和幼儿园的设置、招生、教学工作。重点抓好九年制义务教育工作。

（4）协助当地政府和上级教育行政部门做好本乡（镇）教育行政干部和教师的考核、任免和日常管理工作，努力改善广大教师的工作和生活条件，不断提高教师的社会地位。

（5）编制本乡（镇）的教育经费的收支计划。多渠道筹措教育经费，建立健全财务制度，管好用好有限的教育经费。

（6）负责组织对本乡（镇）学校校舍的建设、维修，并保护学校的财产不受侵占。

（7）加强对本乡（镇）各级各类学校各项工作的检查、督导。

（8）做好本乡（镇）各项教育事业的统计工作。

（9）积极向乡（镇）政府和上级教育行政部门反映群众对教育工作的意见，同时努力争取各村民委员会、乡镇企业和广大农民对教育的理解和支持。

（10）承办乡（镇）政府和上级教育行政部门交办的其他工作。

第四节 教育行政组织机构的改革

一、教育行政组织机构改革的意义

教育行政组织机构的改革是历史发展的客观要求，具有十分重要的意义。教育行政组织机构改革的根本目的是要提高自身的工作效率，减轻政府的财政负担。

从以往我国教育行政组织机构的设置和运行情况来看，虽然成就显著，但也存在不少问题，主要是机构分设过细、职能交叉、政出多门、部门林立、层次重叠、机构臃肿；官多、员多、人浮于事等弊端，直接导致政策打架、互相冲突、互相扯皮、手续烦琐、拖拉积压、公文旅行、效率低下等典型的官僚主义现象，影响了教育管理水平的提高，制约了教育事业的发展。

教育行政人员队伍数量庞大，也给国家财政造成了沉重的负担。教育行政组织机构作为政府行政机构的组成部分，只有积极进行机构改革，减员增效，才能把更多的教育经费用到教师和学生身上，使有限的教育经费为不断提高教育质量服务。

二、教育行政组织机构改革的原则

教育行政组织机构改革有三个基本原则：精简、统一和效能。

（一）精简

精简的内容包含三个方面：首先是精简组织机构的数量和规模，其次是精简组织机构领导者的职数和工作人员的数量，最后是精简行政程序和办事环节。要达到以上三个方面的目的，首先必须根据明确的教育工作目标设置组织机构，其次要合理设置组织机构的层次和跨度。

教育工作目标是教育行政组织机构设置的核心依据，如果没有特定的教育工作目标，教育行政组织机构就没有存在的必要。教育工作目标一般可以分解成一个目标体系，而教育行政组织机构的设置就是要根据这一目标体系来确定，其设置一般有两个要求：第一是具有必要性，即要实现特定的工作目标，必须设置某一机构，如教育部必须设置主管基础教育的部门，县教育局必须设置主管义务教育的科室。第二是不可替代性，即某一机构设置后，其职能是其他机构所无法取代的。如果机构设置不符合这两个要求，就会造成机构设置臃肿或由于机构职能重叠所带来的管理混乱的问题。根据组织机构的目标明确与否来决定机构是否设置，以达到精简的要求。

从组织机构的层次看，层次就是管理机构的级次，它从纵向上决定管理机构的构成。教育行政组织机构划分成不同层次，目的在于分解工作压力，提高工作效率。管理层次的划分是根据工作任务的情况确定的，不能随心所欲。工作任务复杂、量大，管理层次相对就多；工作任务简单、量小，管理层次就应相对减少。如果工作任务复杂、量大，而管理层次相对较少，就会造成领导层工作负荷过重，难以突出工作重点，疲于奔命，使工作陷入混乱无序的状态。如果工作任务简单、量小，而管理层次较多，就会造成政出多门、人浮于事、无事生非、互相扯皮、效率低下等问题。我国目前的各级教育行政组织机构，一般都只设三个层次，如国家教育部设部、司、处三级，县教育局一般设局、科两级。对于组织机构的层次设置，遵循精简的原则，能设一个层次就不设两个层次。

组织机构的跨度是指领导（或部门）所直接指挥的人员（或下属部门）的数量。法国管理学家格丘纳斯（Graicunas）于1933年提出了计算上下级关系数量的公式：$C = n(2^{n-1} + n - 1)$，其中C为可能存在的关系数总和，n为下属人数。当下属数量以算术级数增长时，上下级之间的关系数则将以几何级数增长。可见管理跨度问题对管理工作的重要性。管理跨度问题常常受到高层领导者的忽视。管理跨度过大，会导致领导工作难以深入，顾此失彼。管理跨度过小，容易使下属的工作积极性受到限制。究竟管理的跨度多大才算合理，并无绝对定论，英国将军汉密尔顿（Hamilton）根据其对世界军事组织史的研究指出，3~6人是最佳管理跨度。在我国教育行政组织机构中，一般以领导职数和人员编制来确定管理跨度，一般的管理跨度是8人以下。管理跨度应该根据影响管理跨度的因素来确定，这些因素主要包括管理者及其下属的素质、工作任务的性质和内容、管理者及其下属的工作条件和工作态度等方面。在充分考虑组织机构的目标和层次因素的基础上，尽量减少组织机构的跨度，减少领导者和工作人员的数量，也是达到精简要求的一个重要方面。

组织机构的层次和跨度都减少了，行政程序和办事环节也会相应得到减少。

（二）统一

统一是指建立上下贯通、运转协调的行政机构体系。统一的要求有三个方面。

1. 统一指挥

即每一个教育行政组织机构都有一个明确的上级，并服从这个上级的指挥，整个教育行政组织机构系统，都要服从最高教育行政组织机构的指挥。我国的教育行政组织机构是一个大的系统，这个系统是为实现国家教育的总目标服务的，如果这个系统内部的各个组成部分各自为政，整个系统就会出现混乱，就难以保证国家教育事业的健康发展。同理，一个地区、一个县、一所学校的教育行政组织机构都需要接受统一指挥。统一指挥首先要求上下级之间的指挥联系不能中断，并做到令行禁止，否则，统一指挥无法实现。其次，每一个下级只接受一个上级的领导，不接受多头领导，更不接受越级领导。多头领导会造成政出多门，下级无所适从。越级领导会使中层领导变得可有可无，正常职能无法得以发挥，最终使机构管理出现混乱。

2. 建立分工协作、功能完善的组织机构体系

从教育行政组织机构行使职权的范围看，我国教育行政组织机构是一个从中央到地方的纵横交错的复杂的立体网络，国家各层次的教育行政组织机构从纵向上各自具有不同的职能，各层次的教育行政组织机构在横向上又根据工作目标或工作任务的不同设置了不同的工作部门。要使这个网络体系有效地发挥其行政职能，成为一个高效运转的有机整体，必须进行有效的分工协作。分工协作包含分工与协作两个方面：分工是指各层次的教育行政组织机构及其各工作部门根据各自的目标和任务在其职责范围内行使管理权限，以实现工作的高效率。协作是指教育行政组织的各个层次与部门之间要相互协调、相互配合，而不是画地为牢、互相提防或互相推诿。分工与协作密不可分，都是管理手段，都为最终实现教育目标和管理目标服务，片面强调任何一方都将给工作造成损失。我国教育行政组织机构在纵向与横向两个维度上都不同程度地存在分工与协作问题，这就是教育行政组织机构不断进行改革的原因之一。从功能上看，要建立具有决策、执行、咨询、监督、反馈五大功能完善的组织机构体系。组织机构的五大功能缺一不可，任何一种功能不完善，都将使组织运转效率低下，甚至失灵。

3. 责与权相统一

一个组织机构承担多大责任，就应拥有多大权力。有权无责，就是特权，就会导致权力缺乏约束，滥用权力。有责无权，组织机构就没有权威，就无法履行相应的职责。所以，组织机构一旦设立，就应赋予其履行职责所应有的职权。

（三）效能

效能是指教育行政组织机构的任何改革都要立足于当前，着眼于长远，不能以牺牲效率为代价，同时也不能仅仅因为财政上某些因素的需要，或为迎合某些舆论的要求，而盲目追求效率。效能既是教育行政组织机构改革的基本原则，也是教育行政组织机构改革的终极目标。要遵循效能原则，通过改革提高教育行政组织机构的工作效率，使教育事业更有利于在市场经济的环境下发展，有利于国家政治、经济和社会的稳定。当前，由于信息技术的高速发展，教育行政组织机构的改革要充分认识到管理信息网络化建设的重要意义，要自觉运用数字技术和网络技术的成果，为提高组织机构的管理效能服务。

三、教育行政组织机构改革的主要内容

　　教育行政组织机构改革的主要内容包括改革政府职能、组织结构、运行机制和行政规章制度四个方面。从改革政府职能的角度，主要是转变职能，政事分开，根据国家机构改革的总体精神，科学划定政府教育行政组织机构的职能范围，把属于学校或政府以外的其他社会服务或中介机构的职能坚决下放或分离出去，把主要精力集中在宏观调控上。从组织结构的角度，要强化宏观调控部门，特别是要强化有关教育执法和督导部门，减少有关专业教育管理部门，通过合并、分离等方式理顺各级教育行政组织机构之间、教育行政组织机构内部各部门之间，以及教育行政组织机构与学校之间的关系，避免职责交叉，实现职能、机构和人员的合理精简。从运行机制的角度，主要是改变管理方式，转变工作作风，加强廉政建设，实现行政程序和办事环节的精简，提高工作效率。从行政规章制度的角度，主要是按照依法治教、依法行政的要求，健全教育行政法制体系，实现教育行政组织机构及其职能、编制和工作程序的法制化。

四、教育行政组织机构改革的实施步骤

　　教育行政组织机构的改革，在操作上难度是很大的，因为改革必然要影响到相关机构与人员的责、权、利，因此需要慎重进行，做到目的明确，精心组织，以免事与愿违。教育行政组织机构的改革一般分三个阶段进行。

　　（一）准备阶段

　　在准备阶段主要进行改革方案的制定和改革的前期动员。改革方案的制定，具体内容包括明确改革的目标，确定机构的职责，根据机构的职责确定机构内部职能的划转，并在此基础上制定具体的定岗、定编、定员"三定"方案。根据"三定"方案确定编制和人员的划转。"三定"方案要合理确定处室的人员编制，科学设置职位，公布职位标准和任职资格条件。根据"三定"方案确定竞聘上岗和双向选择的原则和程序，并适时做好改革的前期动员工作。

（二）执行阶段

执行阶段必须严格按照改革的总体方案组织落实，其中难度最大的是人员的定岗和分流工作的落实。要耐心细致地做好各类人员的思想工作，开辟多条渠道安排分流人员，妥善解决由于机构改革给职工带来的工作和生活问题，高度负责，务实求真，不能把职工随意推向社会，也不能利用行政权威，随意将分流人员分配到下属事业单位，变相加重国家负担。

（三）总结阶段

机构改革任务完成以后，要及时做好总结，向本级人民政府和上级教育行政组织机构汇报，并积极迎接相关部门的检查验收。

本章小结

本章比较了教育行政组织机构的三个概念，把教育行政组织机构定义为依法建立的各级政府主管教育工作的教育行政部门，从国家教育部到乡镇教育委员会、教育办公室。简要介绍了我国1949年以来教育行政组织机构的历史沿革，重点对1998年以后我国中央和地方教育行政组织机构的设置及其职能做了介绍。本章的最后一节对教育行政组织机构改革的意义、原则、主要内容以及实施步骤进行了阐述。

学习活动建议

1. 阅读你所能收集到的与本章内容有关的主要参考文献。
2. 收集并阅读报刊中有关机构改革或教育行政组织机构改革方面的文章。
3. 访问教育行政组织机构或学校的领导及有关管理人员，了解本地教育行政组织机构的改革情况。

第四章

学校教育制度

🎓 学习目标

了解学校教育制度的含义和类型；
明确学校教育制度建立的依据；
了解我国学校教育制度发展的历史脉络；
熟悉我国现行的学校教育制度；
明确我国当前学校教育制度改革的主要内容。

第一节 学校教育制度概述

一、学校教育制度的含义

学校教育制度（system of school education），也叫学校系统，简称学制，它是反映各级各类学校教育内部的结构及其相互关系，规定各级各类学校的性质、任务、入学条件、修业年限以及相互间的衔接、转换的制度。

在现代社会里，任何一个国家办教育，都会对其学校教育制度做出规定，因为学校教育制度是一个国家教育制度的主体，是一个国家发展教育事业的基本构架。只有确立了学校教育制度，各级各类学校的发展才有所依凭，人才的培养规格才能确立，教育行政机构管理学校才有基本的依据。在现代社会里，教育对国家和民族的发展至关重要，教育本身的发展也越来越复杂，规模越来越大，学校教育制度作为一个国家最基本的教育制度，越来越受到各国政府的重视。

二、学校教育制度的类型

综观世界各国的学校教育制度，异彩纷呈，各具特色。但是归纳起来不外乎单轨型、双轨型和中间型三种类型。

（一）单轨型

单轨型是指从小学、中学到大学，上下衔接，自下而上构成连接阶梯的统一的直线型学制。

美国和日本现行的学制是典型的单轨型学制，具有统一性与多样性相结合、正规教育与非正规教育相结合、普通教育与职业技术教育相结合的特点。其学制在建立之初即注意各级各类教育在结构上相互衔接，上下沟通，以保证社会各阶层的子女可以平等地上相同的学校，接受相同的教育。美国还通过立法规定，儿童不分性别、宗教信仰、种族、阶级，都有平等的受教育机会。这是美国教育制度区别于欧洲国家教育制度的一个显著特点。

美国单轨型学制的产生有其自身的历史原因。1492年，意大利探险家哥伦布偶然踏上美洲大陆这块土地后，西班牙人、荷兰人、法国人和英国人纷至沓来，在北美大陆上建立自己的殖民地。这一时期当地的教育主要受教会控制。各个教派为了吸引信徒，扩大势力，纷纷兴办学校，其热情不亚于兴建教堂。由于来自各国的殖民者兴办的学校，均采用其宗主国的教育模式，因而没有形成统一的学制。18世纪末的美国独立战争割断了移民与其祖国残存的政治联系，统治者为了巩固新生的合众国，把千百万各不相同的移民熔于美国一炉，同时也为了照顾到来自不同国家的移民的心态，迫切需要建立平等的、不属于任何宗主国和任何教派的学校教育制度。同时，美国独立战争后，受封建主义影响较少，又正值产业革命之后，其经济和社会发展急需大量人才，不但要求普及小学教育，而且要求普及中等教育。在这种背景下，以公立学校为主，小、中、大学相互衔接的单轨型学制应运而生，并一直延续至今。

日本早期的学制是双轨型。1872年，日本颁布《学制》，拉开了日本教育史上第一次教育改革的序幕，标志着日本现代教育的开始。该学制基于日本国情，并借鉴国外现代学校教育制度而制定，强调教育机会均等，又具有明显的身份等级制特征。第二次世界大战日本战败后，在占领国——美国的强烈影响下，废除了具有身份等级制特征的双轨型学制，实行单轨型学制。1947年颁布的《基本教育法》和《学校教育法》，以法律的形式把新学制固定了下来。此后虽然进行过种种改革，但是单轨型学制的性质未变。

单轨型学制的特点，从表面上看，是不同层级的学校之间的相互连接问题，实质上反映的是民众教育机会均等的要求。

（二）双轨型

双轨型学制，指一个国家同时存在两种不同形式的学校系统，以完成各自的教育任务的学校教育制度。早期的封建君主制的国家走上资本主义道路以后，基本上都是实行双轨型学制，如英、法、德、俄等国。一轨是精英教育。从预备学校到公学或文法学校，再到大学，这一学制系统，主要培养社会的精英人才。如英国著名的伊顿、哈罗等公学，低段与预备学校相衔接，高段与牛津、剑桥以及其他现代性大学、学院相衔接。其师资优良，设备完善，学习年限长，学费昂贵，虽然并不排斥劳动人民子弟入学，但是昂贵的学费和漫长的学习年限，使劳动人民子弟不敢问津。另一轨是为劳动人民子弟设置的。为了适应工业革命的需要，为市场培养廉价劳动力服务，资产阶级要求对劳动人民子弟也提供一定的教育，因此设置了从初等学校到职业学校的学制体系。这类学校通常由宗教团体、慈善机构和工厂主经办。为了保证有充足的具有一定文化的劳动后备力量，一些国家还相继颁布义务教育法，对儿童、青少年实施强制的免费教育。这些措施在客观上对于保证劳动人民子弟享受教育的权利，无疑具有积极意义。但是，由于两轨分头进行，互不沟通，劳动人民子弟并不能与上等阶层子弟享受平等的教育权利。双轨型学制在20世纪20年代以后，才有所改变。

（三）中间型

中间型是介于单轨型和双轨型之间的一种学制，是在双轨型学制受到社会强烈抨击后，一些实行双轨型学制的国家做出变革的结果。即在基础教育阶段实行单轨型学制，社会各阶级、阶层的子弟接受共同的基础教育，高中教育则实行双轨分流。结束基础教育后，一部分学生继续接受普通中等教育乃至大学教育，另一部分学生接受职业教育，为就业做准备。

中间型学制是在20世纪20年代以后才开始出现的。1918—1919年，法国一些进步人士和教师团体就大力提倡新教育运动，要求废除双轨型学制并开展统一学校运动。德国在1920年通过学校法，废除贵族化的预备学校，要求所有学龄儿童在接受相同的基础教育后再实行分流。英国于1944年颁布教育法，规定全部初等教育与中等教育相衔接，设置三类中等学校供所有儿童选择，并一律实行免费教育。

中间型学制的出现，主要有三方面原因：一是各国人民要求享受平等的受教育权利的呼声高涨，尤其是发达的资本主义国家的人民，强烈要求拥有个人自由选择受教育的权利。一些资产阶级有识之士也猛烈抨击双轨型学制，强烈要求教育民主化、教育机会均等化。二是资产阶级为了缓和社会矛盾，巩固自己的统治，不得不做出一些让步。三是经济和社会发展，在客观上对劳动者的素质提出了越来越高的要求，市场需要大量的各级各类人才，双轨型学制严重地制约了高素质人才的培养。

第二节　学校教育制度建立的依据

一、国家政治制度的影响

学校教育制度是一个国家政治、经济、文化方面要求的反映。教育对于培养人才具有重要作用，国家政治制度必然要求学校教育制度与之相适应。

18 世纪以前，欧洲大陆君主专制国家由地主、贵族、僧侣统治，为了维护封建地主阶级的既得利益，因此按照身份等级设置等级森严的学校教育制度。新兴的资产阶级在当时虽然已经具有一定的势力和影响，但是在政治上仍然属于"第三等级"，其子女照样没有资格进入高等级学校。

19 世纪初，随着资本主义大工业的发展，大批没有文化的童工涌入工厂，统治者开始重视童工和工人子弟的教育问题。19 世纪 70 年代以后，欧美工业生产发展迅速，市场竞争越来越激烈，列强对殖民地和势力范围的争夺日益加剧，教育也成为统治者赢得竞争的重要手段。德国最早颁布义务教育法，英、美、日、法等国后来居上，不断延长义务教育年限。日本于 1872 年颁布义务教育法，后又废除，1880 年又颁布《教育令》实施义务教育。英国于 1876 年宣布实施 5 年制义务教育，此后又延长为 7 年、9 年、10 年、11 年。法国于 1882 年实施 6 年制义务教育，此后分别延长为 7 年、9 年。

20 世纪中叶，亚非拉地区的一大批殖民地获得了独立，这些新成立的国家在独立以后的一项重要工作就是建立自己的学校教育制度，增加教育投资，普及初等义务教育，开展扫盲运动。

二、社会经济和科技发展水平的影响

学校教育制度的建立和发展，主要在两方面受到社会经济和科技发展水平的制约。一方面，学校教育制度的建立和发展是以一定的经济和科技发展水平为基础的。

强制推行免费的义务教育,发展职业技术教育和高等教育,需要校舍、师资、教学设备和活动资金,没有雄厚的经济基础是不可能实现的。由于科技水平的限制,早期的学校教育制度比较单一,只有普通教育和职业教育两类。学生一旦离开学校,也就永远失去了求学或深造的机会。科学技术的发展,不仅充实了教学内容,提供了有效的教学手段,也大大地拓宽了教育的范围,如广播、电视、电子计算机技术的运用,使更多的人可以进入没有围墙的学校学习。我国现行的学制体系中就包括函授大学、开放大学、夜大学、刊授大学以及高等教育自学考试等种种类型。由于电子计算机技术和网络技术的快速发展,网上大学(学院)也已出现。

另一方面,社会经济和科技的发展要求学校教育制度与之相适应。社会经济的发展,科学技术水平的提高,有赖于大批高素质的人才,高素质的人才需要各级各类学校来造就,各级各类学校的教育年限、结构关系则需要学校教育制度来规范。所以,任何一个国家的学校教育制度,都是该国社会经济和科技发展水平的反映,只有两者相互适应,才能做到相互促进。

回顾世界各国学校教育制度的产生和发展,可以明显地看出其与社会经济和科技发展的关联。例如,19世纪以前,各国生产力水平低下,经济发展缓慢,学校教育制度结构简单,义务教育只在极少数国家推行,年限也较短。随着科技的发展,大工业的出现,市场对劳动力的需求不仅在数量上,而且在质量上有了明显的提高。为了适应工业革命的需要,发达的资本主义国家纷纷颁布法令,实行义务教育,开设实用学科,增设各种职业学校,并注意各级各类学校之间的沟通衔接。工业革命所带来的经济繁荣,也使各国政府把发展教育的设想变为了现实,西方发达资本主义国家的学校教育制度,基本上是在19世纪末资本主义兴盛时期建立起来的。进入20世纪以后,一些资本主义国家频繁地进行学校教育改革,调整学校教育制度,延长义务教育年限,加强职业技术教育,发展终身教育,这一切都是为了适应社会经济和科学技术的发展要求。可以说,社会经济和科技发展对教育提出的要求,是各国学校教育制度产生和发展的根本动力。

三、文化历史传统的影响

学校教育制度是一国教育制度的主体,任何一个国家要发展自己的教育,所确立的学制必须符合本国国情。所以,任何国家的学校教育制度,都是植根于本国的历史文化土壤之中的，即使引进国外学制，也会根据国情加以改造。由于各国的历史条件、文化传统、教育传统不同，在此基础上建立起来的学校教育制度各具特色。例如，清政府于1902年颁布的我国历史上第一个完整的学制——"壬寅学制"，虽然基本照抄日本学制，但是也有所改造：一是该学制中没有女性教育的地位，数千年来歧视女性的封建遗风在该学制中保存下来；二是该学制将各学堂卒业者分别赐予附生、贡生、举人、进士等出身，使之带上了科举考试制度的痕迹。另一个典型的例子是德国。第二次世界大战后，联邦德国按照占领国（主要是美国）的模式重建教育制度，废除中央集权制，各州对教育实行自治。但是这种完全脱离德国历史传统的做法，给全联邦的教育造成了混乱。随着时间的推移，在德国传统教育的巨大影响下，包括学校教育制度在内的整个教育体制，又逐渐向传统靠拢。1955年，各州联合签署协议，对各州各类学校的名称、学制的长短、分数的等级等做出统一规定，迈出了向传统靠拢的第一步。1959年，联邦教育委员会又颁布了《改组和统一普通公立学校的总纲计划》。1969年，联邦政府为进一步加强对教育的控制，修改基本法，扩大中央政府对教育的管理权限，并成立了联邦教育部。今日德国的学校教育制度，虽然没有彻底回归传统，但已不是典型的美国模式了。

任何一个国家学校教育制度的建立，都要基于本国国情，但不会只孤立地考虑本国国情。吸取其他国家学制建设和改革的有益经验，紧跟世界教育发展潮流，是建立和发展学校教育制度乃至整个教育制度的大趋势。可以说，当今世界各国的学校教育制度，都是在相互借鉴吸收的基础上逐步发展起来的。

四、青少年、儿童身心发展规律的制约

教育的有效性在很大程度上取决于受教育者对教育的接受性，教育的可接受性固然与知识本身的逻辑体系有关，但是从根本上说，是由人的身心发展规律决定的。教育的内容体系、学科的知识容量、受教育的年限（包括接受学校教育的起止年限）等，都必须遵循人的身心发展规律，否则教育必然是低效的。学生的身心发展过程，大致可以分为幼儿期、学龄初期、学龄中期和学龄晚期几个年龄阶段。在不同的年龄阶段中，学生的身心发展各具特色，各阶段又彼此衔接，构成一个完整的发展过程。制定学校教育制度，确定儿童的入学年龄及修业年限，确定各级各类学校的分段和衔接，都要考虑到学生身心发展的阶段性和连续性。

人的身心发展是有规律可循的，对教育的影响也是客观存在的。但是，人类并没有从一开始就认识到了这一点，因而学校教育制度也不是从一开始就严格遵循人的身心发展规律建立的，而是经历了一个漫长的探索过程。例如，早期的学制，儿童入学的年龄偏晚，学前教育也未得到重视，一些开办学前教育较早的国家，只是把它作为一种慈善事业、福利事业，而不是作为教育事业。现代科学研究表明，3岁左右的幼儿大脑便具备了成人大脑的全部特征，人的智力有3/4是在进入小学之前形成的，6岁之前所获得的知识，对人的一生都有重要影响。这些研究成果受到许多国家的重视，美、日、德等国相继提出了加强幼儿早期教育的主张，一些国家大力普及幼儿园教育，或将儿童的入学年龄适当提前。此外，有关青春期身心发展变化研究的成果，也成为许多国家改革学校教育分期分段的重要依据。

第三节 我国近现代学校教育制度的发展

一、我国近代学制的诞生

中国教育史上第一个系统完备的现代学制诞生于1902年。近代历史上，我国有不少学者、教育家提出过新学制的构想，但无法付诸实施。19世纪60年代开始兴起的洋务运动，将壁垒森严而又腐败空疏的中国封建教育制度冲开了一个缺口，一时间兴办西学之风大盛。到19世纪末20世纪初，各级各类学校有了一定发展，构成了一个相互衔接的学校系统。

1902年，清朝政府颁布了《钦定学堂章程》，其时为光绪壬寅年，故亦称"壬寅学制"。但"壬寅学制"未及实施，清政府于次年又颁布了一个新学制《奏定学堂章程》，也叫"癸卯学制"，如图4-1所示。

"癸卯学制"以日本学制为蓝本，是中国历史上第一个经正式颁布后在全国范围内正式推行的学制。该学制分为三段七级。三段即初等教育、中等教育和高等教育。初等教育含蒙养院、初等小学堂、高等小学堂三级；中等教育只有一级，即中学堂；高等教育含高等大学堂或大学预备科、分科大学堂、通儒院三级，共是七级。与上述

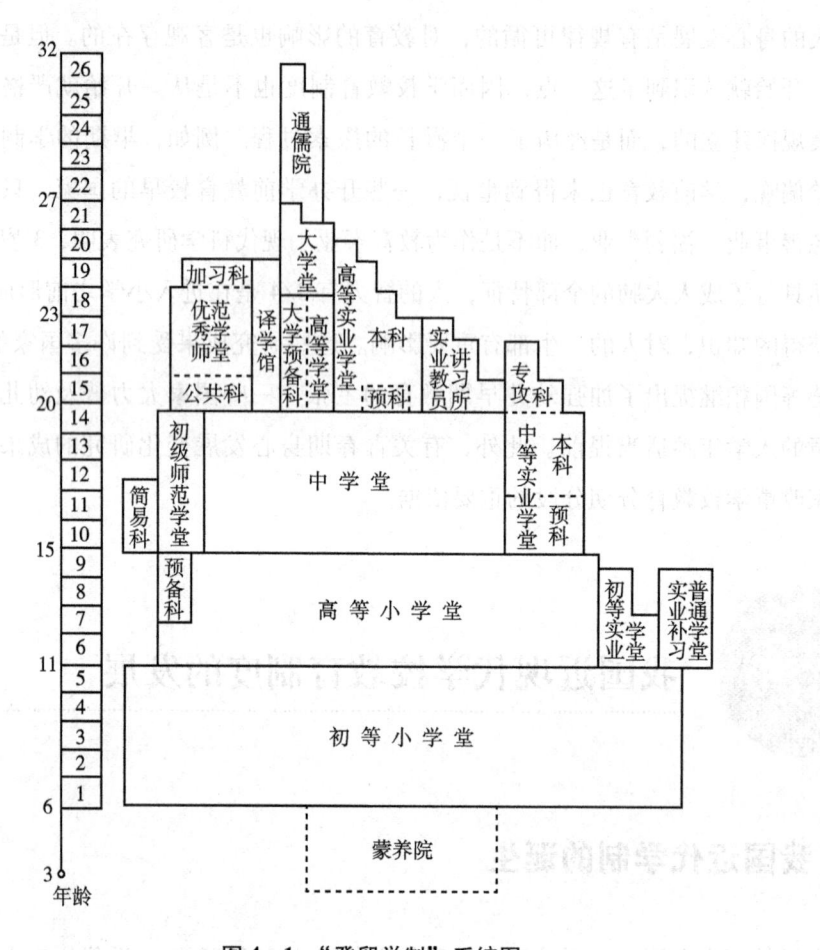

图 4-1 "癸卯学制"系统图

高等小学堂和中学堂并行的还有实业教育和师范教育,高等教育阶段有译学馆、方言学堂、进士馆和仕学馆。"癸卯学制"的一个突出特点是它的修业年限特别长,从进蒙养院到读完通儒院,需要整整30年。

辛亥革命后,"癸卯学制"被废止。1912年,南京临时政府制定了"壬子学制"。该学制依然以日本学制为蓝本,主体结构分为三类三段七级。三类指普通教育、实业教育和师范教育三种类型,三段指初等教育、中等教育和高等教育三个阶段,七级指蒙养园、初等小学、高等小学、中学、大学预科、大学本科和大学院七个教育等级。与"癸卯学制"相比,"壬子学制"的特点有三方面:一是缩短了初、中等教育年限,有利于教育的普及;二是确立了女性受教育的权利,缩小了两性间教育的差别;三是相对提高了职业教育和师范教育的地位。

1922年，政府颁布"壬戌学制"，如图4-2所示。该学制以美国学制为蓝本，依旧按三类三段七级设学。其特点：一是初等教育年限缩短一年，中等教育则延长两年，这样既有利于普及初等教育，又有利于提高中等教育水平；二是中学分为初级和高级两个阶段，更符合学生的身心发展特点；三是小学修业六年，初中三年，高中也为三年，故称"六三三制"。"壬戌学制"后来几经修改，但基本框架未动，一直沿用到中华人民共和国成立。

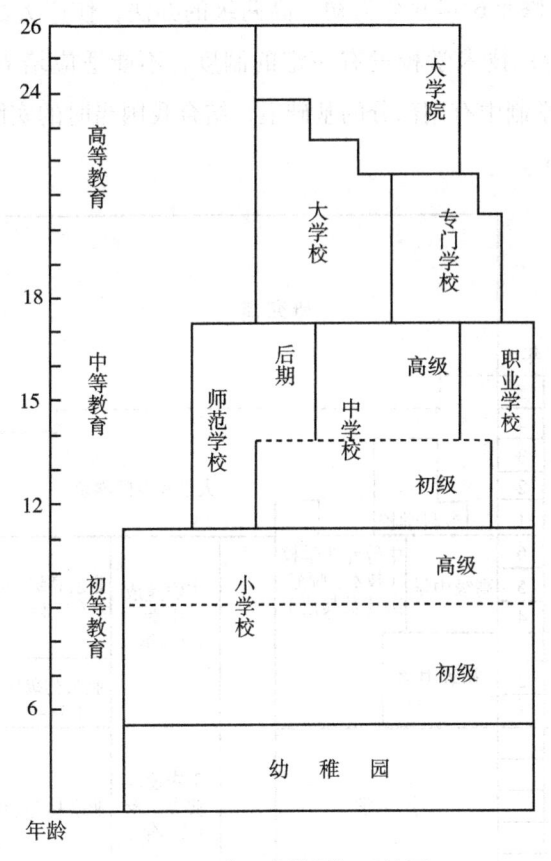

图4-2 "壬戌学制"系统图

我国近代学制有三个明显的特点：第一，注重向发达国家学习，不是临摹日本，就是抄袭美国。这说明统治者在某种程度上认识到了教育对富国强民的作用。第二，学校直系和旁系比较完备，各等各级之间相互衔接，构成升迁系列。第三，修业年限逐渐缩短，分段分级更符合普及教育的需要，也更符合学生的身心发展规律，为教育的平民化打下了基础。

二、中华人民共和国学制的确立

中华人民共和国成立以后，中央人民政府政务院于 1951 年 10 月 1 日发布了《关于改革学制的决定》指出："我国原有学制（即各级各类学校的系统）有许多缺点，其中最重要的工人、农民、干部学校和各种补习学校和训练班，在学校系统没有得到应有的地位；初等学校修业 6 年并分为初、高两级的办法，使广大的劳动人民子女难于受到完全的初等教育；技术学校没有一定的制度，不能适应培养国家建设人才的要求。"于是在保留原学制中有用部分的基础上，结合我国当时的实际情况，确立了新的学制，如图 4-3 所示。

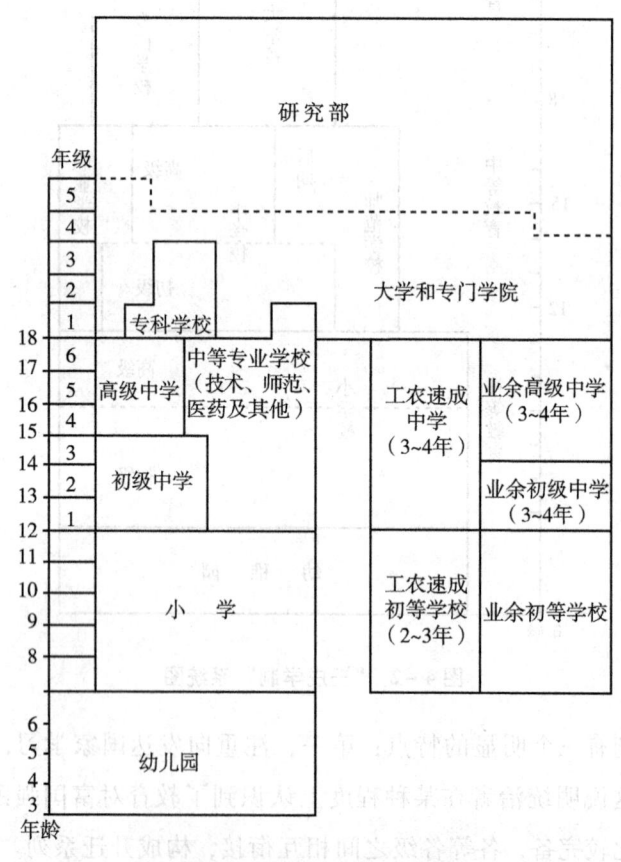

图 4-3　1951 年学制系统图

1951 年学制系统分为幼儿教育、初等教育（包括小学、青年和成人初等学校）、中等教育（包括中学、工农速成中学、各种中等专业学校）和高等教育（包括大学、专门学院和研究部），此外还有各级政治学校、补习学校、函授学校、盲聋哑特殊学校和各种训练班。

1951年学制的主要特点是：第一，充分体现了教育为工农大众服务的方针，把为工农群众和干部专设的学校纳入学制体系，并且高低衔接，保证工农大众有享受各级教育的机会。第二，充分体现教育为生产建设服务的方针，确立了各种专业学校、技术学校和业余学校在整个学制体系中的地位，保证各类人才的培养。第三，设置各种成人学校、训练班和补习班，为人们提供继续教育的机会。第四，没有提出义务教育，但是取消初等学校高低分级，以保证劳动人民子女能接受完整的初等教育。第五，统一性与灵活性相结合，鼓励各地因地制宜办学。

1951年学制确立以后，经历了两次大的变革，这两次变革留下了深刻的教训。

一次是1958年，为了配合国家大规模的经济建设，中央发布了《关于教育工作的指示》，要求改革学制，并提出了"三个结合、六个并举"的改革原则：统一性与多样性相结合、普及与提高相结合、全面规划与地方分权相结合；国家办学与厂矿、企业、农业合作社办学并举，普通教育与职业教育并举，成人教育与儿童教育并举，全日制学校与半工半读学校并举，学校教育与自学并举，免费教育与收费教育并举。根据中央的精神，各地对学制进行了改革，包括提早入学年龄，缩短修业年限，多种形式办学，等等。由于"左"倾思想影响，改革普遍存在急躁冒进和违背客观规律的盲目行为。

另一次是"文化大革命"时期，我国学制遭受到灾难性的破坏：一是任意缩短学制；二是削减各种中等专业学校、职业技术学校和技工学校数量，盲目发展普通中学，造成中等教育结构完全失调；三是高等教育结构混乱，专业设置不成体系，培养的专业人才比例极不合理。1978年以后，学制才逐步得以重建。

第四节 我国现行的学校教育制度

一、学校教育制度现状

我国现行的学校教育制度基本为四等七级，直系旁系齐全，相互沟通衔接，已形成多种形式办学的格局。四等是指学前教育、初等教育、中等教育和高等教育,七级是指幼儿园、小学、初中、高中、高等专科教育、本科教育和研究生教育,如图4-4所示。直系旁系齐全、相互沟通衔接是指我国普通教育、职业技术教育、成人教育系统完善,不仅构成纵向升迁系列,而且三种教育亦可横向沟通。中华人民共和国成立后,我国取消了私立学校,公立学校一花独放。近30年来,这种局面已有改观,公办、民办、中外合作多种形式并存。1986年,我国颁布《义务教育法》,为提高国民的素质提供了法律保障。该法于1986年4月通过后,又经过了2006年6月的修订,2015年4月的修正和2018年12月的修正。

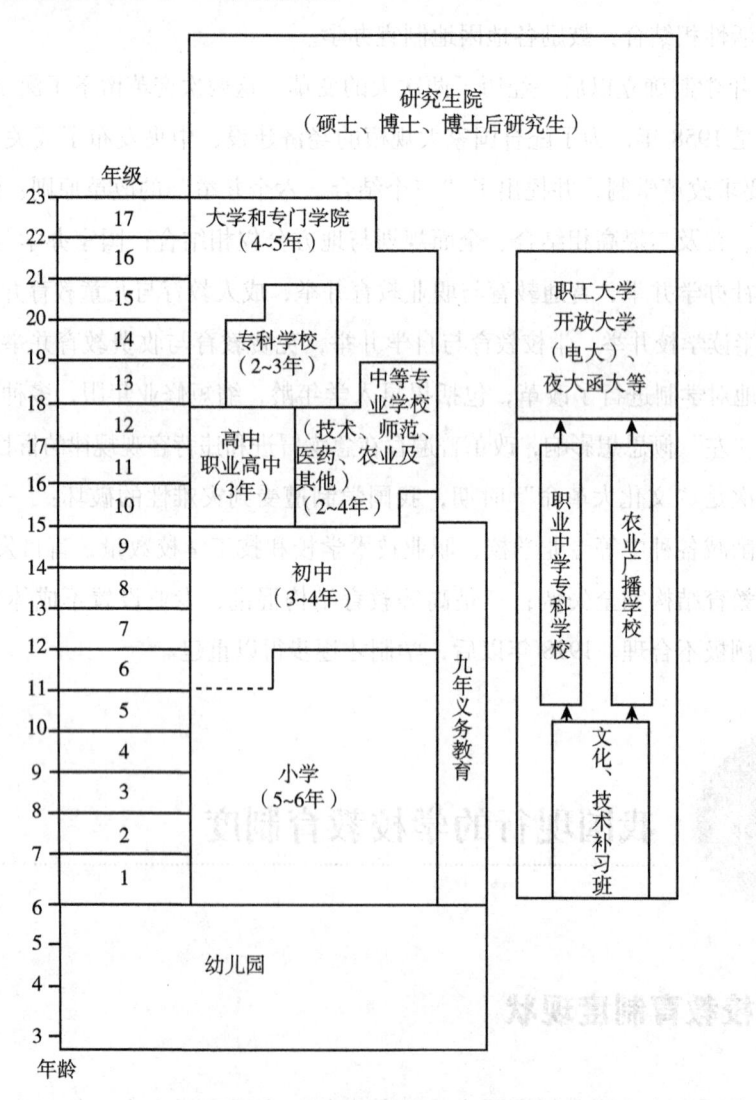

图4-4 我国现行学校系统示意图

1. 学前教育

学前教育是学龄前儿童教育的简称，指进入初等教育之前的 3~6 岁幼儿的教育。我国学前教育主要由幼儿园承担，贯彻"保教结合"原则，对幼儿进行启蒙教育。我国目前的学前教育发展还不平衡，幼儿园主要集中在城市和经济发达的地区，广大农村地区只有少数地方在小学附设学前班，招收 5~6 岁幼儿。

2. 初等教育

初等教育作为提高公民文化水平起点的基础教育，主要指全日制小学教育。招收 6~7 岁儿童入学，学制五到六年，不分段。为了保证九年义务教育的顺利实施，完成初等教育的学生免试进入初级中学学习。

3. 中等教育

这是对受过初等教育的学生所进行的中等程度的基础教育或职业教育，其任务是为高一级学校输送合格新生和为国家建设培养合格的劳动后备力量。我国中等教育结构比较复杂，包括全日制普通中学、中等专业学校、技工学校、职业学校和各种成人中等学校。普通中等教育分为初级和高级两个阶段，学制各为三年。高级中等教育是在九年义务教育基础上实施的中等教育，其中普通高级中学主要是基础教育，中等专业学校以培养各种中级技术人员为目标，技术学校主要培养技术工人，职业中学则主要对学生进行专门的职业技术训练。

4. 高等教育

高等教育是建立在中等教育基础上的高级专业教育，处于学制系统的最高阶段，包括专科教育、本科教育和研究生教育三个层次。实施高等教育的机构主要是全日制高等学校和成人高等学校。全日制高等专科学校，学制一般为三年；大学和学院的本科教育一般为四年，少数特殊学科为五年或六年；研究生教育分为硕士和博士两个阶段，各为三年。高等教育担负着培养高级专门人才和发展科学技术的重要任务。

实施成人高等教育的机构，除了成人高等学校外，还有全日制高等学校中设立的专门成人教育机构，如夜大学或成人教育部，干部培训中心或干部专修科。其他的办学形式还有独立的函授大学或函授学院、开放大学、教育学院、教师进修学校、社会大学等。此外，我国还实行高等教育自学考试制度，自学者通过国家举办的考试，可获得专科或本科毕业证书，国家承认学历。

二、我国当前学制的改革

世界各国早已充分认识到教育对于国家发展的重要作用，一直致力于学校教育制度的改革。西方发达国家近些年来的改革已形成明显的趋势，即学前教育扩展化、义务教育普及化、普教职教综合化、高等教育多样化、职后教育终身化。

当前，我国改革开放和现代化建设事业进入了一个新阶段，建立社会主义市场经济体制，进一步解放和发展生产力，要求学校教育制度与之相适应。2012年《国家中长期教育改革和发展规划纲要（2010—2020年）》发布，希望通过十年的努力，使中国由人力资源大国变为人力资源强国，实现教育现代化。我国当前的学制改革主要有如下内容：

1. 加强基础教育，落实义务教育

基础教育是提高民族素质的奠基工程，世界各国都给予极大的重视，一个共同的做法就是延长义务教育年限，并加强执法的力度。义务教育是依法规定适龄儿童和青少年都必须接受，国家、社会、家庭都必须予以保证的国民教育，具有强迫性质。多数国家义务教育年限为八到十年，一些发达国家长达十一年或十二年。我国由于地域辽阔，人口众多，教育底子薄，各地经济发展不平衡，目前，实施的是九年制义务教育。未来要实现更高水平的普及教育。基本普及学前教育；巩固提高九年义务教育水平；普及高中阶段教育，毛入学率达到90%。

2. 调整中等教育结构，发展职业技术教育

职业技术教育是现代教育的重要组成部分，是工业化、生产社会化和现代化的重要支柱。世界各发达国家在工业革命后，都特别注重发展职业技术教育。20世纪60年代，德国、日本等国的职业技术教育规模就超过了普通教育。我国自1985年《中共中央关于教育体制改革的决定》提出调整中等教育结构，大力发展职业技术教育以来，职业技术教育的落后局面有所改观。

在中国，发展职业技术教育是推动经济发展、促进就业、改善民生、解决"三农"

问题的重要途径，是缓解劳动力供求结构矛盾的关键环节，必须摆在更加突出的位置。职业技术教育要面向大众、面向社会，着力培养学生的职业道德、职业技能和就业创业能力。要实行工学结合、校企合作、顶岗实习的人才培养模式。坚持学校教育与职业培训并举，全日制与非全日制并重。加强"双师型"教师队伍和实训基地建设，提升职业教育基础能力。要调动行业企业参与职业教育的积极性，建立健全政府主导、行业指导、企业参与的办学机制，制定促进校企合作办学的法规，促进校企合作制度化。同时，政府要把加强职业教育作为服务新农村建设的重要内容。加强基础教育、职业教育和成人教育统筹，促进农科教结合，支持各级各类学校积极参与新型农民、进城务工人员和农村劳动力转移培训。

3. 稳步发展高等教育，走以内涵发展为主的道路

20 世纪 90 年代，我国高等教育改革重在扩大规模，优化结构。扩大规模主要不是指学校数量上的发展，而是利用现有的师资和设备，努力提高办学效益。从 1999 年开始，高校扩大招生规模，既满足了人们接受高等教育的渴求和社会对高等专业人才日益增长的需要，又使高校现有的人力、物力、财力最大限度地发挥效用。

21 世纪我国高等教育进行了结构调整：一是层次结构的调整，即在发展本科教育的同时，大力发展地区性的专科教育，努力扩大研究生培养数量。二是减少专门学院，增加综合性大学。前些年的高校合并，就是高等教育结构调整的具体表现。今后一些年，我国的高等教育将进一步提升教学和科研质量，优化结构，办出特色。

4. 重视成人教育，发展终身教育

成人教育主要是对已经走上各种生产或工作岗位的从业人员进行的教育，是传统学校教育向终身教育发展的一种新型教育制度，对提高全民族的素质，促进经济和社会发展有重要作用。我国的成人教育 20 多年发展非常迅速，取得了巨大的成效。扫除青壮年文盲的任务已基本完成，现在面临的任务是如何巩固脱盲率和防止新文盲的产生，这就要求大力发展面向农村地区的初、中等成人职业技术教育，把脱盲同脱贫致富结合起来。

成人教育活动，是终身学习体系的重要组成部分。国家将搭建终身学习"立交桥"，促进各级各类教育纵向衔接、横向沟通，提供多次选择机会，满足个人多样化的学习和发展需要。健全宽进严出的学习制度，办好开放大学，改革和完善高等教育自

学考试制度。建立继续教育学分积累与转换制度，实现不同类型学习成果的互认和衔接。

本章小结

　　学校教育制度规定一个国家各级各类教育、各级各类学校的结构及其关系。学校教育制度发展的完善程度，从一定的意义上讲，反映了一个国家教育事业的发展水平。世界各国的学校教育制度，大致可以分为单轨型学制、双轨型学制和中间型学制三种类型，每种类型都有其独特之处，构成一个国家学校教育的特色。学校教育制度的建立受多种因素的影响，国家政治制度、社会经济和科技的发展水平，对儿童、青少年身心发展规律的认识，各国历史条件和文化传统，都直接或间接地影响一国学校教育制度的发展，并成为确立学校教育制度的重要依据。

　　我国真正具有现代意义，体系完备，而且正式在全国推行的学校教育制度，是清末发布的《奏定学堂章程》，也称"癸卯学制"。中华人民共和国成立以后，人民政府确立了"1951年学制"，建立了完备的各级各类教育系统和学校系统，大力普及教育，到20世纪末，基本扫除了青壮年文盲，普及了九年制义务教育，使教育事业达到了空前的繁荣。但是，在计划经济条件下确立的学校教育制度，虽然几经改革，仍不能适应市场经济的需要，还要进一步改革。目前，发达国家学校教育制度的改革呈现出如下几大趋势，即学前教育扩展化、义务教育普及化、普教职教综合化、高等教育多样化、职后教育终身化。我国的学校教育制度改革，要致力于跟上世界潮流，建立具有中国特色的学校教育新体系，实现教育现代化。

学习活动建议

　　1. 收集并阅读介绍世界各国学校教育制度产生背景的文章，试分析在建立学校教育制度的依据中，哪些是最根本的依据。

　　2. 试比较我国近现代史上几个主要学制的异同，看看哪些方面稳定少变，哪些方面变动较多，从中我们能得到什么启示？

　　3. 访问教育行政部门领导和学校校长，请他们谈谈对我国当前大、中、小学学制长短和分段的看法。

第五章
课程行政

学习目标

了解课程行政的含义和意义；

了解课程行政体制的主要类型及其主要特征；

明确我国现行课程行政体制的主要特征；

了解课程行政体制的国际发展趋势；

掌握课程行政的内容；

了解课程实施的含义；

了解课程实施的分类及其指导内容。

第一节　课程行政概述

一、课程与课程行政的含义

要弄清课程行政的含义，首先必须了解课程的概念。"课程"一词，在西方最早来源于拉丁语的 cursum racecourse 一词，意思是"赛马的跑道"，之后的意思演变为学习的进程（course of study）。在我国，"课程"一词始见于唐宋期间。唐代孔颖达为《诗经·小雅·小弁》中"奕奕寝庙，君子作之"句作疏："维护课程，必君子监之，乃依法制。"在这里，课程是指礼仪活动的程式。宋代朱熹在《朱子全书·论学》中多次提及课程，如"宽着期限，紧着课程""小立课程，大作工夫"等。在这里，课程是指功课及其进程。有关课程的定义，由于认识的角度不同，也就有很多不同的界定。国内外的教育理论专家，有的从学科的角度，有的从经验的角度，有的从学习目标的角度，有的从活动的角度给课程下定义。在我国，课程的定义有广义和狭义之分：广义的课程是指学校给学生传授的知识和技能、灌输的思想和观点、培养的习惯和行为的总和，它包括学校的各门学科和有目的、有计划、有组织的各种活动（教学计划），以及对内容的安排、进程和时限（教学大纲和教材）。狭义的课程是指一门学科。从类型上分析，课程又可以分为学科课程、综合课程、活动课程和潜在课程（详细内容，见本专业教育学课程的教材）。

上面简要说明了课程的含义，现在来讨论课程行政的含义。有学者认为教育课程行政亦被称为教育内容行政。日本学者久下荣志郎在其《现代教育行政学》一书的"教育内容行政"一章中没有明确指出什么是教育内容行政，但在书中提到了教育课程行政、教育课程的制定权、教学大纲、教科书行政等内容，间接说明了什么是教育内容行政。也有学者认为教育行政对教学内容进行干预，就形成了教学内容行政。与课程行政相近的概念还有课程管理和教材管理，课程管理是在一定的社会条件下，有领导、有组织地协调人、物与课程的关系，指挥课程建设与课程实施，使之达到预定目标的过程。教材管理是一种全过程管理，因此其管理内容包括教材研制、实验、审定、出版、发行、选用、供应等。参照以上的一系列定义，我们把课程行政的含义理解为教育行政对教学计划（课程计划）、教学大纲（课程标准）和教材的审定与管理。

二、课程行政的意义

课程是各级各类学校实现教育目标的核心手段，因此课程的优劣将直接影响学校教育目标的实现。决定课程优劣的最重要因素是课程（课程目标、教学计划、教学大纲和教材）的决策者和决策方式。也就是说，由谁来决定课程，以什么方式来决定课程将直接影响课程的质量。有关课程的决策者和决策方式就是课程行政的内容。由此可见，课程行政对学校教学工作具有重要意义，是教育行政的重要内容。

第二节 课程行政体制

课程行政体制是教育行政体制的一部分，受政治体制的制约。各个国家，由于自身不同的历史文化背景，教育行政体制也不尽相同，甚至差异巨大，因而也拥有不同的课程行政体制。根据国家对课程干预的程度，可以将课程行政体制划分为中央集权型课程行政体制和分权型课程行政体制。

一、中央集权型课程行政体制

中央集权型课程行政体制的主要特征是：①执行全国统一的教学计划和教学大纲；②国家行使对中小学教材的审定权；③执行全国性或区域性的统一的中小学升学考试或毕业考试。

实行中央集权型课程行政体制的国家主要有法国、瑞典、日本、韩国、埃及等。

法国的课程行政体制具有典型的中央集权型特征，全国中小学课程均由教育部决定，教育部内部设有专门的课程委员会，负责起草课程大纲和课程大纲执行的组织工作。由课程委员会提出的课程大纲草案，经教育部批准后，成为各级学校必须执行的法规文件。

瑞典的中小学实行三级领导，但课程的控制权在中央。教育部对课程目标、学科设置、课时分配、教学方法、教学内容以及一些科目的选修规则等均有规定。地方行使权力的范围十分有限，省教育委员会只负责监督、指导和咨询，社区学校董事会负责保证中央政策在本地区的顺利执行。学校和教师对课程、教材也没有多少自主权。

在日本，中小学课程教学大纲由教育课程审议会负责制定，并由文部省审定并颁布实行。文部省同时拥有中小学教科书的审定权。在第二次世界大战结束后，日本中小学的课程教学大纲共经历了5次修订，每次间隔10年左右。

此外，韩国、埃及等国家的情形也与上述国家类似。

二、分权型课程行政体制

分权型课程行政体制的主要特征是：①通常没有全国统一的教学计划、教学大纲和教材；②地方教育行政机构和学校行使课程管理权；③没有全国统一的中小学升学考试或毕业考试。

实行分权型课程行政体制的国家主要有英国、德国、美国、加拿大等。

英国除1944年《教育法》中规定的"所有学校都要教授宗教"之外，没有全国共同的课程标准，制定教育课程的权限归学校，特别是学校校长所有。最近20多年来，英国中央政府也开始加强了对课程的统一管理。

1990年10月3日，东西德实现统一。统一后的德国，根据《统一条约》的规定，新联邦州的教育事业必须遵循西德在1949年颁布的《基本法》的精神，全部教育事业受国家监督，各州是独立的邦国，州是承揽教育大权者，课程计划由各州教育部制订。

美国的中小学也没有全国统一的课程，课程决策和教材编订的权限在各州，但各州通常也只规定公立中小学各种课程的教学大纲和高中毕业的成绩标准，其他有关课程的权限都交给地方各级教育机构和学校。

根据1867年的加拿大宪法，教育行政由各省负责，加拿大至今没有全国统一的教育制度。各省的相关法律法规中对本省的教育组织机构、学制、课程、考试制度和经费等都有明确规定。由于各省的教育制度都是根据本地区的历史文化传统和社会经济状况建立起来的，因此各省之间中小学的课程设置亦不尽相同。

三、我国的课程行政体制

我国的课程行政体制主要体现为中央集权型的特征。1963年中共中央批准颁发的《全日制小学暂行工作条例（草案）》中规定："全日制小学必须根据中华人民共和国教育部统一规定的教学计划、教学大纲和教科书进行教学。"同年颁发的《全日制中学暂行工作条例（草案）》中规定："教学计划、教学大纲和教科书，地方教育行政部门不得任意修改，如果确有修改的必要，必须由省、市、自治区教育行政部门报教育部批准。"1986年颁布实施的《义务教育法》第8条规定："国务院教育主管部门应当根据社会主义现代化建设的需要和儿童、少年身心发展的状况，确定义务教学制度、教学内容、课程设置、审订教科书。"以上涉及课程的法律、法规充分体现了国家对课程行政所拥有的绝对权威。

近年来，在总结过去经验的基础上，为了充分调动地方和学校参与课程管理的积极性，我国课程行政体制开始注重适度分权。1999年6月13日颁发的《中共中央国务院关于深化教育改革全面推进素质教育的决定》第14条指出："调整和改革课程体系、结构、内容，建立新的基础教育课程体系，试行国家课程、地方课程和学校课程。"由此可以看出，我国高度集权型的课程行政体制已经开始发生变化。

当前，国家为保障和促进课程对不同地区、学校、学生的适应性，开始实行有指导的逐步放权，建立国家、地方和学校三级课程管理模式，并明确各自的职责。教育部负责规定各类课程的设置和比例；组织制订、修订、审定基础教育课程计划；组织制定并颁布国家课程标准及其教材编写指南；研究制定并颁布基础教育课程的评价制度；制定课程管理与开发的政策；编写地方和学校课程管理与开发指南。省级教育行政部门按照国家课程计划的要求，根据本地区的实际需要，制订本省（自治区、直辖市）各个教育阶段实施国家课程的计划，并报教育部基础教育司备案。在实施国家课程的基础上，依据教育部颁发的《地方课程管理与开发指南》和本地区的实际需要，利用地方课程课时，规划、设置和开发地方课程，并制定学校实施地方课程的指导性意见。在省级教育行政部门的指导下，根据各地市和县级教育行政部门监督与评估执行课程计划的情况，组织专家指导学校制定实施课程计划的具体方案，为学校实施国家和地方课程提供保障，并具体指导学校开发课程。实施义务教育和普通高中阶段教育的学校在执行国家课程和地方课程的基础上，依据教育部颁发的《学校课程管理与开发指南》，可从实际出发，参与本社区学校课程具体实施方案的编制，也可结合本校的传统和优势，开发或选用适合本校的课程，但必须报上级教育主管部门批准。

在教材建设方面，国家建立教材编写管理制度，鼓励科研机构、高等学校、出版部门、社会团体和个人依据课程标准组织、编写国家课程和地方课程规定的教材。为保证教材质量，各教材编写组需根据《中小学教材编写管理制度》，按规定分别向教育部和省级教育行政部门申报，经核准通过后，方可编写。国家和地方严格执行教材审定制度。根据课程改革目标，修订各级中小学教材审定委员会章程，严格实行编审分离的教材审定制度。所有按照国家课程设置规定编写的教材须经国家教材委员会审定；地方课程规定的教材必须经省级教材审查机构审查。

从以上的介绍可以看出，我国课程行政体制已经开始转变为向地方适当放权，给地方以一定自主性的形态，但主要权力仍然在国家。

四、课程行政体制的发展趋势

各国所施行的课程行政体制不能简单地以优劣区分，而应在各国的历史发展背景下看待和分析其存在的原因及未来的发展前景。但从总体上来看，两种课程行政体制正在相互靠拢，即实行中央集权型课程行政体制的国家适度向地方放权，实行分权型课程行政体制的国家在适当向中央集权。很多国家的课程行政体制的发展都不同程度地呈现出这个特征。

在中央集权特征明显的法国，自1973年开始放松对中小学课程的控制，同意地方自行决定大约占总课程10%的教育内容，地方可以在中央提供的几种可选择的教材中按需选择。

英国是分权特征明显的国家，其课程行政体制从分权向集权的发展是十分明显的，20世纪70年代以来，英国逐步加强对中小学课程的控制，并在1988年实现国家对课程的控制，从法律上规定了义务教育期间都必须开设宗教课程和10门国家课程，同时为国家课程制定了具有法律效力的成绩目标和学习大纲。

德国的课程行政虽然实行地方各州分权制度，但有两个实权机构（联邦与各州教育计划与研究促进会、各州教育部长会议）负责促进各州之间的教育交流。其中各州教育部长会议在协调各州教育方面发挥着重要的作用。如1955年2月17日，根据各州教育部长会议的建议，联邦德国各州之间签署的杜塞尔多夫协定，对课程的起止日期、教学的组织、课程的评定与名称等课程问题都做出了规定,实质上,这是课程行政的一种集权倾向。

第三节 课程行政的内容

一、教学计划

(一) 教学计划的概念

教学计划,又称课程计划,是学校课程的总体规划,是由教育行政部门根据国家的教育方针、有关重要的教育文件和不同层次与类型的学校的培养目标制定的关于学校教学工作的指导性或指令性文件,其内容主要包括培养目标、学习年限、所设学科、各学科教学时间安排和课程说明等。教学计划是编制和审定教学大纲和教材的主要依据,是学校教学工作的纲领性文件,也是教育行政部门评估和督导学校教学工作的基本依据。教学计划的优劣直接关系到学校教学工作的质量,关系到学生的前途,必须引起教育工作者的高度重视。

教学计划是现代学校教育发展的产物。在西方,17世纪,捷克教育家夸美纽斯最早提出了教学计划的思想,提出"把时间、科目和方法巧妙地加以安排",使得学校各项工作配合得法,组织得像一架机器、一台座钟那样准确。我国最早的教学计划也是伴随现代学制的产生而产生的,1902年,清廷所颁布的《钦定学堂章程》标志着我国第一个教学计划的诞生。

中华人民共和国教育史上,20世纪90年代以前,我国通常把学校课程的总体规划称作"教学计划"。1992年8月,国家教委在颁布《九年义务教育全日制小学、初级中学课程计划(试行)》这一指导性文件时将"教学计划"的名称改为"课程计划"。

(二) 中华人民共和国中小学教学计划的历史沿革

由于教学计划是实现教育目标的前提条件之一,所以教学计划的制订一直受到党和政府的重视。中华人民共和国成立后,截至1993年,教育部共颁布了6套小学教学计划和13套中学教学计划。第一套小学教学计划是于1952年3月18日颁布的《小学暂行规程（草案）》中提出的五年一贯制的小学教学计划。以后分别于1955年、1963年、1981年、1984年和1992年5次修订并颁布了新的小学教学计划。与小学教学计划相比，中学教学计划则变动比较频繁，第一个中学教学计划是于1950年8月1日颁布的《中学暂行教学计划（草案）》。此后，分别于1952年、1953年、1954年、1955年、1956年、1957年、1958年、1963年、1978年、1981年、1990年和1992年共12次重新颁布新的中学教学计划，其中从1952年到1958年，每年颁布一次新的中学教学计划，显示了中学教学计划的不稳定性，而在10年"文化大革命"期间，我国中小学教学计划的发展处于停滞状态。

我国中小学的教学计划，在20世纪50年代主要受苏联影响，片面模仿苏联模式，强调统一要求、统一标准和单一的课程结构。只是到了20世纪60年代以后，高中阶段的教学计划才有了一些灵活性，1963年颁布的中学教学计划允许高中三年级开设选修课。20世纪80年代，中学教学计划的灵活性得到进一步扩大，教育部在1981年颁布的《全日制六年制重点中学教学计划（试行草案）》中规定："为了适应学生的爱好和需要，发挥他们的特长，更好地打好基础，高中二三年级开设选修课。"将选修课的开设年级从高三年级扩大到高二年级。根据1949年到1981年《中国教育年鉴》对我国普通中学教学计划的评价，可以看出我国中学教学计划从1949年到1981年的基本变化特征，即中华人民共和国成立32年来，"制订教学计划的基本情况是：课程设置上，重视思想政治和道德品质教育、文化科学基础知识和智能培养，并注意增强体育，培养鉴赏能力和进行劳动技术教育；课程安排上，从强调统一的必修课，逐步发展为在保证必修课的基础上，开设一些选修课，以发展学生的兴趣、爱好和特长；课时数量上，保证和注意控制每周上课时数，以便开展多种形式的课外活动，同时要求教师改进教学方法和考试方法，减轻过重的学习负担，使学生能够生动活泼地、主动地进行学习。主要教训是，教学计划变更频繁，缺少相对的稳定性"，并进一步指出："课程和教材变更过多，不利于教师积累经验，不利于提高教学质量。"

进入20世纪90年代，我国教学计划的发展又进入了新的阶段。根据教育要面向现代化、面向世界、面向未来的战略指导思想和《义务教育法》的基本精神，国家教委于1992年8月，颁布了《九年义务教育全日制小学、初级中学课程计划（试行）》。该课程计划的主要特点是：

（1）在培养目标上，继续突出义务教育阶段教育的基础性和发展性。"按照国家对义务教育的要求，小学和初中对儿童、少年实施全面的基础教育，使他们在德、智、体诸方面得到生动、活泼、主动的发展，为提高全民族素质，培养社会主义现代化建设的各级各类人才奠定基础。"

（2）在课程设置上，设学科课程和活动课程，并在课程中突出德育功能。在课程管理上，将课程分为国家课程和地方课程，大部分课程由国家安排，少部分课程由地方安排。由国家安排的学科课程包括："小学阶段开设思想品德、语文、数学、社会、自然、体育、音乐、美术、劳动等九科，有条件的小学可增设外语；初中阶段开设思想政治、语文、数学、外语、历史、地理、物理、化学、生物、体育、音乐、美术、劳动技术等十三科，还开设短期的职业指导课。"由国家安排的活动课程包括："设置晨会（夕会）、班团队活动、体育活动、科技文体活动，社会实践活动和学校传统活动等。"由地方安排的课程十分灵活，这些课程是"为了适应城乡经济文化发展和学生自身发展的不同需要而设置的"。地方安排课程的具体内容为："可以安排必修课，也可以安排选修课。可以开设适应地方经济需要的短期课。可以开设文化基础课，如为有条件的小学高年级开设外语课，为边远地区小学适当增加语文、数学课时，为初中开设二级水平的外语课等，也可以设置自习或增加活动。还可以为准备就业的学生提供职业预备教育或劳动技术教育，根据需要与可能，对初中毕业后即将就业的学生还可以进行职业技术培训。"可以看出，地方可以在自己的课程权限范围内充分发挥自身的主动性，为地方经济的发展服务。该课程计划强调要通过各类课程对学生进行思想品德教育，并增加了初中思想政治课的课时。

（3）在学生成绩评定方式上，实施终结性考试和考查。该课程计划指出："义务教育阶段的学期、学年和毕业的终结性考查、考试是对学生合格水平的考核。考核要全面，要通过对学科和活动的有关知识和能力等方面的考核，促进学生整体素质的提高和特长的发展。"

（4）在课程计划的实施方面，明确了国家课程的权威性和主导地位，并提出在实施课程计划时进行改革实验的要求。该课程计划提出："国家安排课程所规定的课程门类、教学内容、教学要求和课时分配，体现了国家对义务教育的基本要求，是各级教育部门和小学、初级中学组织安排教学活动的依据，是编订教学大纲和编写教材的依据，也是督导、评估学校教学工作的依据。各省、自治区、直辖市教育委员会、教育厅（局）在本计划的指导下，可结合本地区的实际情况对本计划进行适当调整，并对地方安排课程的课程设置、课时分配等做出明确规定。""各地在实施本课程计划时，要认真组织指导学制、课程、教材、教学方法和考试、考查的改革试验。"

教学计划的改革是永无止境的，我国社会经济的不断发展，对学校教育将不断提出新的要求，教学计划无疑将不断进行改革。1999年6月13日颁发的《中共中央国务院关于深化教育改革全面推进素质教育的决定》指出："调整和改革课程体系、结构、内容，建立新的基础教育课程体系，试行国家课程、地方课程和学校课程。改变课程过分强调学科体系、脱离时代和社会发展以及学生实际的状况。抓紧建立更新教学内容的机制，加强课程的综合性和实践性，重视实验课教学，培养学生实际操作能力。要增强农村特别是贫困地区义务教育的课程、教材与当地经济社会发展的适应性。"这一"决定"，为新一轮的基础教育教学计划改革工作提出了明确的目标。

为此，教育部组织成立了"基础教育课程改革专家工作组"和"基础教育课程教材发展中心"，就基础教育的培养目标、课程设置、课程标准、评价制度、考试改革、三级课程管理政策、教材开发与管理等问题进行深入研究，提出了新课程体系的一系列构想。其中，从2000年到2010年，全国基础教育课程改革的总目标是：以邓小平教育理论，特别是"教育要面向现代化，面向世界，面向未来"的论述为指导方针，全面贯彻党的十五大精神，认真落实《中共中央国务院关于深化教育改革全面推进素质教育的决定》，构建一个开放的、充满生机的有中国特色的社会主义基础教育课程体系。新的基础教育课程体系适用于学前教育、小学教育、初中教育和普通高中教育，在不同阶段有不同特点，形成纵向衔接、层次递进的目标，全面贯彻教育方针，以提高国民素质为宗旨，以德育为灵魂，以培养学生创新精神和实践能力为重点，以发扬人文和科学精神为基点，努力造就"有理想、有道德、有文化、有纪律"的德智体美全面发展的社会主义事业建设者和接班人。新课程体系强调培养学生良好的思想政治素质、道德品质、公民意识和社会责任感；培养学生良好的心理素质和健全的人格；培养学生终身学习的愿望和能力、创新精神和实践能力；培养学生健康的体魄和文明卫生的习惯；培养学生健康的审美观和审美能力。根据上述基础教育课程体系的目标，对当时课程计划（教学计划）中的课程结构进行新的调整和改革，具体改革方向是：

（1）建立新的课程体系。新的课程体系体现了均衡性、综合性和选择性，通盘设置九年义务教育课程。

（2）构建分科课程与综合课程相结合的课程结构。在对当代社会、科学发展的整体认识的基础上，更新教育内容，构建社会科学与自然科学的综合课程，减少课程门类，扩大自学、实践的时间和空间。为培养学生的创新精神和实践能力创造条件，加强课程与社会、科技、学生发展的联系，从小学至高中设置综合实践活动必修课。改革分科课程，加强课程与现实生活和学生经验的联系，加强学科之间在知识技能和方法上的联系。小学阶段以综合课程为主。初中阶段，各地可根据实际情况灵活选择以分科为主的课程或以综合为主的课程，又或将分科与综合结合的课程。高中阶段以分科课程为主。

（3）扩大选修课程。各地在保证国家及省级教育行政部门确定的必修课门类及课时的前提下，根据不同年龄学生的个性、兴趣及特长和当地社会发展的需要，设置丰富多样的选修课程。小学阶段原则上不设选修课；初中阶段可以设置适当的选修课程；高中阶段可增大选修课程的门类与课时比例。

（4）加强劳动技术课程。中等教育阶段的技术教育以学生的全面发展为目的，加强通用技能的学习，培养职业意识和创业精神。农村中学的课程内容要为当地的经济发展服务，在基本达到国家课程要求的同时设置农业技术教育课程。城市中学也要开设合适的职业技术教育课程。高中阶段必修课程和选修课程均应适当设置技术教育课程。

由于我国课程行政体制的改革，将制订教学计划的一部分权力交给了地方，因此，基础教育课程计划（教学计划）的改革已引起地方教育行政部门和学校越来越多的关注。

2001年，教育部颁布了《基础教育课程改革纲要（试行）》，提出了基础教育课程改革的具体目标，并对基础教育的课程结构和课程标准提出了具体要求，是关于基础教育课程计划制订的规范性文件。其中关于基础教育课程改革的具体目标包括以下六个方面：

（1）改变课程过于注重知识传授的倾向，强调形成积极主动的学习态度，使获得基础知识与基本技能的过程同时成为学会学习和形成正确价值观的过程。

（2）改变课程结构过于强调学科本位、科目过多和缺乏整合的现状，整体设置九年一贯的课程门类和课时比例，并设置综合课程，以适应不同地区和学生发展的需求，体现课程结构的均衡性、综合性和选择性。

（3）改变课程内容"难、繁、偏、旧"和过于注重书本知识的现状，加强课程内容与学生生活以及现代社会和科技发展的联系，关注学生的学习兴趣和经验，精选终身学习必备的基础知识和技能。

（4）改变课程实施过于强调接受学习、死记硬背、机械训练的现状，倡导学生主动参与、乐于探究、勤于动手，培养学生搜集和处理信息的能力、获取新知识的能力、分析和解决问题的能力以及交流与合作的能力。

（5）改变课程评价过分强调甄别与选拔的功能，发挥评价促进学生发展、教师提高和改进教学实践的功能。

（6）改变课程管理过于集中的状况，实行国家、地方、学校三级课程管理，增强课程对地方、学校及学生的适应性。

2019年颁发的《中共中央 国务院关于深化教育教学改革全面提高义务教育质量的意见》中提出的"坚持立德树人，着力培养担当民族复兴大任的时代新人"和"坚持'五育'并举，全面发展素质教育"的指导意见，为下一阶段的基础教育课程计划改革指明了方向。

二、教学大纲

（一）教学大纲的概念

教学大纲又称课程标准，是单科课程的总体设计，它以纲要的形式，从整体上规定某一学科的性质、目的、任务、内容、结构、授课时数、教学进度和教学法建议等，是有关学科教学的指导性文件，是编写教材和评估教学质量的基本依据。

教学大纲一般由说明部分和正文部分组成。说明部分主要规定本学科的性质、目的、任务、内容范围、授课时数、教学法建议等；正文部分主要规定本学科的基本内容、结构，具体形式表现为本学科的要目，或章、节、目的标题和具体的教学要求等。有的教学大纲对教师的教学参考书、学生的课外活动等内容也进行了规定。远程开放教育的教学大纲一般还包括教学媒体使用和教学过程建议的内容。

教学大纲是教师教学的基本依据，也是学校检查和评估教师教学工作质量的基本依据。对基础教育来说，教学大纲又是国家教育行政部门和教育科研部门指导学校教学工作的依据。

教学大纲的效力，各国不尽相同，实行中央集权型课程行政体制的国家，教学大纲具有较强的约束力；实行分权型课程行政体制的国家，教学大纲的约束力有限。我国国家课程的教学大纲具有绝对的权威。

(二) 教学大纲的制定

制定教学大纲的主体因教学大纲的性质而不同。我国基础教育的教学大纲大部分由教育部负责组织制定。

教学大纲的制定方法一般有两种：圆周式和直线式。圆周式又叫螺旋式，是以循环加深的方式安排教学内容；直线式则是以直线加深的方式安排教学内容。

教学大纲制定的原则以其适用对象的不同而不同。我国义务教育阶段课程教学大纲制定的原则主要包括普及性、基础性、发展性和适应性四个方面。所谓普及性，是指义务教育是国家依法为适龄少年儿童提供的基础教育，其课程应面向每一个学生，其标准是绝大多数学生能够达到的。所谓基础性，是指课程内容应该是基础的，不能被任意扩大、拔高。所谓发展性，是指课程应着眼于学生的终身学习，应适应学生发展的不同需要，给学生全面、丰富的发展留有足够的时间和空间，有利于学生自主、多样、持续地发展。所谓适应性，是指农村特别是贫困地区的义务教育课程应进一步增强与当地经济发展的适应性，能够为当地的经济增长服务。普通高中阶段教学大纲制定的原则是：要为学生具备进入学习化社会所必需的各种能力打基础；为学生进一步接受高等教育打基础；为学生具备面对社会就业所需要的生存能力、实践能力和创造能力打基础；教学大纲在水平上应有层次性，在科目种类上应多样化，具有选择性，以保证学生获得更多的选择和发展的机会。对基础教育阶段的特殊教育，其课程教学大纲制定的原则是：应对身心有障碍的学生实施全面发展的教育，补偿其生理和心理缺陷，使他们具备一定的生活能力、社会交往能力，掌握初步的劳动技能，为他们适应社会，自立、自强奠定基础。

三、教科书

(一) 教科书概述

教科书，是根据教学大纲编写的系统反映学科内容的教学用书。教科书一般由目录、课文、图表、注释、附录等内容构成。教科书不同于教材，教科书是教材的主体，教材同时还包括除教科书之外的教学辅导书、音像教学材料等。

教科书反映了一个国家的教育水平，是一个国家教育体系重要的建设内容之一，在各国教育行政中都受到高度重视。国际上对基础教育教科书的行政管理制度一般分为国定制、审定制、选定制和自由制。国定制是指由国家教育行政部门按教学计划和教学大纲统一编写、出版、发行或选择教科书。印度、苏联、中国（1986年以前）等国家实行此制度。审定制是指由民间团体或个人编写，经国家或地方教育行政部门根据教学大纲审查批准后，出版、发行并供学校使用的制度。日本、德国部分州和中国（1986年以后）等实行此制度。选定制是指由国家或地方教育行政机构选择已经出版的若干种学科教材，编制成教科书目录，供学校选择使用的制度。荷兰和美国大约一半的州实行此制度。自由制是指国家和地方教育行政机构对教科书的行政管理不进行任何干预，而完全由地方学区或学校自行决定教科书使用的制度。英国、澳大利亚等实行此制度。实际上，很多国家的教科书行政管理都不是单一执行某种制度，而是多种制度的混合。即使是实行同一类教科书行政管理制度，各国之间也不完全一致。

（二）我国基础教育的教科书行政

中华人民共和国成立后，党和政府十分重视我国基础教育教科书（教材）的行政工作，教科书的具体组织工作由教育部负责，并责成一名副部长分管。在组织机构设置上，1950年12月1日，由中央人民政府出版总署和教育部共同组建人民教育出版社，负责我国中小学教科书的编写工作。1960年10月，教育部成立中小学教材编审领导小组。"文化大革命"时期，全国中小学教材的正常组织工作陷于停顿。1977年，教育部再次成立中小学教材编审领导小组。1983年，教育部中小学教材办公室成立。1985年1月11日，国家教委颁发《全国中小学教材审定委员会工作条例（试行）》。1986年9月12日，全国中小学教材审定委员会成立，并由国家教委主任兼任教材审定委员会主任委员。在全国中小学教材审定委员会下设各学科教材审查委员会，并设国家教委中小学教材审定委员会办公室作为常设机构。1999年，教育部成立基础教育课程改革专家工作组和基础教育课程教材发展中心。

在教科书的编审制度上，1984年以前，我国基础教育教科书的行政管理实行的是编审合一制度。1985年5月27日颁发的《中共中央关于教育体制改革的决定》规定："把发展基础教育的责任交给地方，有步骤地实行九年制义务教育。"1986年4月12日颁发的《教育法》第2条规定："国家实行九年制义务教育。省、自治区、直辖市根据本地区的经济、文化发展状况，确定推行义务教育的步骤。"第8条规定："义务教育事业，在国务院领导下，实行地方负责，分级管理。国务院教育主管部门应当根据社会主义现代化建设的需要和儿童、少年身心发展的状况,确定义务教育的教学制度、教学内容、课程设置,审订教科书。"根据以上文件精神,1986年全国中小学教材审定委员会成立后,在颁发的《全国中小学教材审定委员会工作章程》的通知中指出:"今后根据国家教委颁布的中小学教学大纲,编写可供全国通用的中小学教材,包括教科书、习题集、练习册、教学挂图、音像教材、教学软件、选修教材等,以及供教师用的教学指导书、教学参考书,必须经全国中小学教材审定委员会审定或审查;少数民族地区使用的教材,各地区使用的乡土教材、补充教材,以及根据(86)中小学材字012号文件规定由省级教育部门组织编写的一些学科的练习册,由省、自治区、直辖市教育委员会、教育厅(局)组织的专门机构审查,并报我委备案。"1988年8月11日,国家教委颁发了《九年制义务教育教材编写规划方案》,要求各地根据不同学制、地区和学校编制多种义务教育教材。从此,基础教育的教材开始出现"一纲多本"的新局面。从1951年到1993年,教育部委托人民教育出版社共组织编写了9套全国通用的中小学教材。同时在1986年以后,已有多种各具特色的中小学教材通过了国家审定,供各地中小学使用,其中包括:四川省教委和西南师范大学联合编写的内地版义务教育教材,北京师范大学组织编写的"五四制"义务教育教材,广东、福建、海南省教委和华南师范大学联合编写的主要面向沿海开放地区的"六三制"义务教育教材,上海市中小学教材改革委员会组织编写的面向发达城市、地区的"六三制"义务教育教材,浙江省教委组织编写的面向农村发达地区的"六三制"义务教育教材等。

2019年,在《教育部关于印发〈中小学教材管理办法〉〈职业院校教材管理办法〉和〈普通高等学校教材管理办法〉的通知》中,对中小学教材的管理做出了一系列新的规定。其中总的要求包括:中小学教材必须体现党和国家意志;全面贯彻党的教育方针,落实立德树人根本任务,扎根中国大地,站稳中国立场,充分体现社会主义核心价值观,加强爱国主义、集体主义、社会主义教育,引导学生坚定道路自信、理论自信、制度自信、文化自信,成为担当中华民族复兴大任的时代新人;国务院和省级教育行政部门根据国家课程方案合理规划教材,重视教材质量,突出教材特色。思想政治(道德与法治)、语文、历史课程教材,以及其他意识形态属性较强的教材和涉及国家主权、安全、民族、宗教等内容的教材,实行国家统一编写、统一审核、统一使用;国家实行中小学教材审定制度,未经审定的教材,不得出版、选用等。

此外,在教材管理职责、编写修订、教材审核等方面都做出了详细规定。例如,在教材管理职责方面,要求在国家教材委员会指导和统筹下,中小学教材实行国家、地方和学校分级管理；国务院教育行政部门牵头负责全国中小学教材建设的整体规划和统筹管理，制定基本制度规范，组织制定国家课程方案和课程标准，组织开展国家课程教材的编写指导和审核，组织编写国家统编教材，指导监督各省（区、市）教材管理工作；省级教育行政部门牵头负责本地区中小学教材管理，指导监督市、县和学校课程教材工作。学校要严格执行国家和地方关于教材管理的政策规定，健全内部管理制度，选好用好教材。校本课程由学校开发，要立足学校特色教学资源，以多种呈现方式服务学生个性化学习需求，原则上不编写出版教材，确需编写出版的应报主管部门备案，按照国家和地方有关规定进行严格审核。在教材编写修订方面，要求国家课程教材依据国家课程教材建设规划、中小学课程方案和课程标准编写修订。地方课程教材要依据相应的课程教材建设规划或编写方案，立足区域人才培养需要，充分利用好地方特有经济社会资源编写修订。国家统编教材由国务院教育行政部门组织编写。其他教材须由具备相应条件和资质的单位组织编写。编写单位负责组建编写团队，审核编写人员条件并进行社会公示，对教材编写修订工作给予协调和保障。在教材审核方面，教材完成编写修订后，须按规定提交相应机构进行审核。国家教材委员会专家委员会负责审核国家课程教材和其他按规定纳入审核范围的教材，其中意识形态属性较强的教材还须报国家教材委员会审核。各省（区、市）成立省级教材审核机构，负责审核地方课程教材，其中意识形态属性较强的教材还应送省级党委宣传部门牵头进行政治把关。教材出版部门成立专门政治把关机构，建强工作队伍和专家队伍，在所编修教材正式送审前，以外聘专家为主，进行专题自查，把好政治关。

第四节 课程实施的指导

一、课程实施的概念

课程实施是指通过教学活动把课程付诸实践的过程。课程实施是实现课程目标的基本途径和关键阶段，没有课程实施，任何课程设计都没有意义，学校教学也就无从谈起，更谈不上实现课程的目标。但并不是说，课程设计好后，只要有关人员认真实施就能取得好的效果。因为，课程实施受很多因素的制约，这些因素主要包括：课程的质量，教育行政部门和学校对课程实施的组织，教师实施课程的态度和能力，课程实施前和课程实施过程中各种形式的交流，家庭、社会对课程实施的态度，课程实施的物质条件。以上诸多因素中，任何一个因素都可能影响课程实施的最终效果。

从课程的质量来看，能否处理好社会需求、学科特点和学生认知水平之间的关系，是否有效重视各学科之间的横向和纵向联系，能否处理好传授知识与发展学生能力之间的关系，是否能够正确处理提高质量与减轻学生负担的关系，甚至包括教材在版式设计上是否生动、有趣、新颖别致等都关系到课程是否能够顺利得以实施。

教育行政部门和学校对课程实施的组织是课程实施的首要环节，同时也是贯穿课程实施始终，渗透到课程实施各个环节的重要因素。这一环节需要制订周密的课程实施计划，做好课程实施前的各种准备工作，包括宣传、组织、物质准备、评估安排等。强有力的组织是课程实施工作顺利开展并坚持到最后的保证。

在以上两个因素的基础上，教师实施课程的态度和能力是课程实施最关键的因素。教师对课程实施是否有抵触情绪，认识是否到位，教师的素质是否足以胜任课程的有效实施等都直接关系到课程实施的成败。

虽然一些课程实施的文字参考资料能够对教师进行一定的指导，但这种指导是远远不够的，课程实施者在课程实施前和课程实施的过程中，需要各种形式的交流，其中与课程编制者之间的交流十分重要，但由于很多因素的限制，他们之间往往很难进行直接的交流，常常是互相脱节的，所以课程编制者编制课程的意图也难以被课程实施者真正理解。远程教育可以为这一问题的解决提供新的途径，课程编制者可以通过录像、电视直播、计算机互联网、移动终端等形成与课程实施者之间的联系，为解决课程实施中遇到的问题创造条件。此外课程实施者之间的交流也非常重要，课程实施者之间的交流可以起到互相启发、集思广益、共同进步的作用，如果课程实施者之间不能经常进行交流，很难想象课程实施的有效性。

家庭、社会对课程实施的态度也常常成为影响课程实施的重要因素，家长和社会舆论的压力经常会成为课程实施过程中教材选用、教学方法改革的一个动因，没有家长和社会的有效配合，课程实施将难以顺利进行。

课程实施的物质条件是课程实施过程中容易被忽视的因素，人们往往以为，有了好的课程、好的教师，课程实施问题就会得到较好解决，但事实并非如此。课程实施如果没有必要的经费和诸如实验室等物质条件的支持，就无法完全达到课程实施所要达到的目的，甚至根本无法实现课程实施的基本要求。而且，学校如果长期处于课程实施物质条件的短缺状态，也会造成诸如优秀教师流失等问题，从而进一步恶化课程实施的整体环境。

二、课程实施的指导内容

课程实施的指导，从指导的主体可以分为教育行政机构对课程实施的指导和教育科研机构对课程实施的指导。

教育行政机构对课程实施的指导一般是通过发布行政命令、教育督导和组织教师培训等形式进行的。教育行政机构常常根据教育发展的实际情况发布一些指示、通知或规定等，对课程实施施加影响，如有关减轻学生课业负担的通知，有关纠正片面追求升学率的规定等。教育督导主要是指由各级政府授权的督导机构和人员，依据国家的教育方针、政策、法规，遵循教育规律，有目的、有计划地对下级政府、教育行政部门和学校的工作进行监督性检查、评估，并提出改进工作的建议的过程。对课程实施的监督、检查是教育督导工作内容的一部分，对课程实施具有一定的约束力和指导意义。课程实施的督导需要以课程评价的理论和方法为基础，定期进行，以便发挥督导对课程实施的诊断、调控、监督和促进等作用。通过教师培训来指导课程实施也是教育行政机构的常用方法，但教育行政机构一般不直接组织教师培训，而是通过下达任务的方式，委托下属科研与教学部门或直接要求学校组织对教师的培训。教师培训是课程实施过程中的一项长期任务，教育行政机构重视与否，效果会大不一样。

教育科研机构对课程实施的指导一般是通过组织专题合作研究、编制教师培训资料、组织教师培训活动等形式进行的。我国目前已形成从中央到省（自治区、直辖市）、地（州、盟）、县（区、旗）的多级教育科研网络。这些科研机构的研究人员常常与中小学教师合作，进行有关课程实施的专项问题研究，这方面的研究成果对课程实施具有重要的实践指导意义。除进行专题合作研究外，总结和编制课程实施方面的教师培训资料，根据上级教育行政机构和学校的要求，组织多种形式的教师培训活动也是教育科研机构的重要职责。

此外，很多中小学也设立了单独的教科室，负责规划和组织提高教师课程实施能力的培训。中小学自身积极组织对教师课程实施能力的培训具有十分重要的意义，因为，随着国家课程行政制度的改革，学校在课程建设和实施过程中的作用越来越大，并且由于学校之间在教学和师资方面存在的个别差异，必然需要有针对性地组织对教师的培训。培训活动可以因时、因地、因校制宜，要制定切实可行的制度。在课程实施的指导中，对教师实施终身培训，是普遍提高教师课程实施能力的一项重要举措。

本章小结

　　本章介绍了课程行政的含义以及课程行政的意义，同时也阐述了课程行政体制的几种类型。以此为基础，本章还描述了我国课程行政体制的特征及其发展现状，以及国际课程行政体制的发展趋势。本章的重点是课程行政的内容，包括教学计划（课程计划）、教学大纲（课程标准）和教材（教科书）三个方面。我国课程行政的内容十分丰富，发展轨迹也比较曲折，我们把目光主要集中于1949年以后，重点说明了过去一个时期的发展目标和主要做法。本章最后讨论了课程实施问题。

学习活动建议

1. 收集并阅读相关报纸、杂志和书籍中关于课程行政的内容。
2. 上网查询相关教育网站，了解课程行政的有关信息。
3. 向当地教育管理部门或学校管理人员征求有关课程行政的意见。

第六章

教育人事行政

学习目标

了解教育人事行政的含义；

明确教育人事行政的业务范围；

理解教育人事行政的基本原则；

掌握教育行政机关内的国家公务员管理的各项制度；

掌握校长管理的基本内容；

熟悉教师管理的基本内容。

第一节 教育人事行政概述

一、教育人事行政的含义

教育人事行政是指国家依据一定的法规制度，对教育人员进行管理的活动。教育人事行政是教育行政管理的重要内容。就教育行政管理的资源或对象而言，包括人、财、物等诸多方面，其中人是最活跃、最能动的因素，其他因素只有依靠人才能发挥作用。作为教育人员，具有非同一般的责任，那就是管理国家的教育事业，造就一批批德才兼备、身心健康的社会新人。所以，教育人事行政的质量和效益，直接决定一个国家的教育活动的质量和效益，决定国家未来建设者的素质，决定民族的素质。

二、教育人事行政的业务范围

教育人事行政的业务范围，是由教育行政机构所担负的职能决定的。不同类型的国家，教育行政机构的职能是不一样的。集权型国家教育人事行政权力，相对集中在中央政府手中；分权型国家教育人事行政权力，则主要掌握在地方政府手中。我国传统属于中央集权型，国家政治体制改革的趋势是逐步向中央集权和地方分权相结合的方向发展，教育行政职能目前还处于变革之中，因而中央和地方各级教育人事行政的业务范围还会有所变化。

中央教育行政机构的人事行政业务，主要是根据国家人事制度，制定相应的教育人事政策，统筹规划全国教育人事行政的改革与发展，指导和督促地方教育行政机构贯彻执行有关教育人事管理制度和法规。

地方各级教育行政机构的层次不同，人事行政业务范围也会有所不同，但基本包括如下方面：

（1）按照职权范围，审批所属教育机关的编制，配备相应的教育行政人员、教师和其他工作人员。

（2）按照管理权限，对所属教育行政人员和教师进行考查、选拔、调配、培训、考核、晋级、奖惩和任免，并管理离休、退休、工资福利等工作。随着教育体制改革的深化，政校分离，学校办学自主权的扩大，教育行政机构对学校内部的人事管理权，特别是对教师的人事管理权将逐步下放给学校，教育行政部门主要从事教师队伍的宏观管理工作，包括教师队伍发展的预测、规划，教师资格的认定等事项。

（3）根据国家有关人事政策和法规，制定本地区、本部门、本单位的人事管理制度和工作细则。

（4）负责本地区教育人事统计，向上级部门提供有关人事统计信息，管理教育人事档案，处理教育人事方面的信访问题。

三、教育人事行政的基本原则

教育人事行政的基本原则，是为了保证教育人事行政工作的科学性和有效性而必须遵循的基本要求。总结我国教育人事管理的经验和教训，要搞好教育人事行政工作，必须贯彻如下基本原则。

1. 按责定岗，因事择人

所谓按责定岗，因事择人，就是指从工作的需要出发，设置工作岗位，按照工作岗位确定人员编制，再按照职位的要求来选用人员，人员的数额不得突破编制。任何组织总是为了完成一定的任务而建立的，那么组织成员的数量必须根据组织所承担的职能而定，对组织成员质量的基本要求是必须能胜任相应的工作，才能有效地保证组织的目标得以实现。按责定岗，因事择人不仅可以有效避免因人设岗的现象，还可以保证事得其人，人适其事，避免出现大材小用或小材大用的现象。

贯彻按责定岗，因事择人原则，第一，要因事设职。凡是一个人可以完成的事绝不让两个人来干，不要安排闲职，但是也不要人为地减少职数。人多了固然不好，人少并不见得就一定好。一定要两个人才能完成的任务，只让一个人来干，同样不会有好效果。第二，要熟悉"事"，对"事"的性质、特点、难易程度心中有数。只有熟悉要做的事，才能按照事的要求择人。第三，要确立明确的任职资格条件。任职资格条件必须与职位的要求直接相关，是履行职责所必备的。任职资格条件越明确具体，对择人越有利。第四，注意全面了解职位候选人的专长和潜能，择优录用。人的才能高对工作自然更有利,但不是越高越好,要保持人与事的适度对应。

2. 选贤任能,德才兼重

选贤任能,德才兼重原则是就人才任用的标准而言的。古人云:为政之要,唯在得人。教育人事行政的核心工作就是得人用人。但是人有很多种类,不是任何一种人都可以重用。按照德与才具备的情况,大致可以把人分为无德无才、有才无德、有德无才和有德有才四类。教育工作和教育行政工作直接与育人工作相关,德与才不可或缺,不可降格以求。前三者轻则误人子弟,误国误民,重则害人子弟,祸国殃民,所以选拔人才不可不慎。

怎样贯彻选贤任能,德才兼重原则呢?第一,德才兼备是国家对人才的基本要求,德主要是指政治素质、思想素质和职业道德,才主要是指业务知识和业务能力。在人才选任过程中,必须将这些方面的标准具体化、公开化。以明确具体的标准公开考量人才,有利于比较和鉴别人才,有利于真正的人才脱颖而出。第二,广开才路,不拘一格。除了必要的资格条件与德才标准,不要附带种种限制条件,画地为牢,作茧自缚。面向社会,敞开大门,贤才能人就会纷至沓来。第三,强调德才兼备不应苛求完人。德看大节,才重一流,高才大贤也会有缺点,只要大节不亏,就不应斤斤计较。苛求完人往往会失去人才。

3. 注重实绩,论功行赏

这是就人事管理中的赏罚标准而言的。人事管理重在激励,要调动教育人员的工作积极性,就要进行必要的赏罚,而赏罚标准的确定对教育人员的行为会产生重要的导向作用。人事人事,就是人来干事,事干得好不好,工作实绩突不突出,贡献大不大,这是衡量教育人员的主要标准,也是奖罚教育人员的主要标准,因为实绩是一个人工作态度、工作能力和努力程度的综合反映,可以真实地反映一个人履行职责的情况。注重实绩,论功行赏,唯功晋升,可以有效地促进人们干实事,激励人们建功立业;可以为奋发向上者搭起通向成功的阶梯,使滥竽充数、不思进取、投机钻营者无法逍遥自在,有利于形成良性的竞争局面。

贯彻注重实绩,论功行赏原则,第一,要注意建立科学的考评制度,确立客观的考核标准,采用行之有效的考核方法,搞好考评工作,将教育人员的劳动报酬、职务升降与考核结果直接挂钩。第二,注意公平、公正、公开原则。公平是指对所有的人员一视同仁,不搞双重标准。公正是指赏罚的多少应与功过的大小相对应,有功必赏,有过必罚,赏罚分明。公开是指考核和赏罚的标准、过程和结果要有透明度,不搞暗箱操作。第三，在考评中要避免只看结果不问过程的偏激做法，对教师的评价尤其要注意。一方面是因为教育活动的周期比较长，结果在短时间内不易显现；二是教育活动重在过程，只重结果不管过程，容易导致急功近利，不择手段。所以对教师的评价要以实绩为主，适当参考其在教育过程中的实际表现。

4. 动态平衡，合理流动

所谓动态平衡，合理流动，是指教育人事队伍既要注意保持适当的稳定，又要注意吐故纳新。新陈代谢是自然界的普遍规律，也是人类社会的普遍规律。社会总在不断发展，教育部门的职能也会出现变化，教育人员的群体结构需要不断调整才能适应新的形势，人才的流动现象必然出现。组织吸纳的人才，在没有接受实践的检验之前，通常只是具有潜能的人才，人事不对口的现象必然存在。合理流动可以消除学非所用、用非所学的现象，减少人才浪费。合理流动还可以打破人才管理的封闭性，避免有的单位人才积压，有的单位无任事之人的现象，可以使人才结构趋于合理。人才流动既给管理者提供了择才的机会，也给管理者增加了失才的危机，可以激发管理者的爱才、惜才、重才之心，注意养才、留才。

怎样贯彻动态平衡，合理流动原则呢？第一，人事管理者要确立正确的人才流动观，克服人才部门所有、单位所有的旧观念。从社会整体利益和教育部门的整体利益出发，正确对待人才流动，并建立必要的留才、养才和吸纳人才的机制。第二，自然流动与有计划的调配相结合。人才的自然流动可以激活人才市场机制，但是也容易导致无序的竞争，千军万马竞争几个热门的职业，而急需人才但条件较差的职业和部门则无人问津，有计划的调配可以弥补自然流动的不足。第三，注意发挥人事政策的导向作用，保证人才的合理流向。由于各地的经济、教育、文化发展不平衡，地理、自然条件不一样，各行业、部门的物质条件、工作条件存在差异，国家应制定合理的人事政策来调节利益机制，引导人才向条件艰苦的地方、最需要人的地方流动。

第二节　教育行政机关内的国家公务员管理

教育人事行政的对象是教育人员。教育人员主要有两类：一类是在教育行政机关中代表国家行使行政权力的教育行政人员；另一类是在学校中从事教育教学工作的教学人员，即教师。国家人事制度改革以后，教育行政机关内的教育行政人员被列入国家公务员系列，按照国家公务员制度实施管理。国家公务员管理制度，包括求才制度、用才制度、养才制度、代谢制度、约束制度和保障制度六大方面，全部适用于教育行政机关内的国家公务员。

一、求才制度

求才制度主要指国家公务员的考试录用制度，是国家公务员队伍的"入口"。教育行政机关内国家公务员的考试录用，以德才兼备为标准，贯彻公开、平等、竞争的原则。考试录用的程序是：

（1）发布招考公告。公布录用政策、用人部门、岗位、录用人员数量、招考办法、程序和时间等信息。

（2）对报考人员进行资格审查。凡是拥有中华人民共和国国籍，享有公民的政治权利；拥护中国共产党的领导，热爱社会主义；遵纪守法，品行端正，具有为人民服务的精神；一般具有大专以上文化程度；身体健康，年龄一般在35岁以下；以及符合主考机关规定的其他条件者，都具有报考资格。

（3）对资格审查合格者进行录用考试，主要采用书面考试的方法。

（4）对考试合格者进行录用考核，主要采用面谈、答辩的形式。

（5）根据考试、考核结果提出拟录用名单，报县市级以上政府人事部门审批。

（6）对新录用人员进行为期一年的试用和培训。

二、用才制度

用才制度是指激发人才活力，利用人才的智能优势来实现组织目标的一系列规定。它包括考核、奖惩、职务升降等制度。

（一）考核制度

考核制度是国家行政机关根据有关法规，对所属公务员进行考核评价的制度。考核内容包括德、能、勤、绩四方面，重点考核工作实绩。考核采取领导考核与民主评议相结合、平时考核与年度考核相结合的办法。考核成绩分为优秀、称职、不称职三个等级。考核结果存档，作为对教育行政机关内的国家公务员奖惩、培训、辞退以及调整职务、级别和工资的依据。

（二）奖惩制度

奖惩制度是国家行政机关对工作中表现突出、有显著成绩和贡献以及其他突出事迹的公务员予以奖励，对违纪公务员进行惩处的制度。奖励的种类包括嘉奖、记功（分三等功、二等功和一等功三种）和授予荣誉称号（分优秀公务员、先进公务员和模范公务员三种），并给予一定的物质奖励。

惩处的条件：一是有违纪行为；二是有违纪行为尚未构成犯罪，或虽然构成犯罪但依法不追究刑事责任的，应当承担违纪责任，给予行政处分。惩处的种类包括警告、记过、记大过、降级、撤职和开除六种。

（三）职务升降制度

职务升降制度是根据公务员的工作实绩，对公务员的职务和级别予以提升或降低的制度。升职有三条硬性规定：一是符合晋升职务所要求的学历和资历，二是晋升前年度考核结果必须是连续两年优秀或连续三年称职以上，三是身体健康且符合任职回避的规定。降职是由于教育行政人员不称职而做的职务调整。凡是年度考核不称职，或不胜任现职又不宜转到同级其他职务的，则按规定的程序降职。降职不属于行政处分。

三、养才制度

养才制度是培养教育行政人员的一系列制度的总称，包括培训制度，交流制度，工资、福利、保险等方面的制度。

（一）培训制度

培训制度是提高教育行政人员工作技能和业务知识能力的制度。培训可以分为四种类型：一是岗前培训，即对新录用人员正式上岗前的预备性培训，目的是使其初步掌握岗位工作所需的基本技能、工作程序和方法；二是资格培训，即对即将迎接新职位的人员进行的培训，目的是取得接任新岗位的资格；三是岗位培训，包括根据专项工作需要所进行的专门业务培训和更新知识的培训，目的是提高教育行政人员的业务能力和更新业务知识；四是调任培训，即对调入教育行政机关任职的人员进行培训，目的是使其迅速适应新的工作岗位。

（二）交流制度

交流制度是教育行政机关根据工作需要，对所属公务员有计划地进行调任、转任、轮换、挂职锻炼而做出的规定。调任是一种教育行政机关内部与外部的交流形式，只在具有国家公务员身份的人员之间进行。转任是国家公务员因工作需要或其他正当理由，在国家行政机关内部的平级调动。轮换是国家行政机关对担任领导职务的公务员，有计划地实行职位调换。挂职锻炼是国家行政机关有计划地选派在职公务员，在一定时期内到基层机关或企事业单位担任一定职务，进行锻炼。

（三）工资、福利、保险制度

工资制度是国家对公务员的工作报酬做出的规定。公务员实行职级工资制。职级工资由职务工资、级别工资、基础工资和工龄工资四部分组成，由地区津贴和岗位津贴构成津贴制，作为工资的补充形式，并实行定期增资制度。

福利制度是为满足公务员的公共需要和特别需要而制定的集体福利和补贴制度。如为方便公务员的生活而兴建服务性设施，为丰富公务员文化生活而兴办阅览室、俱乐部等文化教育设施，为保障公务员身体健康和照顾家庭生活而实行的休假制度，为解决公务员生活困难、减轻某些额外负担而发放的各种补贴和津贴等。

保险制度是为暂时或永久丧失劳动力的公务员提供的一种物质保障制度，主要有失业保险、养老保险、医疗保险和伤残保险。

四、代谢制度

代谢制度包括公务员队伍的入口和出口两方面的把关制度。入口方面主要是考试录用制度，前面已做了介绍；这里主要介绍出口制度，主要有辞职、辞退和退休制度。

（一）辞职制度

辞职是根据公务员本人的意愿，辞去现任的职务，解除与职务有关的行为。公务员辞职，需由本人向任免机关提出书面申请，任免机关在三个月内审批，审批期间不得擅离职守。未满最低服务年限和涉及国家安全、重要机密等特殊职位的，不得辞职。

（二）辞退制度

与辞职不同，辞退是国家行政机关依照法律规定的条件和程序，做出解除公务员职务关系的单方面行政行为。凡符合下列条件之一的就可以辞退：①连续两年年度考核不称职；②不胜任现职又不接受其他安排；③因单位调整、撤销、合并或缩减编制员额需要调整工作，本人拒绝合理安排；④旷工或无正当理由逾期不归连续超过15天，或一年内累计超过30天；⑤不履行公务员义务，不遵守公务员纪律，经多次教育仍无转变，又不宜给予开除处分的。

（三）退休制度

退休制度是对公务员达到一定年龄和工龄或丧失劳动力而离开公务员队伍所做出的规定。退休可以分为强制和自愿两种形式。强制退休的条件是：①男性满60周岁，女性满55周岁；②丧失工作能力者。自愿退休的条件是：①男性满55周岁，女性满50周岁，且工作年限满20年；②工作年限满30年的。公务员退休后，享受国家规定的退休金、养老保险金和其他各项待遇。

五、约束制度

约束制度是为了保证公务员在履行公务的过程中，遵守职责，奉公守法，保证行政工作的正常进行而做出的一系列规定。包括公务员的义务、纪律和回避制度等。

（一）公务员的义务

公务员的义务是国家法律对公务员必须作为的强制性规定，是公务员行为的起码要求。包括八个方面的内容：①遵守宪法、法律和法规；②依照国家法律、法规和政策执行公务；③密切联系群众，倾听群众意见，接受群众监督，努力为人民服务；④维护国家安全、荣誉和利益；⑤忠于职守，勤奋工作，尽职尽责，服从命令；⑥保守国家秘密和工作秘密；⑦公正廉洁，克己奉公；⑧履行宪法和法律规定的其他义务。

（二）公务员的纪律

公务员纪律是对公务员不得作为的强制性规定。具体内容有 64 项，按性质可分为四大方面。

1. 政治纪律

不得散布有损政府声誉的言论，不得组织或参加非法组织，不得组织或参加旨在反对政府的集会、游行和示威等活动，不得组织或参加罢工。

2. 工作纪律

不得玩忽职守，贻误工作；不得对抗上级决议和命令；不得压制批评，打击报复；不得弄虚作假，欺骗领导和群众；不得泄露国家秘密和工作机密；在外事活动中不得有损害国家荣誉和利益的言行。

3. 廉政纪律

不得贪污、盗窃、行贿、受贿或者利用职权为自己和他人谋取私利；不得挥霍公款，浪费国家资产；不得滥用职权，侵犯群众利益，损害政府和人民群众的关系；不得经商、办企业以及从事其他营利性的经营活动。

4. 社会公德

不得参与或支持色情、吸毒、迷信、赌博等活动；不得违反社会公德，造成不良影响。

（三）回避制度

回避制度是为了使公务员不因亲属关系对职务活动产生不良影响而做出的限制性规定。包括任职回避、公务回避和地区回避。

任职回避是指公务员担任某种特定的职务，涉及夫妻关系、直系血亲关系（包括自然血亲和拟制血亲关系）、三代以内旁系血亲关系和近姻亲关系的，不得在同一机关担任双方直接隶属于同一首长的职务，或者有直接上下级领导关系的职务，也不得在其中一方任领导职务的机关从事检察、审计、人事、财务工作。

公务回避是指公务员在公务活动中，凡涉及本人或与本人有上述四种亲属关系时，不得参与，并不准以任何方式进行干预或施加影响。

地区回避是指公务员担任县级以下地方人民政府领导职务的，一般不得在原籍任职（少数民族的公务员在少数民族地区的地区回避例外）。

六、保障制度

保障制度是为了保护公务员的合法权益而制定的。包括公务员的权利，申诉、控告制度等。

（一）公务员的权利

公务员享有如下八项权利：①非因法定事由和法定程序不被免职、降职、辞退或者行政处分；②获得履行职责应有的权力；③获得劳动报酬和享受保险、福利待遇；④参加政治理论和业务知识的培训；⑤对国家行政机关及其领导人员的工作提出批评和建议；⑥提出申诉和控告；⑦依照《国家公务员暂行条例》的规定辞职；⑧宪法和法律规定的其他权利。

（二）申诉、控告制度

申诉制度是就公务员对涉及本人的人事处理不服时，申请复议或要求重新处理所做的规定。控告制度则是就公务员对于行政机关及其领导人侵犯其合法权益的行为提出控告的规定。内容包括：有权要求受理；有权要求及时纠正原处理决定；有权要求对造成名誉损失的负责恢复名誉，消除影响，赔礼道歉；有权要求赔偿经济损失；有权要求惩处责任人。

第三节　校长的管理

校长是学校主管部门任命的学校行政负责人，是学校的法人代表，对外代表学校，对内全面负责学校工作，是学校工作的决策者，处于学校行政中心的地位。

一、校长的选拔

(一) 校长的任职资格

校长的任职资格是担任校长职务者所必备的前提条件,是对担任校长职务者的最基本要求,不具备任职资格的人,不能担任校长。《教育法》规定,学校校长的任职资格是:

第一,有中华人民共和国国籍;

第二,在中国境内定居;

第三,具备国家规定的任职条件。

中小学校长的任职条件是:

(1) 拥护中国共产党的领导,热爱社会主义祖国,努力学习马克思主义。热爱社会主义教育事业,认真贯彻执行党和国家的教育方针、政策、法规。关心爱护学生,刻苦钻研教育、教学业务。热爱本职工作。有一定的组织管理能力。团结同志,联系群众。严于律己,顾全大局。言行堪为师生的表率。

(2) 乡镇完全小学校长应有不低于中等师范学校毕业的文化程度(21世纪后该条件有所提高),初级中学校长应有不低于大学专科毕业的文化程度,完全中学、高级中学校长应有不低于大学本科毕业的文化程度;中小学校长应分别具有中学一级、小学高级以上的教师职称;应有从事相当年限教育教学工作的经历;应接受任职资格培训。

(3) 身体健康,能胜任工作。

高等学校校长的任职条件国家没有做出明确规定,但一般来说,在文化程度方面和教师职务方面应远高于中小学校长的要求。

(二) 校长的岗位要求

校长的岗位要求即校长从事学校管理工作的素质要求。素质一词的本意是指人生理上的先天特点,后来引申为从事某种活动所必需的基本条件。不同的领域,不同的活动,对人的素质要求是不一样的。校长的素质就是指校长从事学校管理工作必须具备的基本条件。它既不同于对普通公民的要求,也不同于对一般教师的要求。作为学校的校长,须具有普通公民和一般教师的素质,更应该具有学校管理职能所要求的特殊素质。校长的岗位要求主要包括基本政治素养、岗位知识要求和岗位能力要求三方面。

1. 基本政治素养

坚持四项基本原则与改革开放，把坚定正确的政治方向放在首位；具有一定的马克思主义理论修养，能运用马克思主义的立场、观点和方法指导学校工作；热爱社会主义教育事业，热爱学校，热爱学生，尊重、团结、依靠教职工；实事求是，作风民主，顾全大局，公正廉洁，艰苦奋斗，严于律己；对待工作认真负责，勇于进取，富有改革创新精神。

2. 岗位知识要求

拥有马克思主义基本理论和国情知识、教育法规知识、学校管理理论和业务知识、教育理论知识，以及与学校教育相关的自然科学、社会科学知识。

3. 岗位能力要求

具有根据党和国家的有关方针、政策、法规，制订学校发展规划和工作计划的能力，开展思想政治工作和德育工作的能力，指导教学、教研的能力，协调各种关系的能力，拥有较强的教学和科研的能力，具备较好的文字和口头表达能力。

二、校长的任用

（一）校长的任用制度

考察国内外校长任用的情况，主要有四种任用制度，即委任制、考任制、聘任制、选举制。四种任用制度各有利弊。

1. 委任制

即按照管理权限，由国家法定的任免机关依照一定的标准和程序，直接任命校长的制度。法国和德国的中小学校长，主要实行委任制。我国过去采用的校长任用制度，也主要是教育主管部门委任制。委任制的优点是：①教育主管部门对所属学校教师比较了解，可以从中遴选出比较优秀的人才。②由教育主管部门直接任命校长，有利于贯彻执行主管部门的指示精神。③学校工作容易得到教育主管部门的理解和支持，有利于校长行使职权。委任制的缺点是：①遴选的范围小，不易找到理想的人选。②对候选人的评价容易受委任者的印象影响,难以杜绝任人唯亲的现象。③群众参与程度不高,透明度低,难以形成竞争机制。④容易导致校长只唯上,不唯下的现象。

2. 考任制

即通过考试择优录用校长的制度。在日本,每年定期举行中小学校长资格考试,所有担任校长的人选,必须是资格考试中的佼佼者。近些年在我国一些开放地区或者改革试点学校,也正在尝试通过考试录用校长的制度选拔适合的人才。考任制的优点是:①选择面大,可以保证有足够的人选。②统一标准,公开招考,平等竞争,有利于形成良性的人才竞争机制。③有利于对候选人的理论基础、相关学科知识做全面的考查,客观公正,可以有效避免人情关系。考任制的缺点是:①对应考者的道德品质、工作作风、管理能力等方面不易做深入考查,主要凭考试成绩录用,容易出现失误。②教职工参与程度低,对校长的认同感低,不利于校长开展工作。

3. 聘任制

即按照统一的标准,公开向社会招聘校长的制度。通常由学校的主管部门向社会发布招聘公告,公布招聘的资格条件,应聘者提出应聘申请和治校方案,招聘单位组织专家审查、评议,择优确定人选,受聘人和招聘单位签订合同。聘任制在英、美等国普遍实行,我国少数地方近年来亦有所尝试。聘任制的优点是:①标准公开,面向社会征聘人才,为人才脱颖而出提供了机会。②管理专家全程参与答辩和评聘过程,增加了人才选拔的科学性和透明度。③双方双向选择,签订协议,体现了平等竞争和依法治校的精神。聘任制的缺点是:①考评偏重考查应聘者的办学主张和答辩水平,难以对应聘者的知识、能力、品行进行全面考查。②教职工参与程度不高,不易形成认同感。

4. 选举制

即由教授或教职工直接投票选举校长的制度。在国外和中华人民共和国成立前的一些大学,都实行这种制度。近年来我国少数大中小学也开展了选举制的实验。选举制的优点是:①群众参与程度高,能充分反映民意,体现民主管理原则。②教职工认同感强,有利于校长开展工作。③校长主要产生于本校,对学校情况比较熟悉,管理更易于切合实际。选举制的缺点是:①选择的范围最小,容易出现"矮子中间选高个"

的现象，不易保证校长的素质。②选举质量容易受教职工整体思想水平、舆论和从众心理的影响，选举标准不易得到落实。

鉴于上述四种常用的任用制度各有利弊，可以把四种方式结合起来使用。例如，可由学校的主管部门发布招聘公告，公布任用资格和条件，然后由群众推荐和应聘者自荐，组织部门组织专家考核和答辩，教职工参与评议，择优录取，最后由主管部门正式任命。

（二）校长的任期制度

中外的校长任期制度，主要有任期制和常任制，这两种制度也各有利弊。

1. 任期制

任期制即规定校长任职年限的制度，一般任职年限为三到五年，各国情况略有不同。任期制的优点是：责任目标比较明确，能增强校长的责任感，提高工作效率；能够使较多的人有从事管理工作、展示管理才能的机会。任期制的缺点是：一个优秀校长的成长，需要相当长的经验积累期，频繁地换人，不利于校长的培养；学校工作周期长，三到五年不一定能见到明显的成效，频繁地换人，一个校长一套设想、一套做法，使学校处于频繁的变动之中，不利于建立稳定的学校工作秩序，还容易导致学校资源的浪费；由于任期的限制，容易形成短期行为，影响学校的长期发展规划。

2. 常任制

常任制指校长一旦接受任命，除严重不胜任职务和因健康原因无法履行职务外，可以无限期担任现职的制度。日本和法国即采用常任制，常任制的优点是：鼓励校长长期从事学校管理，有利于学校的长远发展，有利于教育事业的稳定进步，也有利于校长的成长。常任制的缺点是：容易使一些人抱残守缺，墨守成规，不思进取，不利于学校的改革和发展。我国过去也基本采用常任制，近年来，由于教育体制改革，校长的任期制度出现了一些变化，即将任期制与常任制结合起来运用。通常的做法是，校长实行任期责任制，任期三到五年，任职期满进行考评，合格者可以继续连任，不限连任期数。

三、校长的职责与权力

(一) 校长的职责

校长的职责是教育主管部门委托校长完成的管理学校的任务。校长的责任依学校的性质、类型、领导体制的不同而有所区别,但基本要求是一致的。根据《教育法》的规定,所有学校校长的共同职责是负责"学校的教学及其他行政管理"。具体而言,校长的主要职责是:

(1) 全面贯彻执行党和国家的教育方针、政策和法规。

(2) 认真执行党的知识分子政策和干部政策,团结、依靠教职员工。

(3) 全面主持学校工作。

(4) 发挥学校教育的主导作用,努力促进学校教育、家庭教育、社会教育的协调一致、相互配合,形成良好的育人环境。

(二) 校长的权力

校长的权力是教育主管部门授予校长完成所承担的管理任务的法定力量。

1. 校长权力的特点

校长的权力具有如下几大特点,了解这些特点,有利于校长正确认识权力和使用权力。

(1) 受托性。校长的权力不是校长个人的权力,而是学校的权力,校长是学校的负责人,承担办学的重任,教育行政部门代表国家把学校自主管理权委托给校长行使。谁担任校长一职,谁就受托行使学校自主管理权,一旦离开校长岗位,学校自主管理权则依然归学校所有。这一特点对校长至少提出了三点要求:第一,必须忠于职守,用好权力。教育主管部门把学校自主管理权授予某位校长,委以责任,校长接受了管理学校的权力和责任,本身就意味着一种承诺。所以,校长必须尽心尽力对学校负责,对教育主管部门负责。第二,不能滥用权力,以权谋私。校长所接受的权力是用来完成所承担的任务的,而不是为了使人有特权,不能借助权力谋取私利。第三,教育主管部门有权监督所授出的权力的使用情况,但是无权干预校长在责权范围内的正常用权。如果正常用权遭到授权单位的无理干预,校长有权拒绝,也有权放弃所接受的委托。

（2）对称性。即校长所接受的权力必须与所承担的责任相对应。任何权力都是用来完成任务的，所以，校长接受的权力必须足以完成其所承担的任务。权力与责任的不对称有两种表现，一是责大权小，二是权大责小，两种表现都会产生不良后果。责大权小会导致任务无法完成，权大责小则会导致权力的滥用。权力对称性的特点要求校长注意四点：第一，要了解自己所接受的权力是否完整、充分、到位，是否与责任大小对称。第二，要学会护权。权力既然是一种资源，就要特别注意保护，谨防权力旁落或失控。第三，要注意使权力发挥作用。权力的闲置，只会导致失职、渎职，权力的滥用更会产生破坏性的后果。第四，注意提高素质。权力所产生的作用与权力使用者的素质成正相关。同类学校之间，校长的权力大小都差不多，但管理的效果相差甚远。

（3）可授性。即校长接受教育主管部门的授权后，必须借助全体教职工的力量。也就是在校内进行合理的分工授权，建立权力层次关系，使每个学校成员都承担一部分学校的责任，同时分享相应的权力，这样才能调动教职工的工作积极性、主动性和创造性。把握权力的可授性要注意以下几点：第一，校长授权给下级，不能把所有的权力都授掉。校长授出的主要是实际事务的执行权和管理权，保留决策权、监督权和调控权。第二，权力与责任应同时授出，但是权力授出以后，校长就没有该权力了，责任授出之后，校长所负的责任依然存在，这就是管理学中所谓的责任绝对性原则。一旦下级工作出了问题，校长首先要负责任，不要忙着追究下级的责任。第三，校长既可以授出自己的权力，也可以收回所授出的权力。

2. 校长权力的内容

要确定校长应该拥有哪些管理权，首先应该弄清确定校长权力的依据。从表面看，校长的管理权是教育主管部门授予的，它给了校长多大的权力，校长就拥有多大的权力。其实不然，管理学知识告诉我们，权力是职位所固有的，任何职位都是以任务为中心设置的，所以权力是为了履行职责、完成任务而赋予的，也就是说确定校长权力的依据是校长承担的办学责任。学校的性质不同，领导体制不同，校长承担的办学责任就不同，因而校长的权力大小也就有所不同。《教育法》明确规定，校长的职责是负责"学校的教学及其他行政事务"，那么凡是与教学和行政有关的事务，其管理权都属于校长，任何人都不得与校长争夺这些权力。学校的教学和行政事务千头万绪，概括而言，主要涉及机构、人事、经费、教育教学和校产等五大方面，那么校长就应该拥有这五个方面的权力。

（1）机构设置权。校长有权根据学校工作的实际需要，设置学校行政和业务机构。例如，在教导处之外还设不设一个政教处，学校有没有必要设总务处，教学业务机构是按年级来设还是按学科来设，等等，校长有权做出决定。但是对学校教育工会、教代会、党组织等依法设置的机构，校长无权自由处置。

（2）人事管理权。学校人事管理包括全体教职工从进到出的全程管理，校长拥有全程的人事管理权，既包括教职工的聘任权，也包括领导班子组阁权。教育主管部门只负责资格的审批和最后的任命，其他不合理的控制都应该取消。

（3）经费使用权。校长有权安排学校经费的使用，有权筹资兴学并接受各方面对学校的捐赠，有权决定教师的课酬和其他劳务报酬，有权要求补发拖欠教师的工资，有权改善教职工的工作条件和生活待遇，有权抵制任何单位对学校不合理的摊派。

（4）教育教学管理权。校长有权组织各种教育教学活动，有权安排教师承担教育教学任务，有权维持学校正常的教学秩序，有权开展教育教学实验与研究，有权进行教学改革，也有权抵制任何对学校教育教学活动的干扰，并有一定的招生自主权。

（5）校产管理权。校长有权根据学校的实际情况，添置、使用、维修、保管学校财产，有权抵制任何单位和个人随意动用学校财产、平调学校设备，有权保护学校财产不受侵犯。

需要指出的是，校长在运用以上五项管理自主权时，要遵守学校章程。《教育法》明确规定学校"按照章程自主管理"，所以自主管理的前提是遵守学校章程，一定要有章可循。为了提高权力的有效性，校长要尽可能遵循权力运用的基本原则，并接受相应的监督与制约。

四、校长的考核与培训

（一）校长的考核

校长的考核是对校长履行职务的情况做出鉴定。各国对校长的考核方式不完全一样，把教育人员纳入国家公务员管理系列的国家，对校长、教师的考核基本按国家公务员考核的方式进行。我国校长不属于国家公务员系列，但是在管理上有许多地方与国家公务员的管理大同小异。

1. 考核内容

我国目前的教育管理体制还处在改革之中，不同的地方对校长的考核内容不一样。例如，一些实行校长任期目标责任制的地方，主要按照校长的任期责任目标来考核；一些实行校长聘任制的地方，则按照聘任合同的规定来考核；有的按任职条件考核，还有的按校长的素质要求考核。在没有统一要求的情况下，只要不违反国家有关的政策、法规，只要有利于促进教育管理，各种尝试都应该被允许。比较常规的考核，是考核校长的德、能、勤、绩四方面。德主要指政治思想表现、职业道德和工作作风；能主要指从事学校管理所必备的决策能力、组织能力、协调能力、思想工作能力、人际交往能力、公关能力等；勤主要指事业心、工作态度和勤奋精神；绩主要指工作实绩，即完成任务的数量、质量和效率效益。绩是校长各方面素质的综合反映，也是德、能、勤的客观体现，所以对校长德、能、勤、绩的考核中，以考核工作实绩为主。

2. 考核方法

我国大中小学，对校长的考核方式不完全一样。高等学校通常采取校长述职、群众评议、领导机关鉴定的考核方法。中小学校长考核，有的采用高校考核的办法；有的教育行政部门通过平时了解校长的情况，结合专门的学校工作检查来评价校长；有的则组织校长考评小组，考察学校整体工作情况，了解教职工对校长的评价，对校长进行排队打分；有的采用积分制，将每年的常规工作检查和专项工作检查结果累计计分，以积分的高低评价校长。考核的周期各地也不相同，有的采用年终考核，有的采用学年考核，有的采用任期届满考核。

尽管考核的内容和方式不同，但是对考核结果的处理基本都是相同的，即校长考核的结果一般都与校长的任免、奖罚挂钩。

（二）校长的培训

针对我国大学校长的培训，尚未建立严格的规范。针对中小学校长的培训，则已形成比较完备的体系，主要有任职资格培训、继续教育培训、学历培训和理论研修四种类型。

1. 任职资格培训

这是一种按照校长岗位职责和任职要求进行的专业资格培训。目的是提高即将上岗的校长的政治、业务素质，使他们能胜任校长工作。目前，在全国范围内已基本实行校长持证上岗制度，凡是没有接受岗位职务培训者，都没有资格担任校长。

2. 继续教育培训

继续教育培训是对已经担任校长职务者进行的更新知识培训。目的是使校长适应时代的要求和教育事业的发展。我国有关政策规定，中小学校长每五年轮训一次。

3. 学历培训

学历培训是为了使校长达到法定的最低学历要求而进行的培训，也包括对已达标的校长进一步提高学历的培训。目前，国家已经提高中小学校长的学历要求，小学校长要达到专科以上学历，初中校长要达到本科以上学历，高中和大学校长要达到硕士或博士研究生学历。

4. 理论研修

这是促使成熟期校长向专家型校长发展的培训。目的是通过理论研修，总结成功的办学经验，提高其理论水平，形成有特色的教育思想。

第四节 教师的管理

教师是进行教育教学的专职人员，承担教书育人、培养社会主义事业建设者和接班人、提高民族素质的使命。所以教师管理是教育人事管理的重要内容。

一、教师的权利和义务

（一）教师的权利

教师的权利，也称教师的权益，是教师在教育教学活动中依法享有的法定权力和利益的总称。《中华人民共和国教师法》（简称《教师法》）规定，教师的权利是：

（1）进行教育教学活动，开展教育教学改革和实验。

（2）从事科学研究、学术交流，参加专业的学术团体，在学术活动中充分发表意见。

（3）指导学生的学习和发展，评定学生的品行和学业成绩。

（4）按时获取工资报酬，享受国家规定的福利待遇以及寒暑假期的带薪休假。

（5）对学校教育教学、管理工作和教育行政部门的工作提出意见和建议，通过教职工代表大会或者其他形式，参与学校的民主管理。

（6）参加进修或者其他方式的培训。

（二）教师的义务

教师的义务是教师依法在教育教学活动中应履行的责任。《教师法》规定，教师应依法履行如下义务：

（1）遵守宪法、法律和职业道德，为人师表。

（2）贯彻国家的教育方针，遵守规章制度，执行学校的教学计划，履行教师聘约，完成教育教学工作任务。

（3）对学生进行宪法所确定的基本原则的教育和爱国主义、民族团结的教育，法制教育以及思想品德、文化、科学技术教育，组织、带领学生开展有益的社会活动。

（4）关心、爱护全体学生，尊重学生人格，促进学生在品德、智力、体质等方面全面发展。

（5）制止有害于学生的行为或者其他侵犯学生合法权益的行为，批评和抵制有害于学生健康成长的现象。

（6）不断提高思想政治觉悟和教育教学业务水平。

二、教师任用制度

（一）教师的资格

教师资格是从事教师职业的人应当具有的身份和起码条件。因为教师从事的是教书育人工作，所以任何国家对教师资格都有明确而严格的要求。1994年《教师法》正式实行后，我国开始实行教师资格制度，凡是有志于从事教师职业的公民，都必须取得教师资格证书。

《教师法》规定，中国公民凡遵守宪法和法律，热爱教育事业，具有良好的思想品德，具备国家规定的学历，或者经国家教师资格考试合格，有教育教学能力，经认定合格的，可以取得教师资格。

对学历的具体要求是：取得幼儿园教师资格，应当具备幼儿师范学校毕业及其以上学历；取得小学教师资格，应当具备中等师范学校毕业及其以上学历；取得初级中学教师、初级职业学校文化、专业课教师资格，应当具备高等师范专科学校或者其他大学专科毕业及其以上学历；取得高级中学教师资格和中等专业学校、技工学校、职业高中文化课、专业课教师资格，应当具备高等师范院校本科或者其他大学本科毕业及其以上学历；取得中等专业学校、技工学校和职业高中学生实习指导教师资格应当具备的学历，由国务院教育行政部门规定；取得高等学校教师资格，应当具备研究生或者大学本科毕业学历；取得成人教育教师资格，应当按照成人教育的层次、类别，分别具备高等、中等学校毕业及其以上学历。为了提高教师素质，中央教育行政部门已决定取消中等师范学校，取得教师资格的最低学历要求，已提高到高等专科以上。不具备以上学历的公民，申请获取教师资格，必须通过国家教师资格考试。国家每年举行一次教师资格考试。

教育教学能力的要求，包括能胜任相关学科的教学能力，具备做学生思想工作、开展心理辅导的能力，组织管理学生的能力；也包括对身体素质的要求，即身体健康，能正常地从事教育教学工作。受到剥夺政治权利或者受到有期徒刑以上刑事处罚的，不能获得教师资格，已经取得教师资格的，则取消其教师资格。

中小学教师资格由县级以上地方人民政府教育行政部门认定。中等专业学校、技工学校的教师资格由县级以上地方人民政府教育行政部门组织有关主管部门认定。普通高等学校的教师资格由国务院或者省、自治区、直辖市教育行政部门或者由其委托的学校认定。

(二) 教师的任用

中华人民共和国成立以后，我国采用过派任制、代用制和聘任制三种教师任用制度。

1. 派任制

即由教育主管部门根据学校工作需要，有计划地向学校派遣教师的制度。这是中华人民共和国成立后多年来一直实行的教师任用制度,与我国过去的计划经济体制相适应。其优点是有利于国家按照需要发展师范教育,按照统一的标准培养教师,并对教师的使用统一管理;有利于保持学校教师队伍的稳定,避免了教师的流失现象;减少了师范生求职难的后顾之忧,有利于学生安心学习。但是这种任用制度也有明显的不足:第一,不能形成人才竞争机制,学生学不学,都会有工作,教师干不干,都有铁饭碗,容易形成惰性。第二,不能形成合理的流动机制,往往使学校管理失去活力。第三,学校没有用人权,想要的进不来,不想要的出不去,容易造成学校教师队伍结构失调。正是由于派任制的诸多弊端,与市场经济条件下的用人制度相抵牾,所以,我国当前正在逐步取消派任制,实行聘任制。

2. 代用制

即教育行政部门为解决某些地区师资严重不足的问题,聘用部分适合任教的公民到学校代课的制度。这是我国在中华人民共和国成立后学校发展快而师资严重不足的情况下,采取的临时应急措施,并不是一种正式的教师任用制度。只是这种临时措施沿用了多年,事实上成了一种正式的教师任用制度。代用制虽然缓解了教师不足的困难,但是存在不少问题。例如用人标准不统一,管理不规范,代课教师整体素质不高,工资待遇低,教育质量无法保证,等等。在20世纪末,我国已基本取消代用制。

3. 聘任制

即学校通过一定的契约聘任教师的制度。这是我国当前正在实行的教师任用制度。在双方地位平等的基础上,学校和教师签订聘任合同,明确规定双方的权利、义务和责任,是一种比较科学的教师任用制度。聘任制的优点在于:①双方地位平等,双向选择,有利于人适其事,事适其人;②打破人才单位所有的壁垒,促进人才流动;③打破终身制,能者上、庸者下,有利于形成合理的竞争机制,促进教师提高自身的素质和工作质量;④有利于促进学校改善工作条件,形成一套完善的留才、引才、养才、用才机制;⑤有利于落实学校的人事管理权,进一步完善校长负责制。新教师任职,实行见习期制度,见习期通常为一年。

近年来,随着国家教育均衡化目标的进一步落实,校际均衡问题受到重视。校际均衡中的经费问题好解决,教师队伍的均衡问题难解决。有些地方在探索通过教师的

"局聘校管"来促进教师的校际流动。这种上下结合的教师聘用方式，将对我国今后教育事业的均衡发展产生重要影响。

三、教师的培养和培训

（一）教师的培养

我国各级各类学校教师培养的任务，主要由师范院校承担。21世纪初，为了提高教师素质，我国逐步取消了中等师范学校。那么，培养师资的任务就主要由高等师范专科学校以上的师范院校承担了。当然，国家同时鼓励非师范高等学校毕业生，到中小学或者职业学校任教。

（二）教师的培训

我国中小学教师的培训任务，主要由教育学院和教师进修学校承担，若干年以来，师范院校同样发挥着重要作用，特别是在学历教育方面。国家还要求非师范学校，也要承担培养和培训中小学教师的任务。高校教师的培训，主要由高校自身承担，如校际学术交流、学术访问、专业进修、出国进修等。

教师的培训，按培训目的可分为学历培训、专业培训和更新知识培训。学历培训主要是针对学历未达到现任岗位要求，或已达到要求但希望进一步提高学历的教师而进行的培训。专业培训主要是为了进一步提高教师现在所从事专业的知识和能力而进行的培训。更新知识培训主要是为了适应新的形势要求，如高校要求每一个教师会操作计算机，熟悉网络应用技术而进行的培训。

教师的培训，强调因地制宜，学用结合，以自学为主，以不脱产为主。培训形式要求灵活多样，适应教师的要求。开放大学、函授大学、刊授大学、夜大学、自修大学、各种短期培训班、脱产进修、在职进修，举办各种讲座、专题报告、学术讨论，等等，不拘一格，使教师在各种情况下都有学习、提高的机会。

四、教师的考核

教师考核是按照教师任职条件和教师职责要求，对教师的工作进行考查和评定。

考核的目的：一是为教师的安排使用、职务升迁、工资待遇、职称评定、奖励惩罚、培养进修等提供依据；二是使教师对自己的表现和成果有一个正确的认识，促使教师发扬优点，改正缺点，提高教育教学工作质量；三是树立榜样，形成积极向上的风气，促使教师向先进学习，提高教育教学水平；四是有利于管理者发现问题，改进管理方法。

（一）考核内容

教师考核的内容，包括教师的政治思想、业务水平、工作态度和工作成绩四方面。

政治思想方面，主要考核教师是否拥护党和国家的路线、方针、政策，是否热爱教育事业，热爱教师职业，热爱学校，是否具有良好的职业道德，是否真正做到为人师表。

业务水平方面，主要考核教师的文化素养和专业基础，教师对教材的处理能力、课堂教学能力、对学生的管理能力等。

工作态度方面，主要考核教师对本职工作是否认真负责，是否关心爱护学生，是否积极承担工作任务，是否遵守学校规章制度等。

工作成绩方面，主要考核教师完成工作的质与量，包括教学工作、学生工作、实验研究工作、党政工作、群众工作、社会工作等。

（二）考核方法

对教师的考核评价，各国使用的方法各有不同。美国学校评价教师的方法多种多样，但使用得最多的是同行评价法。法国教师的考评，主要由校长和学区观察员负责，分别给教师评分，评分比例为校长40分，学区观察员60分。

我国教师考评一般实行多方面参与，综合考核的方法，即教师自我评价、学生评价、教师同行评价、学校领导评价和教育行政部门评价相结合。考评要求客观、公正、准确，考评的结果应该通知教师本人。考评结果分为优秀、称职和不称职三种。考评结果应与教师的职务升迁、级别提高、职称评定、培训进修以及奖励惩罚相关联，以便激励教师积极向上。

本章小结

教育人事行政是一项政策性非常强的工作，直接决定国家教育活动的质量和效益。所以教育人事行政一定要坚持科学的原则，进一步拓宽改革思路，使教育人事管理达到科学化、规范化的目标。

教育人事行政应遵循的原则是：①按责定岗，因事择人。这是就用人的前提而言的。②选贤任能，德才兼重。这是就用人的标准而言的。③注重实绩，论功行赏。这是就人才的赏罚标准而言的。④动态平衡，合理流动。这是就保持人才队伍合理结构而言的。

教育人事行政的具体内容，从管理对象方面来讲，主要包括教育行政人员的管理、校长的管理以及教师的管理三大方面。我国的教育行政人员属于国家公务员系列，必须按照国家公务员的有关管理制度实施管理。这些制度主要包括求才制度、用才制度、养才制度、代谢制度、约束制度和保障制度六大方面。对校长的管理内容包括校长的选拔与任用制度，校长职责与权力的规定，校长的考核与培训制度。对教师的管理内容主要包括教师的权利与义务，教师任用制度，教师的培养和培训，教师的考核等。

学习活动建议

1. 收集中华人民共和国成立以来有关教育人事行政方面的法规、制度并进行比较，看看不同时期的法规、制度在哪些方面有了重大改变。

2. 试比较教育行政人员、校长、教师三方面的管理办法的异同，思考校长和教师的管理办法在哪些方面可以参照教育行政人员的管理办法。

3. 试分析当地校长和教师管理制度的优缺点，并谈谈你对相关改革的设想。

第七章

教育财政

🎓 **学习目标**

理解教育财政的含义；
了解教育财政的功能；
明确教育财政的基本制度；
了解我国教育经费来源的主要渠道；
了解我国教育经费的分配原则；
了解我国教育经费使用的原则。

第一节 教育财政概述

一、教育财政的含义

教育财政是国家对教育经费及其他相关教育资源的管理,包括国家对教育经费及其他教育资源的筹措、分配及使用的监督等。

教育财政是随着公共教育制度的形成而产生的。古代社会的官学或宫廷之学可以看作公共教育制度的雏形,所以,官学或宫廷之学的教育经费或教育资源的拨付及使用、监督就构成了古代的教育财政。在近现代社会,随着公共教育制度的发展和逐步完备,教育财政在国家财政中的地位变得越来越重要,教育财政的组织体系也越来越严密,教育财政对教育事业的影响也越来越大。

教育财政是国家财政的一个组成部分,因此,与其他财政一样,教育财政是一种国家行为,其主体是国家。国家通过立法、行政、司法等机关行使教育财政的职能。国家立法机关通过制定有关法律行使教育财政立法职能,国家行政机关行使教育财政的行政管理职能,国家司法机关通过司法程序保障教育财政行为的合法性。本节所讨论的教育财政主要是国家行政机关即各级政府及其职能部门所行使的对教育经费及其他教育资源的管理职能。

二、教育财政的功能

世界各国教育经费的来源都是多渠道的,但是国家财政筹措的份额最大。这显示出国家教育财政在各国教育发展中的特殊重要地位。由于各国国家财政制度和教育传统不同,教育财政对教育事业所发挥的作用也各有不同。尽管如此,一般来讲,教育财政主要有三大基本功能。

(一)筹措教育经费及其他教育资源

教育财政的首要功能是筹措教育经费及其他教育资源,保证国家教育发展的需要。

教育是一项功在当代，利及子孙的事业。教育的成果具有非物化性，难以作为商品进行市场交换，因此，教育机构不可能都依靠办学而取得完全的教育成本补偿。由于现代生产和科技的发展，社会对办学规模和办学条件的要求越来越高，教育成本也越来越高。如果没有国家积极有效的参与，没有公共资金的支撑，就不足以保证教育事业的发展和满足社会的教育需求。所以，国家教育财政在筹措教育经费及其他教育资源方面的作用越来越突出。国家教育财政筹措教育经费及其他教育资源的手段主要有：一是制定有关法律法规，确定教育经费的筹集渠道及相应的比例，保障教育经费筹集的合法性和有效性；二是在各级政府公共财政支出中保证教育支出的逐步增长；三是通过各种行政或经济手段吸纳各种民间资金或资源投资教育事业。

（二）分配教育经费，配置教育资源

教育财政不仅担负着筹集教育经费及其他教育资源的任务，而且还承担着将所筹集的教育经费及其他教育资源分配到教育机构中去，并保证教育资源合理配置的任务。分配教育经费，配置教育资源的基本依据是国家有关法律法规与政策、社会对各级各类教育的需求以及各级各类教育自身的经费需求。教育事业是否获得良好的发展，一方面取决于教育经费及其他教育资源的多寡；另一方面取决于教育经费的分配是否合理，教育资源的配置是否科学。因此，合理分配教育经费，科学配置教育资源是教育财政面临的重要课题。

（三）监控教育经费的合法使用及其他教育资源的有效利用

教育经费的使用和教育资源的利用是各级各类教育机构职责范围内的事情，但确保教育经费的合法使用和教育资源的有效利用是教育财政不可忽视的重要职能。在这方面，教育财政的作用主要体现在：对各级各类教育机构的财务活动进行合法的监控，防止违法违纪使用教育经费；杜绝铺张浪费，保障教育经费用得其所；确保教育资源发挥应有的效益。

第二节　教育财政的基本制度

教育财政制度是开展各项教育财政工作的规范与程序，是实现教育财政功能的保证。教育财政制度健全与否，权威性和有效性如何，不仅对教育经费及有关资源的筹集、分配与使用有着重大影响，而且将影响到教育事业的顺利健康发展。因此，健全教育财政制度，切实执行教育财政制度具有十分重要的意义。本节主要介绍教育财政的四大基本制度。

一、教育预算制度

教育预算是指各级政府及有关职能部门制订的教育财政年度收支计划，是政府财政预算的重要组成部分，也是政府筹集和分配教育经费的基本依据。教育预算的内容包括教育预算收入和教育预算支出两大部分。教育预算收入是指政府计划筹集的教育经费的数量与相应的筹资渠道；教育预算支出是指政府计划开支的教育经费数量与支出项目。因此，可以说，教育预算就是以教育经费为标志的、由政府规划的教育事业发展方略。

教育预算制度就是制定教育预算所必须遵循的各项原则、程序、规章和要求，也就是编制教育预算的准则与规范。教育预算的政策性强，影响大，教育预算制度也具有规范性、严肃性和权威性的特点。所谓规范性，是指编制教育预算的体制、程序和要求都有明文规定，预算草案的编制、审查和审议批准都有严格的工作程序；所谓严肃性，是指编制教育预算过程的各个环节都有明确的责任，不得草率行事，更不能弄虚作假，欺上瞒下；所谓权威性，是指教育预算计划一经批准就具有法律效力，必须依法得到执行，否则，有关部门和人员将为此承担法律责任。

我国的教育预算采用的是中央政府和地方政府分工负责的体制。基础教育主要由地方各级政府负责，与之相适应，基础教育的财政预算也主要由地方各级政府负责，且主要由省级以下各级政府负责；高等教育主要由中央和省两级政府负责，与之相适应，高等教育的财政预算也主要由中央和省两级政府负责。在部分地区，省级以下的地、市、州政府也承担了一部分高等教育财政预算的责任。

二、教育决算制度

教育决算，亦称教育财政决算，是指各级政府针对教育预算执行情况依法编制的会计年度结算报告，是各级政府财政总决算的组成部分。教育决算以教育预算为依据，反映会计年度教育预算收支的最终结果。教育决算的内容主要包括会计年度教育经费收支情况和决算分析两部分。教育经费收支情况应与预算项目相对应，决算分析是根据一定的指标对教育经费使用情况做出说明。决算分析所运用的指标一般有预算收支完成率、资产负债率、生均支出增减率等。教育决算是进行教育财政监督，审查教育预算收支执行状况，考查教育行政效率，总结教育财政经验教训的重要手段。

教育决算制度是指编制教育决算的准则与规范，包括有关的原则、规章、程序及要求等。教育决算是教育财政工作的重要环节，决算制度的作用就在于：一是保证教育决算工作的如期顺利完成；二是规范各种教育决算活动，使其有章可循；三是预防教育决算过程中的各种违规行为，提高教育决算的可信度。

与各级政府财政体制相适应，我国的教育决算也采用分级教育财政决算的体制，除中央教育财政总决算外，地方各级政府也进行相应的各级教育财政总决算。这种教育财政决算体制有利于从中央到地方各级政府包括地方基层政府增强教育责任和教育意识，树立优先发展教育的战略思想，在各级政府财政中切实落实各项教育预算计划。

三、教育审计制度

教育审计是指各级政府审计部门和教育部门审计机构对教育部门或教育机构的教育财政收支及其他相关经济活动进行的考核、评价与监督。教育审计的内容主要是四个方面：一是教育预算审计，包括审核教育收入、支出与预算计划之间是否有出入，以及超支或节余情况等；二是教育财经法纪审计，包括审查各种教育财政活动和经济行为是否合法，是否存在违法、渎职现象等；三是教育经济审计，包括对教育经费的使用及各种教育资产的买卖、利用、保管、维护情况及经济效益的审查与评价；四是教育财务单据审计，包括审查各种教育财务账簿、凭证的真实性与可靠性，各种收支计算方法和记账格式的正确性，各种单据保管得当与否等。因此，教育审计对于维护教育财经纪律的严肃性，促进教育财务管理活动的规范化，保护国家财产和国家利益，促进教育事业的健康发展都具有重要作用。

教育审计制度是指保障教育审计活动得以进行的各种准则与规范，是国家审计制度的一个组成部分。教育审计制度不仅对审计机构、审计人员、审计职能、权限范围、工作要求等都有明确的规定，而且对审计工作的原则、依据、体制、程序、方法以及对审计结果的处理等都有明确具体的规定。因此，教育审计是一项十分规范，且专业性极强的工作。制度是确保教育审计能够顺利开展的前提条件。在教育审计过程中,有关制度无时无处不在起作用。

从体制上看,我国实行双重教育审计制度。首先,各级政府审计部门根据国家有关法律法规,对各级政府的教育财政收支和教育机构的财务收支进行审计监督。其次,教育系统内部的审计机构,包括各级政府教育行政部门所属的审计机关和各种教育机构的审计单位,都具有依法行使教育审计监督的权力。

四、教育税收制度

教育税收是指国家从国民收入中征收的用于发展教育事业的税赋,是一种国家专项税种。它由国家税务机关根据国家有关法规征收,专款专用。我国自1984年开始征收的教育费附加,尽管不是国家税法所明确规定的、严格意义上的教育税收,但实际上已经具有了教育税收的性质。教育费附加的征收为国家开征教育税奠定了基础。

教育税收制度是指关于征收教育税的各种准则和规范。在一些直接征收教育税的国家,教育税收制度一般比较完善。由于我国的教育费附加不是严格意义上的国家税收,所以,我国尚未建立起教育税收制度。但不可否认,建立征收教育费附加的制度,对于拓宽教育经费来源渠道,缓解教育经费短缺的状况,促进教育事业发展,起到了重要的推动作用。

第三节 我国的教育经费

教育经费是以货币形式支付的教育费用,包括国家各级政府财政预算中实际用于教育事业的资金、各种社会力量和学生家庭及个人直接用于教育的费用。教育经费是国家发展教育事业,改善教育条件,提高教育水平和教育质量的重要保证。

在教育财务管理中,教育经费往往被划分为各种不同类别的经费。从教育经费在国家财政收支计划中的性质划分,通常分为预算内教育经费和预算外教育经费。预算内教育经费是指纳入国家各级政府财政预算计划,由各级政府财政拨付的教育经费;预算外教育经费是指不纳入政府财政预算计划,由各级政府及有关部门、各企事业单位、各级各类教育机构根据国家有关财政法规制度，自收自支的教育经费。从教育经费的实际用途划分，通常分为教育事业费和教育基本建设费。教育事业费，又称教育经常费，是指政府财政预算中直接划拨给教育部门，用以维持和发展教育事业的经费。教育基本建设费是指用于教育基本建设项目建设和教育基本建设设备购置的经费。

教育经费涉及面广，内容繁杂。本节主要从教育财政的角度，探讨我国教育经费的来源、分配与使用问题。

一、教育经费的来源

教育经费是举办教育事业的基本条件。教育经费的多寡与经费来源渠道关系密切。20世纪80年代中期以前，我国教育经费的来源渠道单一，基本上依靠国家财政拨款。中共中央、国务院于1993年2月印发的《中国教育改革和发展纲要》提出："要逐步建立以国家财政拨款为主，辅之以征收用于教育的税费、收取非义务教育阶段学生学杂费、校办产业收入、社会捐资集资和设立教育基金等多种渠道筹措教育经费的体制。"《中国教育改革和发展纲要》要求"通过立法，保证教育经费的稳定来源和增长"。近年来，拓宽教育经费来源渠道的工作卓有成效，初步形成了以国家财政拨款为主的多渠道教育投资体制。概而言之，我国教育经费的来源主要有：国家各级政府教育财政拨款、学费、教育费附加、企业和个人投资、学校创收、社会捐资助学、金融、信贷及国际援助等。这里具体介绍教育经费的四种主要来源。

（一）各级政府教育财政拨款

教育财政拨款是指各级政府根据财政预算计划划拨的教育经费。政府财政拨款在我国教育经费中所占的比例最大。这也符合世界通例。世界各国教育经费的来源都是多渠道的，但政府财政拨款是最主要的来源。有的以中央政府财政拨款为主，有的以地方政府财政拨款为主。具体以哪一级政府财政拨款为主，采取何种拨款机制，往往是与一个国家的财政税收体制相适应的。

政府教育财政拨款是依据国家有关法律法规执行的。《教育法》明确规定："国家财政性教育经费支出占国民生产总值的比例应当随着国民经济的发展和财政收入的增长逐步提高。具体比例和实施步骤由国务院规定。""全国各级财政支出总额中教育经费所占比例应当随着国民经济的发展逐步提高。"（第55条）"各级人民政府的教育经费支出,按照事权和财权相统一的原则,在财政预算中单独列项。""各级人民政府教育财政拨款的增长应当高于财政经常性收入的增长,并使按在校学生人数平均的教育费用逐步增长,保证教师工资和学生人均公用经费逐步增长。"(第56条)

(二) 学费

学费是学生或由学生家长支付的教育费用。学费成为我国教育经费的主要来源渠道之一是20世纪90年代中期以来的事情。此前,我国各级各类学校教育基本上都是免收学费的。《中国教育改革和发展纲要》提出:"改革学生上大学由国家包下来的做法,逐步实行收费制度。高等教育是非义务教育,学生上大学原则上均应缴费。""提高非义务教育阶段学生学费标准,同时按不同情况确定义务教育阶段学校杂费收费标准。"这是在中共中央、国务院有关文件中首次明确要求实行非义务教育收费制度。1999年6月通过的《中共中央、国务院关于深化教育改革全面推进素质教育的决定》提出:"在非义务教育阶段,要适当增加学费在培养成本中的比例,逐步建立符合社会主义市场经济体制以及政府公共财政体制的财政教育拨款政策和成本分担机制。"这是在中共中央、国务院文件中再次明确提出要在非义务教育阶段实行成本分担制度,且要增加学费分担的比例。

在非义务教育阶段收取学费的标准如何确定呢?1994年7月国务院发布的《关于〈中国教育改革和发展纲要〉的实施意见》提出:"缴费标准由教育行政主管部门按生均培养成本的一定比例和社会及学生家长承受能力因地、因校(或专业)确定。原则上同一学校(或专业)实行同一种收费标准。"据此,可以认为,学费的收取标准主要有三条:一是一定比例的生均培养成本;二是社会和学生家长的承受能力;三是同一学校(或专业)实行同一种收费标准。

(三) 教育费附加

教育费附加是指国家开征的主要用于发展义务教育的专门经费,由国家税务部门统一征收,教育行政部门统筹管理。教育费附加,从其性质上讲,属于国家财政性教育经费,但不属于国家各级政府财政预算内拨款。

教育费附加自1984年在农村开始征收,当时称为教育事业费附加。1984年12月国务院发布的《关于筹措农村学校办学经费的通知》规定,对农村学校办学经费,除国家拨给的教育事业费外,乡人民政府可以对本乡的农业和乡镇企业按销售收入或其他适当办法征收教育事业费附加。1985年5月颁布的《中共中央关于教育体制改革的决定》提出："地方可以征收教育费附加，此项收入首先用于改善基础教育的教学设施，不得挪作他用。"1986年4月国务院发布《征收教育费附加的暂行规定》，国家开始在全国城乡普遍征收教育费附加。《教育法》规定："税务机关依法足额征收教育费附加，由教育行政部门统筹管理，主要用于实施义务教育。""省、自治区、直辖市人民政府根据国务院的有关规定，可以决定开征用于教育的地方附加费，专款专用。"（第58条）这表明，经过十多年的实践，我国征收教育费附加不仅在法规制度上逐步完善，而且在征收项目上也在不断拓宽，教育费附加对教育发展所发挥的作用，尤其是对义务教育发展所起的作用越来越大。

（四）企业和个人投资

企业和个人投资举办教育或资助教育事业经费是我国教育经费的重要组成部分。国家对企业和个人投资教育实行鼓励政策。改革开放以前，由企业投资举办的学校主要有普通中小学校、各类职业学校、技工学校和职工大学等。当时企业投资举办教育的目的在于缓解政府教育经费紧张的局面，解决本单位职工子女就学难的问题，同时也为企业储备人才。

随着改革开放的深入，随着社会主义市场经济体制的逐步建立和国家财税体制改革的逐步深化，传统的企业和个人投资举办的福利性学校遇到了前所未有的困难。各级政府已逐步接收了这些学校，纳入公共财政资助的范围。与此形成对照的是，另一种形式的企业和个人教育投资办学正在悄然兴起，出现了一些以企业和个人投资为主体的学校和教育集团，这些办学不再只是为本部门、行业或企业服务，而是面向社会，服务于整个社会的教育需求。

二、教育经费的分配

教育经费的分配是教育财政的重要环节，不仅是国家国民经济和社会发展总体战略中对教育发展战略选择的集中体现，而且集中反映了各级各类教育发展的重点与方向。因此，教育经费的分配不但是由国家财政投资战略所决定的，而且还受到各级各类教育之间的各种关系的制约。

教育经费的分配主要包括在两个层次上的经费分配：一个是教育经费在国民收入

中的分配，具体表现为教育经费在政府财政总支出中所占的份额；另一个是在教育部门内部所进行的教育经费分配，主要表现为政府教育财政拨款在教育部门的再分配。前者决定国家教育财政投资的多少，反映教育在国家经济和社会发展中的地位及国家教育投资的实际情况。由于政府财政拨款是国家教育经费的主渠道，所以第一个层次的教育经费分配对于教育发展具有决定性意义。

政府教育财政拨款的再分配决定教育经费的流向，即教育经费分配给哪一种教育，哪一所学校，哪一个项目，做哪一类用途，等等。它不仅是由教育发展对经费的实际需求所决定的，同时也是由政府关于教育发展的既定指导原则所决定的。尤其是在政府教育财政拨款与教育经费的实际需求之间的矛盾比较尖锐的时候，教育财政拨款的再分配往往更多地向政府教育发展战略重点倾斜。在教育财政拨款的再分配中，我国各级政府往往较多地考虑各级各类学校的实际教育经费需求，而对教育经费使用效益问题则较少考虑。应当建立一种兼顾实际教育经费需求和教育经费使用效益的教育财政拨款机制，以保证教育经费分配更好地服务于教育事业。

教育财政拨款的再分配主要包括三大层面上的教育经费再分配。第一是在教育层次、类别之间的分配，具体表现为在各级各类学校和其他教育机构之间的分配。一个国家的教育系统，在层次上，通常由初等教育、中等教育和高等教育来构成；在类别上，通常由普通教育、职业技术教育、全日制教育、业余教育或成人教育、继续教育等构成。不同层次、不同类别的教育，因其发展规模、对教育条件的要求以及社会需求程度各异，对教育经费的需求也各有不同。一般而言，国家经济发展水平较高时，高层次教育在教育经费分配中所占的份额也较大；反之，国家经济发展水平较低时，教育经费分配的重心也较低。当教育普及程度较高时，各级各类教育在教育经费分配中所占的比例也比较合理。当然，例外情况也不乏存在。在许多发展中国家，政府优先考虑的往往不是发展基础教育，而是发展高等教育。

第二是在经费用途方面的分配，主要指按教育经费在各类教育支出中的功用来分配的方式，通常指在教育事业费和教育基本建设经费之间的分配。教育事业费由政府财政部门核定，教育行政部门统一掌握，用以维持和发展各级各类教育事业。教育事业费主要用于：①全日制普通高等学校教育经费；②出国和来华留学教育经费；③中等专业学校教育经费；④职业学校教育经费；⑤普通中学教育经费；⑥小学教育经费；⑦幼儿教育经费；⑧高等业余教育经费；⑨普通业余教育经费；⑩干训和师训教育经费；⑪民办教师补助费；⑫特殊教育学校教育经费；⑬教育系统的科学研究经费；

⑭其他有关教育经费；等等。教育基本建设经费由国家相关部门核定，通过建设银行拨款投入，用于建筑校舍和购置大型仪器、设备。具体开支项目包括：土地征购费，校舍、校园的新建或扩建费，大型维修费，教学设备中价值2万元以上的固定资产购置费等。由于经费分配渠道不同，所以，两大类别的教育经费的分配标准也各不相同。从总体上讲，两大类别的教育经费应当保持相应的比例关系，彼此能够相互适应。教育事业费的多少在很大程度上反映了教育规模的大小；教育基本建设经费的多少基本上反映了学校办学条件的好坏。只有教育规模与办学条件相互适应，教育事业才能够得到健康发展。

  第三是在经费开支项目上的分配，指将教育经费具体分配到哪一种教育开支项目上。由于教育基本建设经费本身就是按项目核拨经费，因此，这一层次的教育经费再分配主要是教育事业费的再分配。教育事业费的支出项目主要是两类：一类是人员经费，另一类是公用经费。人员经费主要包括：教职员工资、补助工资、福利费、离退休人员经费、学生助学金等。人员经费是教育经费分配中必须重点考虑并首先予以保证的。公用经费是人员经费以外的教育事业费支出，主要包括：公务费，即办公、水电、通信、取暖、差旅等方面的开支；设备购置费，即不够教育基本建设投资额度的交通设备、教学仪器设备、体育器材、图书资料等方面的开支；房屋修缮费，即学校公用房屋、建筑物及附属设备的修缮费、公房租金以及不够基本投资额度的零星土建工程费用等；业务费，即学校开支的实验实习费、教学水电费、教学差旅费、资料讲义费、教材编审费、体育维持费、高校招生和毕业生派遣等方面的费用；等等。公用经费是维持学校各方面工作正常运转的重要条件。公用经费的多少将直接影响到学校工作的效率。在我国教育事业费的分配中，人员经费所占的比重较大，公用经费所占的比重较小。造成这种状况的主要原因是，我国教育事业费在政府财政总支出中所占的比例较小，教育事业费严重不足。尽管近年来教育事业费增长较快，但各类人员经费的增加，使得公用经费的增长缓慢，各类学校办公条件、仪器设备等长期得不到改善，学校工作效率低下。因此，扭转这种状况的根本途径在于提高教育事业费在国家财政支出中的比例，在确保人员经费的前提下增加公用经费的支出。

三、教育经费的使用

  教育经费的使用是指按照经费分配计划，根据经费用途要求，在教育活动中落实经费支出，并努力实现经费支出目的的过程。从严格意义上讲，教育经费的使用主要是各级各类学校或教育机构的财务管理职能，并非政府有关部门的行政职能，超出了本章所讨论的教育财政的范畴。但是，二者之间也不是完全没有联系的，不仅教育经费的使用情况是教育审计的重要内容，而且教育经费的使用与教育经费的筹措和分配都有密切的关系。正因为如此，本节对教育经费使用的原则、存在问题及改进措施等做一简略的探讨。

教育经费的使用有三条原则：一是计划使用原则。教育经费不是无目的地拨付的，在教育经费的筹措和分配中，教育经费的用途是必不可少的考虑因素。因此，教育经费的分配都是严格按用途即教育活动的目的确定的，换句话说，就是教育经费的拨付都是有计划的。严格按分配计划使用教育经费是一条重要原则，也是一条重要的财务纪律。任何挪用、克扣或截留有明确用途的教育经费都是违纪行为。二是节约使用原则。节约教育经费，降低教育成本，不但是教育经费使用的重要原则，而且也是整个教育财政工作的基本要求。节约教育支出，减少教育浪费，对于教育经费严重短缺的我国而言，具有更为重大的意义。三是有效使用原则。提高教育经费使用的有效性，实现教育活动的目的，是学校教育财务工作和政府教育财政工作的根本目标。如果不能有效使用教育经费，开展教育活动的目的就无从实现。教育经费使用的有效性主要体现在两个方面：首先是教育活动过程的有效性。它与教育经费的足额、及时、到位有着密切的关系。其次是教育活动结果的有效性。它与教育经费是否实现其预期的使用目的直接相关。

穷国办大教育是我国的基本教育国情。与欧美发达国家和其他教育经费充裕的国家相比，我国教育经费的使用效益是比较高的，甚至可以说，我们用了最少的教育经费举办了世界上最庞大的教育事业。但是，我国教育经费在使用中的问题也是不容回避的。概括起来，主要表现在：

第一，教育经费预算的法律效力缺乏保障，挪用、截留、挤占教育经费的现象屡禁不止。

第二，教育经费使用尚未建立成本核算制度，加之教育经费属于无偿使用资本，办学过程中浪费教育经费的行为缺少制约机制，因此浪费现象严重。

第三，学校教职员工队伍庞大，尤其是非教学人员所占比例过大，导致教育事业费中人员经费挤占公用经费，不仅造成教职员工待遇难以真正得到改善，而且导致公用经费缺乏，办学效率难以提高。

这些问题的存在严重影响了教育经费使用的有效性。尽管其表现在教育经费的使用上，但问题的解决不能单单限于教育经费的使用过程，必须从教育体制改革、教育法规建设、健全财务审计与监督机制、提高教职员工队伍素质、减少学校冗员、加强教育成本核算、提高教育经费使用效益等诸多方面努力，才能保证教育经费的使用有法可依，杜绝浪费，实现预期的教育目的。

本章小结

教育财政是近现代国家管理教育事业的重要职能，它对教育事业的发展具有特别重要的意义。预算制度、决算制度、审计制度和税收制度等是规范教育财政的基本制度。教育经费是教育财政的核心，我国教育经费的来源越来越多样化，其中主要渠道有政府教育财政拨款、学生缴纳的学费、教育费附加、企业和个人投资等。教育经费的分配有多种方式，不同的分配方式所针对的教育支出项目是不同的。教育经费的使用是一项严肃的、政策性很强的工作，解决教育经费使用中存在的问题必须从多方面入手，综合治理，方能收到财尽其用之功效。教育财政既是国家财政的一个重要领域，又是教育行政的一项主要职能。它对于举办各级各类教育事业，保障各级各类教育机构的办学条件，维持教育机构的正常运行，都具有十分重要的意义。

学习活动建议

1. 了解你所在单位的教育财政（务）制度及其执行情况。
2. 了解你所在单位的教育经费来源渠道及教育经费分配与使用的情况。
3. 在可能的情况下，调查近五年来学费在一所学校教育经费中所占比例的变化情况。
4. 为一所学校或一个地方教育行政部门提一个增收节支的建议。

第八章

教育设施

> 学习目标

了解校舍的三种主要类型；
了解校舍建设的基本程序；
明确校舍在使用与维修中应该注意的问题；
了解学校设备的五种主要类型及装备标准；
明确学校设备在使用与维修中应该注意的问题。

第一节 校舍的建设与管理

校舍是指学校的房子，泛指学校范围内用于教育的建筑物。它是中小学开展正常教学活动的必备条件，也是学校形象的重要组成部分。校舍的建设既要满足建筑学要求，符合国家颁布的标准，又要有个性，避免千校一面。

一、校舍建设的主要规定和标准

校舍按其用途通常可以分为教学用房、行政用房、生活用房三部分。国家对三部分用房及每一部分用房的内容、建设的标准均有一定的定额要求。根据中小学教育的实际情况，我国政府制定了一些用以指导中小学建筑设计的规范和准则。2002年，国家建设部、国家发展计划委员会和教育部联合颁发了《城市普通中小学校校舍建设标准》。2012年《中小学校设计规范》（GB 50099－2011）开始实施。此外，一些地方行政部门和专家根据本地区学校的实际情况制定了不同的中小学建筑设计标准。这些标准有效指导和规范中小学教学建筑的实际建设，对保证校舍的质量与安全可靠性发挥了积极作用。根据国家制定的有关标准及现有的一些资料，从卫生学、心理学、生理学、建筑学、美学等多种角度出发，下面对校舍建设的标准和规定做一简述。

（一）中小学校的建筑标准

必须贯穿安全、适用、经济、美观的原则，根据各地经济条件、学校使用功能和城市建设规划要求确定建筑标准，因地制宜，充分利用当地建筑材料。校舍建设应把握以下标准：

（1）建筑层数。中小学校的教学、办公用房宜为多层建筑。小学的普通教室不宜超过四层；中学的普通教室不宜超过五层。其他教学和办公用房可根据使用要求设计。

（2）层高。层高指上下两层楼面之间的距离。普通教室的层高，小学不宜低于3 600毫米；中学不宜低于3 800毫米。专用教室和公共教学用房，进深若大于7 200毫米，则层高不宜低于3 900毫米。行政办公用房的层高不宜低于3 000毫米。多功能教室、合班教室、体育活动室等公共教学用房的层高，可根据使用要求确定。阶梯教室，最后一排的地面到棚顶的净高不应低于2 200毫米。

（3）耐火等级。楼房不低于二级，平房不低于三级。

（4）建筑结构。建筑结构应采用混合结构或钢筋混凝土承重结构。其中，教学用房宜采用钢筋混凝土框架结构。校舍不得采用空斗砖墙、空心砖墙和生土墙体作为承重结构。易发生地震、台风等自然灾害的地区，应按当地的地震烈度、抗风或抗洪要求进行设防。建筑材料和建筑构件的品种、规格、型号、标号、质量等必须符合设计要求。

（5）屋面。应根据各地雨雪量等气象条件和建材供应情况，采用钢筋混凝土平屋面或坡屋面。上述屋面均应有可靠的防水、隔热、保温措施。上人屋面，应设置安全防护栏，其净高不应低于1 100毫米。

（6）楼地面。普通教室和各种专用教室、门厅、走道、楼梯，均宜采用防尘易清洁、耐磨的楼地面。化学实验室宜采用耐酸碱腐蚀的楼地面。音乐教室、多功能教室、体育活动室等宜采用软性（如木地板等）楼地面。计算机教室等需要埋设管线的部位，楼地面的做法要有利于管线维修。计算机教室地面还宜采用能导出静电的材料。厕所等用房宜做防滑易清洁的楼地面，应有可靠的防水和排水设施。

（7）门厅和走廊的楼地面不宜设台阶。走廊楼地面、走廊与房间楼地面略有高差时，应采用防滑坡道，高差较大必须设置台阶时，踏步不得小于三级。

（8）外廊和楼梯。外廊栏杆净高度不应低于1 100毫米。楼梯的踏步高度不应高于150毫米。室内楼梯栏板或栏杆的净高度不应低于900毫米；室外楼梯栏板或栏杆的净高度不应低于1 100毫米。

（9）门窗。门窗应便于开启、清洁、耐用。门窗开启后不得影响室内空间的使用和走廊通行的便利与安全。教学用房的门窗要有利于采光通风。普通教室、各种专用教室和部分公共教学用房应根据人流安全疏散的要求设置前后门。教室安全出入口门洞宽度不应小于1 000毫米。多功能教室、合班教室的门洞宽度不应小于1 500毫米。门扇上宜设观察窗。教学用房及教学辅助用房均不宜设置门槛。门框上部设采光通风窗。位于楼梯平台外的采光窗，窗下墙高度低于1 100毫米的应设安全护栏。

（10）建筑内装修。墙面、顶棚一般宜做普通装修，门厅可做中级装修。音乐、语言、计算机、视听等专用教室可根据需要及经济条件做普通或中级装修。所有内墙的阳角和方柱均宜做成圆角。走廊、门厅、楼梯间均宜做高度不低于1 200毫米，易清洗、不易污损的墙裙；饮水间、浴室、厕所宜做高度不低于 1 500 毫米，便于冲洗的墙裙。

（11）建筑外装修。应根据城市建设规划和校园景观的整体要求，因地制宜地进行装修。装修材料应能防止雨水渗透，其色彩应与周围建筑环境协调。

（二）教学用房

教学用房是校舍的主体部分。各学校应根据学校的类型、规模、教学活动要求、办学条件等具体情况，分别设置下列一部分或全部的教学用房及教学辅助用房。

1. 普通教室

普通教室是学生学习的主要场地，也是教学用房的主要组成部分。普通教室设计是否科学、合理，各种设施能否得到保证，都将会影响教学活动的正常进行与学生身心健康发展。

（1）教室的大小、数量。普通教室的大小，应根据容纳的学生人数决定。目前国家、省（自治区、直辖市）制定的建筑设计规范中规定，小学每班按 45 人，中学每班按 50 人设计教室。小学普通教室的使用面积不小于 61 平方米；中学普通教室的面积不小于 67 平方米。教室的长度与宽度的比例一般为 3∶2 或 4∶3，教室的高度一般为 3 100～3 400 毫米。

教室的大小还应考虑学生视觉、听觉的要求，根据容纳的课桌椅及一定的活动面积进行安排。为了保证学生的视力、听力符合卫生要求，教室不宜过长。教室第一排课桌前沿与黑板的水平距离不宜小于 2 000 毫米。教室最后一排课桌后沿与黑板的水平距离：小学不宜大于 8 000 毫米，中学不宜大于 8 500 毫米。为了使前排两侧的同学能看清楚黑板上的字，前排两侧学生的视线与黑板远端形成的水平视角不应小于 30°，前排学生到黑板顶部的视线与黑板的夹角应大于 45°。为了能使学生出入方便和就座不拥挤，前后排应保持适当的距离，小学不宜小于 850 毫米，中学不宜小于 900 毫米；纵向走道宽度即行间距，应不小于 550 毫米；课桌端部与侧墙面净距离应不小于 120 毫米；教室后部应设置不小于 600 毫米的横向走道。

一般来说，普通教室每班一个。某些地区推行小班化教育时，可以一个班配备两个普通教室或两个班配备三个普通教室。随着教育条件的不断改善，教育改革的不断深入，我们国家将会借鉴英、美等国的开放式教学经验，实行走班教学，这将会打破传统的教室空间。开放式教室的面积将会超过现在传统教室的面积，有的相当于两个传统教室的总面积。在居住点比较分散的山区、农村，如果每班学生人数较少，教室也可以相应小些，但是必须保证教学工作的正常进行和学生的身心健康。

（2）教室噪声控制。随着工业化进程的不断推进和都市范围的不断扩大，当今的中小学正面临着严重的噪声危害。噪声不仅可能引起学生心脏功能紊乱、恶心、疲劳、烦躁、失眠以及触觉功能的减弱，还可能造成学生暂时性或永久性耳聋。所以在教室的建设中，应注意噪声控制。教室内噪声应一般控制在40分贝以下，环境噪声对教学用房的干扰应控制在50分贝以下。以日本为例，日本学校环境卫生标准规定，日本中小学教室关闭窗户时的噪声标准为50分贝以下，开窗时为55分贝以下，最高不能超过65分贝。

为了有效地控制噪声，中小学教室的建筑设计应注意以下几点：中小学在选择校址时一定要远离闹市、机场、车站、码头、厂矿和交通干线等噪声源，尽量减少外部噪声的干扰；在设计建造中小学建筑时，应在四壁及屋顶加填一些隔音材料，也可以在室内安装一定的吸音材料，防止声音传递造成的噪声污染；应将教学楼与运动场地、音乐教室、餐厅、体育馆、实习车间、锅炉房等容易发出噪声的设施分离开来，也可以在两者间设置绿化带，以减少噪声对教学区的干扰。

（3）教室的自然采光与人工照明。自然采光是指以太阳为光源进行采光，其一般设计要求是能使各课桌面和黑板面上得到足够的照度，光线分布均匀，避免直射光和强烈的阳光照射。教室自然采光状况与室内的墙壁、顶棚、地面和室内设备的色调等有密切关系。为了改善教室的采光，应避免用过于光亮的漆涂刷教室内设施，房间内各表面应采用浅色，室内各种设施表面的反射系数值应符合下列规定：顶棚为70%~80%，前墙为50%~60%，地面为20%~30%，侧墙、后墙为70%~80%，课桌面为35%~50%，黑板为15%~20%。

决定教室自然采光的因素是多方面的。采光窗是影响采光的重要因素，采光窗的面积是决定采光是否充分的主要因素。普通教室规定采光系数的平面为课桌面（实验室为实验桌面），采光系数最低值（%）为1∶5，玻地比（玻璃窗有效透光面积与室内使用面积之比）为1∶6；教室采光窗台高不超过学生就座时的眼水平高度，以0.8~0.9米为宜，标准采光窗，窗宽为1.8米，窗高为1.2米，窗间距为1米；窗口附近不应设有阻挡物，一般教学建筑之间的距离不应小于25米，占地面积小的学校，建筑物间距不应小于建筑物高度的1.3倍。

人工照明是指用人工光源获得照明的方法。人工照明是在晚上或阴雨、多雾天，自然采光不足时学生在教室内学习的必要条件。国家、省（自治区、直辖市）相应的建筑设计规范规定凡学校建筑均应装设人工照明。城市学校和部分有条件的农村学校应使教室照度达到150勒克斯，大部分农村地区学校应达到100勒克斯，教室照度最低不应低于40勒克斯，教室人工照明均匀系数不应小于0.5，即1∶2（人工照明均匀系数等于最低照度与最高照度之比）。

为了达到上述要求，一般在教室内安装白炽灯或荧光灯进行人工照明。在50平方米的教室中至少应安装6个100瓦的灯泡，并配有白色灯罩。按直角配置法将灯分为2行，每行3盏，灯间距约为3米，灯距墙面约为1.5米，灯距桌面为1.7~2米，灯距地面为2.4~2.8米。荧光灯的配置方法与白炽灯大约相同。一般每间教室安装荧光灯8支，每支40瓦。荧光灯的安排最好与黑板垂直连接，以减少眩光。

(4) 教室的通风换气。教室的空气状况直接影响着学生的学习与健康。因此通过通风换气，排出教室内的浑浊空气，运送进新鲜空气，为学生创设一个空气清新的学习环境，这是在学校建筑修建过程中必须考虑的一个问题。

教室的通风有两种，即自然通风与人工通风。自然通风是我国目前大多数学校采用的通风换气方式。它主要通过建筑物外壁的气孔、门窗和特设的通气孔及通风管道进行。一般来说教室应对侧设窗（如外墙窗、门上窗、走廊窗及内墙高窗）。平房教室可以在屋顶加设遮蔽式小气窗，楼房建筑物可在外墙中设自然抽出式通风管道，或在天花板或地板下设通气孔，以加速室内换气。建筑上采取的技术措施是教室通风换气的必要但非充分条件。要实现教室内的气体交换还应建立合理的通风换气制度：通风小窗在学习日应全部开启，以保持教室内空气新鲜；下课时间应组织学生到室外活动，并打开教室大窗通风换气；在温暖季节，上课时应尽量打开所有窗户；教学楼内走廊的窗户应长期打开。总之，为了使教室内的二氧化碳的浓度不超过学校卫生学的标准，科学研究表明教室在1小时内应换气3次左右。

人工换气主要是指在教室内安装通风换气的装置来帮助通风换气。人工换气比较简单的方式是在每间教室中安装排气扇，复杂的方式是在密闭式的整座建筑中安装中央通风设施，它所需要的费用比较昂贵，在我国目前的教育投资水平下，绝大部分学校是难以负担的。各校应根据自己的办学条件量力而行。

(5) 教室温度控制。教室内温度、湿度是构成学生学习环境的一个较为重要的因素。温度过高或过低，都会影响学生体内温度的平衡，进而影响学生的学习活动。一般认为，教室的适宜温度为 16~18℃，相对湿度为 40%~60%，最好为 50%。

要使教室温度达到一定的适宜标准，就必须对温度进行一定的控制。一般来说，控制室内温度的方法有自然控制与人工控制两种。

实际生活中人们常用的教室自然控制温度法有以下三种：①利用自然通风，经常打开门窗通风，不仅可以改善室内空气状况也可以驱散室内因人多而积聚的热量。②减少热传递，在设计教学建筑时，应在四壁及屋顶填充一定的隔热材料，并将楼顶涂成白色，以此来减少热传递对教室温度的影响。③利用遮蔽物，根据需要在窗户上安装遮阳伞、百叶窗、窗帘等遮蔽物，在教室的南面种植一些落叶树，都可以有效地调节四季的温度。

在寒冷季节，尤其是我国北方地区，气温较低，为了保证教学活动的正常进行，中小学教室应采取人工控制的集中式供暖和局部式供暖两种方式，集中式供暖又可以分为蒸汽式供暖和热水式供暖两种。其中，热水式供暖既可以保证教室内温度的相对稳定又可以避免烫伤，故更适合于中小学。局部式供暖是利用锅炉、火墙、火地以及电加热器等方式供暖。采用局部式供暖时，一定要有排烟除尘设备，并排除烫伤和火灾隐患。

此外，空调是欧美发达国家中小学目前普遍采用的教室温度控制方法。这对中小学建筑设计也有特殊要求，如采用密闭式结构，尽可能缩小窗户面积等。随着我国经济水平提高，空调在中小学教室温度控制方面，将会越来越受欢迎。

2. 实验室

实验用房在学校用房中占有重要地位，被认为是发现和培养人才的基地。当前素质教育提出要以学生创新精神和实践能力培养为重点，而要培养学生具有独立操作和把所学知识应用于实践的能力，必须加强实验教学这一关键环节。实验室的建设，是加强实验教学的必要的硬件条件。

实验用房，一般包括实验室、准备室和实验仪器储藏室。根据课程设置的要求，中学应设物理、生物、化学实验室等；小学应设自然教室。其中物理、化学实验室可以分为边讲边试实验室、分组实验室和演示实验室三种类型。生物实验室可以分为显微镜实验室、生物解剖实验室及演示实验室三种类型。根据学校的不同条件及教学需要，这些类型的实验室可以全设或兼用。有条件的小学，也应设自然教室或科技教室。

实验室或自然教室一般容纳一个班上课，每个实验室配备仪器室和准备室各一间。小学自然教室面积应为 68~85 平方米，准备室 15~35 平方米，仪器室 23~40 平方米。

中学实验室面积应为 90~96 平方米，准备室 36 平方米，仪器室 60 平方米。在实验室的建设中，如果用房紧张，通常把实验室和准备室合并成一个房间，用仪器柜隔出一定面积来做准备室用，这样室内布置可以比较灵活，并且减少一道隔墙可以增加使用面积。仪器室与准备室要紧靠实验室，并有门相通，一般都将其布置在实验室前端，并在靠外墙处开门与实验室相通。

3. 图书阅览室

学校图书阅览室是教学的主要辅助用房，它是供师生学习和备课的场所。图书阅览室应设在环境安静并与教学用房联系方便的地方。规模较大的学校，可以独立建造图书馆；规模较小的学校，可以设置在教学楼安静处。图书阅览室由教师阅览室、学生阅览室、书库及其辅助用房组成。图书馆面积的大小一般应根据学校的规模而定。

图书阅览室的使用面积按座位计算，教师阅览室每座不小于 2.1 平方米，学生阅览室每座不小于 1.5 平方米。教师阅览室座位数宜为全校教师人数的 1/3；学生阅览室座位数，小学宜为全校学生人数的 1/20，中学宜为全校学生人数的 1/12。

图书阅览室设计的一般要求与普通教室大致相同，都要注意阳光充足，通风良好，温度适宜，光照分布均匀等。此外，还有一些特殊的设计要求。书库的设计要有利于书籍保护，如对温度的要求比较高，室内温度不宜过高，温度过高纸张容易老化。另外，还要有良好的通风设施。书库在底层时，地面应进行防潮处理，窗上可安装绿色、橙黄色玻璃或加百叶窗格片、窗帘等减少阳光直射给书籍造成的损害。

4. 专用教室

对于大部分中小学校来说，在设计校舍时，应首先保证设计好普通教室、图书阅览室和实验室，以满足教学的基本要求。在此基础上各校应根据经济实力和具体的教学情况，设置音乐教室、美术教室、语音教室、天文教室、计算机教室、书法教室、舞蹈教室等部分或全部专用教室。各类专用教室的设计比较复杂，不同的学科对专用教室的要求也不同。如：音乐教室设计时要合理布局，尽量避免干扰其他房间，教室内做吸音粉刷，可将墙壁造成波浪形的凹纹，墙壁、楼板、天花板及门用隔音装置或用双重门，等等。天文教室一般要求有较宽敞的空间，房间以圆形为好，屋顶设计成宇宙模型，表明太阳系、银河系等星系和主要星座的位置。

（三）行政用房

行政用房是学校校舍建筑的重要组成部分。它主要包括党政办公室、教学办公室、社团办公室、保健校医室以及传达室、值班室等。

党政办公室包括校长办公室、党支部办公室、教务办公室、总务办公室、档案室、文印室、会议室、广播室和总务仓库等。

教学办公室是数量最多，对教学工作影响最大的行政用房。它是供教师备课、批改作业以及对学生进行个别教育的专门场所。教学办公室又可以分为教师办公室、体育办公室和职业技术教育办公室等。教学办公室可以以年级组为单位，或以学科组为单位组合。办公室的大小和个数应由学校的规模和教师人数决定。一般教师人均占有面积应不小于4平方米。教师人数较多的大学科组如语文、数学教研组都应该有较大面积的独立办公室，人数较少的学科组可与相近的学科组合并到一个办公室。当然，条件许可，学校除设计可供教研组集体活动的大办公室外，还可以每两三名教师设计配备一间办公室。

教学办公室一般应与教室保持一定的距离，不宜与教室连在一起，以免学生的课后活动干扰教师的备课，同时还可以使学生在心理上与教师保持适当距离。因此，一般教学办公室独立设置为好，如果与教室在同一幢建筑中，可以划分为办公区与教学区。此外，教学办公室应有较好的自然采光、人工照明、通风和保温条件，有较宽敞的使用空间。

社团办公室包括工会、团委和学生会办公室。

（四）生活用房

生活用房是学校的辅助性用房。尽管它不直接用于教学，但对教学的重要性是不可忽视的。因此在建设校舍时，应重视对生活用房的设计。生活用房一般包括厕所、宿舍、食堂、仓库、浴室、饮水处等。

1. 厕所

学校的青少年、儿童处于生长发育的关键期，新陈代谢比较旺盛，每日排出的代谢废物很多。因此，学校建造厕所，是保证学生正常生长发育及生活的必要条件之一。《学校卫生工作条例》和国家、省（自治区、直辖市）制定的相关建筑设计规范规定，学校应为学生设置厕所和安装相关卫生设施,教学楼应每层设厕所,教职工厕所与学生厕所原则上分开。厕所的建筑面积和卫生洁具要根据学生人数而定,应满足学生的需要。一般中学男厕每40~50人使用一个大便池,两个小便池(或1米长小便池);女厕每20~25人使用一个大便池;小学男厕每40人使用一个大便池,两个小便池(或0.9米长小便池);女厕每20人使用一个大便池。

厕所的设计应符合便利、卫生的原则。每层教学楼原则上都有男女厕所。当学校运动场中心距教学楼内最近厕所超过90米时,可以设室外厕所,其面积应按学生总人数的15%计算。农村学校校舍大多是平房,厕所不能建在离教室过远的地方;厕所应建在教室、宿舍的下风向,教学楼内的厕所设在走廊的两端,入口处有前厅,前厅内可设水龙头及水池供洗手及清洁卫生用。

2. 宿舍

学校应设计建造一些宿舍解决单身教职工的住宿问题。如果学校规模较大,则可以单独设计住宅。学校单身教职工按职工人数的30%安排,教师每人居住面积为6平方米。

有住读生的学校,应建造学生宿舍。学生宿舍宜由居室、盥洗室、厕所、储藏室及清洁用具室等组成。学生宿舍设计的要求一般是:宿舍尽可能与教学楼保持一定的距离,最好建在校园的后部或两侧;男女宿舍应分区或分单元布置,并不得分层设置,其出入口应分开设置;室内应有良好的采光、照明和通风条件,北方寒冷地区还应有保暖取暖设施;室内空间不能过于狭窄,每间宿舍居住人数不得多于7~8人,每人占地面积不小于2.5平方米。

校舍建设有统一的标准和要求,但又不能强求一致。各个学校应结合国家制定的关于中小学校舍方面的规范并根据自己的实际情况和经济实力,灵活运用这些建设要求与标准。近年来,随着社会经济发展水平的提高,一些省市提高了校舍建设的标准。上海市在建设高级寄宿制高中时,加大了教室的使用面积,提高了学生宿舍的规格,增加了辅助用房的类型。还有一些地区增加了教室的面积,使之成为多功能教室。

二、校舍建设的基本程序

校舍是进行教学活动的场所。校舍的质量关系到能否提供良好的学习环境,关系到师生的身体健康、教学效果,甚至直接关系到师生的生命安全。以前各地中小学,尤其是农村中小学发生学生伤亡重大事故,许多是由于校舍倒塌引起的。因此有关校舍的建设与管理,中小学尤其是县以下教育行政领导必须予以足够的重视。

(一) 校舍建设应按基本建设程序进行

基本建设程序是从基建工程的决策、设计,直至施工、竣工、验收整个过程中的各个阶段及其先后的次序。县以下村镇中小学校舍建设应遵循基本的建设程序,并建立严格的设计、施工、验收等管理程序。校舍新建、扩建、改建要坚持质量第一、坚固和节约的原则,不仅有数量的要求,而且更要有质量的要求。在校舍的建设中应主要注意以下八个方面:

(1) 中小学新建、扩建、改建校舍应由学校向上级教育主管部门报送基建计划,经批准后列入年度基建计划并下达下级相关单位。村镇自筹资金新建中小学校舍,要向县建设主管部门申报。经审查批准后,才能兴建。

(2) 设计质量是校舍质量的关键。设计过程决定了结构形式和施工方案,设计阶段是建筑工程质量的关键环节。甄选优质可靠的设计单位是首要的。在招标设计单位的过程中,应遵循公开、公平、公正的原则。经批准的工程必须委托持有设计资格证书的设计单位进行设计,或采用县以上建设主管部门批准的定型设计。

(3) 工程的施工必须委托县以上建设主管部门批准发给营业执照的单位承包。施工单位与承包单位签订施工承包合同,明确质量责任,严格按照国家、省(自治区、直辖市)的规范和设计图纸施工。筹建单位不得私招乱雇无营业执照的单位或个人进行施工。

(4) 新建、扩建校舍必须委托当地工程质量监督站进行质量监督。没有设立质量监督机构的可委托设计单位或由当地建设主管部门指定单位监理。不经监督站或监理单位验收的工程不能交付使用。

(5) 建筑材料的质量密切关系到校舍建筑的质量。在兴建校舍时,要监督选购合格材料,材料到货时,必须对质量进行检验。选购的材料应附有厂家的材料证明书,没有证明书的材料,不能任意使用。

(6) 对采用传统结构的简易校舍,必须请有经验的工匠进行筹划并绘制电工草图,注明开间、进深、木柱,以及大梁的横断尺面、选材要求等。竣工后要由乡、镇政府负责对其结构安全进行检查。乡、镇政府无力检查时,报县建设主管部门进行检查。

确认结构安全、符合要求后方可交付使用。

（7）新建校舍，其选址、设计应当符合国家的卫生标准，并取得当地卫生行政部门的许可。竣工验收应当有当地卫生行政部门参加。要接受县以上卫生行政部门的卫生监督。对违反《学校卫生工作条例》有关兴建校舍等规定的，卫生行政部门有权对直接责任单位或者个人行使相应的处罚。情节严重的，可以建议教育行政部门给予行政处罚。

（8）兴建校舍，其建筑设计除应遵循一般建筑设计的要求外，还应该遵循《中小学校设计规范》（GB 50099－2011），或者本省、市制定的中小学建筑设计规范、标准。

（二）科学地选择校址

为了保证学生身心健康发展和人身安全，提高学校的教学效率，中小学校址的选择应注意以下六个方面的要求：

（1）校址应选择在阳光充足、空气流通、场地干燥、排水畅通、地势较高的地段。要便于取水排水，农村学校要优先选择地质良好而且有充足饮用水源的地点。

（2）学校应远离繁华喧闹的街道闹市，特别要避开车辆来往频繁的交通干线。学校与火车站、码头、市内交通干线、铁路线、菜市场、闹市区至少应保持300米以上的距离，与机动车流量超过平均每小时270辆的道路两侧边的距离不应小于80米，当小于80米时，必须采取有效的隔音措施。

（3）学校应选择在无污染的清洁地段，应远离殡仪馆、墓地、屠宰场和传染病医院等，以避免不良刺激、环境污染和疾病传染影响学生的身心健康。

（4）学校不能设在架空高压线的影响范围内，校内更不能有架空高压线穿过，以保证学生安全。

（5）学校应远离山口、河道及沼泽地带，以免山洪和暴风雨的袭击及蚊虫的叮咬。

（6）学校的服务半径要适中，交通条件便利，争取使学校服务范围内的学生20分钟（小学生）至30分钟（中学生）内能顺利到达学校。有学生宿舍的学校，不受此限制。

（三）合理地规划校园

校园规划应因地制宜，合理利用地形、地貌，建造一个完整的室内外活动空间。校园用地可分为建筑用地、运动场地、绿化用地。校园总平面设计宜按教学、体育运动、生活等不同功能进行分区，合理布局。各区之间要联系方便、互不干扰。教学楼应布置在校园的静区，并保证良好的建筑朝向。校园内各建筑之间、校内建筑与校外相临建筑之间的间距应符合城市规划、卫生防护、日照、防火等有关规定。教职工住宅应纳入城市建设规划统筹安排，不应建在校园内。

建筑形式和建筑风格要力求体现教育建筑的文化内涵和时代特色。具有优秀历史文化重大价值的校园及校舍应依法保护，并合理保持其特色。校园绿化、美化应结合建筑景观统一规划设计和建设，以形成优美的校园环境和人文景观。体育活动场地与教学楼应有合理的间隔，并应联系便利。设有环形跑道的田径场地、球类场地，其长轴宜为南北方向。

校园内的主要交通道路应根据学校人流、车流、消防要求布置。路线要通畅便捷，道路的高差处宜设坡道。路上的地下管线井盖，应与路面标高一致。室外上下水、煤气、热力、电力、通信等地下管线，应根据校园总体规划的要求合理布置，并按防火规范要求在适当位置设置室外消防栓供水接口。变配电系统应独立设置，规划设计用电负荷应当留有余量。室外多种管线的敷设应用地下管沟暗设。学校主要出入口的位置，应便于学生就学，有利于人流迅速疏散，不宜紧靠城市主干道。校门外侧应留有缓冲地带和设置警示标志。旗杆、旗台应设置在校园中心广场或主要运动场区等显要位置。校园应有围墙，沿主要街道的围墙宜有良好通透性。

三、校舍的使用及维修管理

校舍是办好学校的基本条件，一方面要按规定标准建设合格的校舍，另一方面要加强对校舍的使用及维修管理。俗话说"三分路七分管"，新建校舍竣工验收交付使用后，管理工作应及时跟上，加强管理，及时维修，以延长校舍的使用寿命，这是教育行政部门和学校的一项重要任务。

（一）建立校舍档案，实行分级管理

基础教育实行分级办学，校舍也应实行分级管理。乡、村集资兴建的校舍产权归乡、村所有。国家投资兴建的校舍，产权归国家，使用权归地方。校舍按隶属关系由各级教育行政部门管理。要搞好校舍的分级管理，各市、县、区必须建立好中小学校舍档案。校舍档案应主要包括下列内容：学校简史和校舍基本情况，校区总平面图及

附图，以及校舍房屋登记表。校舍档案是永久性资料，应妥善保管。乡小学和乡初中的校舍档案要一式三份，县、乡、校各一份，县管的学校校舍档案要一式二份，县、校各一份。

（二）建立和健全各种管理和维修制度

首先，中小学要指定专门人员负责校舍的管理和维修工作。为了提高校舍管理和维修人员的素质，建议以县为单位开设短期培训班，讲授管理和维修的基本知识，并使他们在实际工作中得到锻炼。其次，各级教育行政部门和各校应制定大量规章制度，如校舍管理责任制度，值班护校制度，环境卫生、安全防火及失盗赔偿制度等。还应强调，校长必须对学校的校舍安全负完全责任，责成其经常做好校舍的维修养护工作，以确保师生的安全。最后，要定期检查和维修。根据房屋大修、中修、小修的分类和周期要求，有计划地定期检查和维修，特别是开学前要把检查维修校舍作为一项重要工作来抓。要检查有无危房，电线是否老化、裸露，牵挂是否牢固、负载情况如何；检查校舍周围、校园内排水是否通畅；检查是否存在火灾隐患，6米宽的消防通道是否通畅。检查出来影响承重结构的安全隐患要及时排除；一时不能排除的要停止使用。在台风、洪水经常出现的地区，更要随时注意对校舍进行检查和维修。

（三）消灭危房

什么是危房呢？危房主要是指那些房屋承重结构已受损严重或处于严重不稳定状态，有可能导致校舍建筑物的全部或部分倒塌或倾覆的房屋。学校一旦发现有潜在危房，应及时向上级主管单位申报，经过技术鉴定认定确有属于倒塌危险的房屋，应坚决进行封闭停用；有严重隐患的，要先加固后再使用。尽早实现国务院提出的"校校无危房，班班有教室，学生人人有课桌椅"的要求，以保证教学工作的正常进行。

（四）合理使用校舍

一些条件较差的学校，会给校舍使用带来很大的困难。如果条件好而使用不当，也不能发挥校舍的最大效用。不论现有条件好坏，都应合理地使用校舍。所谓合理，主要是优先保证教学用房，保证教师办公用房。在校舍、场地不宽裕的情况下，紧缩教学用房或将校舍移作他用或无原则地划归其他单位，都是不适宜的。尤其需要指出的是，有些学校出租校舍，搞生财门路。这种做法妨碍了学校的正常教学秩序，影响专用教室的开辟，影响学生德、智、体全面发展。因此各级教育行政部门应制定校舍管理办法，实行积极管理，防止任何单位或个人强占和破坏校舍、校产，防止出现任意将校舍移作他用，影响教学活动的情况，要指导和监督学校用好、管好校舍、校产。

第二节　学校设备的配置与管理

学校设备是学校进行教育教学和师生生活所需要的各种设施和装备，也是教育的基本条件之一。配置与管理学校设备，是教育行政部门的另一项重要工作。

一、学校设备的分类与配置要求

一般认为，学校设备分为两大类，即直接用于课程实施与教学的教学设备和用于行政管理、学校生活所需用的总务设备。前者包括教室设备、实验室设备、图书阅览设备、体育运动设备、现代化教育技术设备等；后者包括办公室设备、卫生保健设备、食堂厨房设备、宿舍设备等。其中，学校主要和优先予以配置的是教学设备。

近年来，国家或一些省、市教育行政部门在一些文件、规范中对教学设备的配置做了某些规定，供学校在配置设备时参考。由于教学设备项目众多，以下主要结合一些文件与规范及现有的资料择要做一介绍。

（一）普通教室设备

普通教室设备主要包括课桌椅、黑板与白板、讲台、清洁柜、窗帘杆、银幕挂钩、广播喇叭箱、照明灯、电源插座等。有条件的学校宜设存物柜、挂衣钩、雨具存放处，也有少数学校在教室内设有投影仪、录音机、大屏幕电视、闭路电视摄像头及多媒体设备。

1. 课桌椅

课桌椅是学生学习最基本的学具之一，学生在校大部分时间要使用课桌椅。其优劣直接影响学生的身体机能状况和学习状态。对课桌椅的设计规格要服从教学和卫生的需要。一般来说，对课桌椅设计的基本要求是：第一，课桌椅要充分满足学生的学习需要，如课桌椅应有足够大的面积，使邻座学生学习时不相互妨碍。第二，课桌椅应坚固、安全、美观、实用，可以任意搬动，不妨碍教室的彻底清扫。第三，课桌椅要适合就座学生的身材，为他们提供良好坐姿的外部条件，减少疲劳，保护视力。

在为学生配置课桌椅时，其型号应按学生身高的情况决定，要考虑到学生正处于生长发育阶段，一年内可以长高 5~10 厘米。同一教室内，应安排不同型号的成套课桌椅 2~3 种，以保证至少 70%~80% 的学生能使用适合身材的课桌椅。如果相邻年级的学生在同一教室内上课，课桌椅的高度应以较高年级学生的身材为准。为了规范我国中小学课桌椅标准，保证青少年身体健康，也便于管理，国家卫生健康委员会发布了《学校课桌椅功能尺寸及技术要求》（GB/T 3976-2014）的国家统一标准。该标准对中小学课桌椅的型号、桌面及座面高度、标准身高、学生身高范围及颜色标志等各个方面做了详细规定（如表 8-1 所示），供学校在配置课桌椅时参考。

表 8-1 中小学生课桌椅各型号的标准身高、身高范围及颜色标志

课桌椅型号	桌面高 mm	座面高 mm	标准身高 cm	学生身高范围 cm	颜色标志
0 号	790	460	187.5	≥180	浅蓝
1 号	760	440	180.0	173~187	蓝
2 号	730	420	172.5	165~179	浅绿
3 号	700	400	165.0	158~172	绿
4 号	670	380	157.5	150~164	浅红
5 号	640	360	150.0	143~157	红
6 号	610	340	142.5	185~149	浅黄
7 号	580	320	135.0	128~142	黄
8 号	550	300	127.5	120~134	浅紫
9 号	520	290	120.0	113~127	紫
10 号	490	270	112.5	≤119	浅橙

注 1：标准身高系指各型号课桌椅最具代表性的身高。对正在生长发育的儿童青少年而言，常取各身高段的组中值。

注 2：学生身高范围厘米以下四舍五入。

注 3：颜色标志即标牌的颜色。

2. 黑板与白板

黑板（白板）是日常教学活动中常用的教学用具。黑板（白板）与学生的视觉活动紧密地联系在一起，因此，在黑板（白板）的制作、使用过程中必须考虑学生的视觉要求与教学需要，主要应注意以下三个方面：

（1）黑板（白板）的制作：黑板（白板）的尺寸有一定的要求，高度不应小于1米，宽度小学不宜小于3.6米，中学不宜小于4米；黑板（白板）的材料可以由木板、水泥板、玻璃板、布制板、纸制板、金属板等材料制造；黑板的颜色可以为黑色或墨绿色（白板则为白色）。不管采用何种材料、色彩，黑板（白板）的设计必须符合平坦、不反光这一基本要求。

（2）黑板（白板）的悬挂：为了既便于学生在黑板（白板）上写字，又有利于学生的视觉，黑板（白板）应悬挂在教室的前壁正中，并且安放在使自然光线从学生左侧射入的位置上。黑板（白板）下沿与讲台面的垂直距离，小学宜为0.8~0.9米，中学宜为1~1.1米。

（3）黑板（白板）面的照度：为了使学生能清楚地看到黑板（白板）上的内容，应设黑板（白板）灯，其垂直照度不应低于200勒克斯，黑板（白板）面上的照度均匀度不应低于0.7勒克斯，黑板（白板）灯应带有遮罩。

黑板的好处是使用成本低，因为粉笔的制造成本很低，其缺点是写字时粉笔灰很多。白板则可以解决这一问题，发达国家的学校基本上用其取代了黑板。但白板的使用成本高于黑板。

还有一种是电子白板。随着科学技术的日益进步，教师开展教学活动的主要工具已经发生了转变，先从黑板、粉笔、黑板擦、挂图、教鞭等传统教学工具进课堂，到后来电视机、录音机、录像机、幻灯机、胶片投影机等现代化设备进课堂，再到现在的网络、计算机、多媒体进课堂。教学工具的更新换代在一定程度上推动了教学方式的革新，交互式电子白板的出现首先在技术上整合了传统教学工具和设备，使教师从此不再受现教学工具媒体和设备的制约，使他们不再像以前那么分心去关注教学工具媒体和设备，教师又重新回归到课堂，亲近学生。其缺点是使用成本过高，大多数中西部学校和农村学校的教育经费不足以支持电子白板的大范围、经常性使用。

（二）实验室设备

从总体上看，实验室设备可以分为两大类：一是实验桌、柜及室内的通风排气、防腐、防晒及供水排水装置等；二是仪器设备及实验器材等。

实验桌是实验室的基本设备。实验桌尺寸应符合下列要求：双人单侧化学、物理、生物实验桌，每个学生所占的长度不宜小于0.6米，宽度不宜小于0.6米；四人双侧物理实验桌，每个学生所占的长度不宜小于0.75米，宽度不宜小于0.9米；岛式化学、生物实验桌每个学生所占的长度不宜小于0.6米，宽度不宜小于1.2米；教室演示实验桌长度不宜小于2.4米，宽度不宜小于0.6米。

为了便于学生、教师在教室内的活动及照顾学生视觉的要求，实验桌之间，实验桌与黑板、实验桌与墙之间应保留有一定的空间，具体要求如下：第一排实验桌的前沿与黑板的水平距离不应小于2.5米，边座的学生与黑板远端形成的水平视角不应小于30°；最后一排实验桌的后沿距后墙不应小于1.2米，与黑板的水平距离不应大于1.1米；两实验桌之间的净距离，双人单侧操作时，不应小于0.6米，四人双侧操作时，不应小于0.9米；中间纵向走道的净距离双人单侧操作时，不应小于0.6米，四人双侧操作时，不应小于0.9米，实验桌端部与墙面的净距离均不应小于0.55米。

不同学科的实验室，由于功能和教学要求不同，其设备配置的具体标准也不一样。但是，必须满足两个方面的基本要求：一是要符合教学实验的实际需要，方便教师准备实验、演示实验、指导实验，方便学生独立操作；二是要符合安全标准，设置36伏以上的电器设备必须要有良好的接地装置，并且在实验室讲台或讲台附近有实验室总电源的断电装置，在化学实验室必须要有良好的通风装置，所有实验室必须有充足的灭火装置，危险品必须有安全的放置设备。

各中学可按教育部的相关要求配备中学物理、化学、生物实验室仪器设备与实验器材。各小学可以按教育部颁发的相关要求配备数学与自然教学仪器，同时也可以参照本省、市的具体规定。

（三）电化教育设备

随着社会的不断进步，黑板加粉笔的传统教育手段已不能完全适应现代教育的需要。当代科技迅猛发展，特别是在"互联网+"的大趋势下，为中小学教育手段的不断更新和日益现代化提供了可能。过去很多学校的做法是在校内建立一个电化教学设施比较齐全的电化教室，现在，一个普遍的趋势是在经费有保证的情况下，把每一间教室都配上足够的电教设备，为全面开展素质教育服务。

（四）图书阅览设备

图书阅览设备包括两个部分，一是书架、报架、图书柜、借阅台和阅览桌椅等设备；二是图书杂志。小学藏书量宜按每人20~30册计算，每平方米藏书量宜为500~700册；中学藏书量宜按每人30~40册计算，每平方米藏书量宜为500~600册。各校应结合本校实际和本地具体情况，设计图书阅览室的配置，应当改变无阅览室，无教师参考书，无学生课外读物的"三无"状况，建立和完善学校图书阅览室。

（五）体育运动场地和器材设备

体育是促进人身心健康和增强体质的教育。体育对年轻一代具有重大意义，健康的身体不仅是学习和工作的物质基础，而且是促进其全面发展的物质条件。为了使体育活动正常开展，中小学必须设置运动场并配备相关的体育设施。

按国家有关规定，体育运动场地应能容纳全校学生同时做课间操之用；小学生人均面积不小于2.3平方米，中学生人均面积不小于3.3平方米；中学应设置有250米环形跑道（附100米直跑道）的田径场，规模较大的学校（如学生为1 200~1 500人）可设置300~400米环形跑道，小学应设置有200米环形跑道（附60米直跑道）的田径场，规模较大的学校可设置有200~300米环形跑道的田径场。此外，根据学校的不同规模设置一定数量的篮球场和器械场。位于市中心区的中小学，因用地确有困难，跑道的设置可以适当减少，但小学必须设置不小于一组60米的直跑道；中学必须设置不小于一组100米的直跑道。

运动器材设施的配备标准可按2002年教育部所发布的《中学体育器材设施配备目录》和《小学体育器材设施配备目录》的要求配备。《中学体育器材设施配备目录》和《小学体育器材设施配备目录》共分为两大类，即必配类和选配类。必配类器材设施是根据体育教学和开展课外体育活动的基本要求确定的，各学校必须按照要求配齐。必配类分为一类必配和二类必配。一类必配是指各学校均须配备的最基本的器材设施；二类必配是指原则上学校也应配置齐全，但确因客观条件所限，难以配齐的，学校可有一定的自主性，根据本校的条件因地制宜地选择，其中足球、篮球、排球三项相关器材设施中不得少于两项。选配类是指学校根据实际情况选择配备的器材设施。选配类也分一类选配和二类选配。一类选配是根据学校进行体育教学、课外体育活动和课余体育训练的需要确定的，学校应根据实际情况配置。二类选配则主要根据学校体育改革中不断拓展的教学、课外活动的内容与形式以及各学校的传统、特色确定的，学校应努力创造条件进行配置。各省级教育行政部门根据《中学体育器材设施配备目录》和《小学体育器材设施配备目录》的精神，制定本地区的中小学体育器材设施配备目录。

二、学校设备的使用及维修管理

学校设备有多种类别，管理和维修的具体内容及方式也不一样。各级教育行政部门都有责任管理好学校设备。在学校设备的配备、使用与管理过程中，教育行政部门要担负以下职能：

1. 制定规范

教育行政部门应根据国家下达的各项规范、标准，结合本地方的实际情况，制定本地区各级各类学校设备配备的规格、数量和质量标准，并坚持把标准下达到学校。这样，不仅使各省、市及地方建立的教育技术装备专门机构可以据此行事，而且使学校管理者明确与自己有关的设备标准及细目。

2. 调配协调

教育行政机关对所有公立学校和教育单位的学校设备合理统筹、组织配备有两种形式：一是直接下放教育经费，由学校或教育单位用以进行基本建设和采购必要物资；二是直接调配，协调物资设备，以保证各地教育均衡发展的需要和重点项目的需要。

3. 咨询服务

学校设备的内容繁多，特别是现代化教育设备，从配置、购买到使用，都需要相关人员具备大量的技术知识和专业信息。因此，教育行政部门应提供信息咨询服务和技术服务，并设立学校设备的采购供应机构。

4. 监督检查

教育行政部门应定期监督检查所有学校和教育单位的学校设备是否符合国家、地方的规范要求。

> **本章小结**
>
> 　　本章重点介绍了学校校舍及设备的分类与管理。校舍就是学校内的建筑物，包括教学用房、行政用房和生活用房三种主要类型。教学用房是校舍的主体部分，包括普通教室、实验室、自然教室、美术教室、书法教室、史地教室、语言教室、电子计算机教室、音乐教室、琴房、舞蹈教室、合班教室、体育器材室等。行政用房是校舍的重要组成部分。它主要包括党政办公室、教学办公室、社团办公室、保健校医室以及传达室、值班室等。党政办公室包括校长办公室、党支部办公室、教务办公室、总务办公室、档案室、文印室、会议室、广播室和总务仓库等。教学办公室是数量最多、对教学工作影响最大的行政用房。生活用房一般包括厕所、宿舍、食堂、仓库、浴室、饮水处等。校舍的建设从决策、设计、施工到竣工验收，要遵守基本建设程序，要科学地选择校址，同时要做好校舍的维修和管理。校舍的建设既要考虑建筑标准，又要考虑学校的办学理念和办学特色与风格。学校设备包括直接用于课程实施与教学的教学设备，如教室设备、实验室设备、电化教育设备、图书阅览设备、体育运动场地和器材设备；用于行政管理、学校生活所需用的总务设备，如办公室设备、卫生保健设备、食堂厨房设备、宿舍设备。各级教育行政部门有责任通过制定规范、调配协调、提供咨询服务和监督检查督促各级各类学校管理好学校设备。

学习活动建议

　　1. 查看自己所在校园内的建筑，运用本章所介绍的分类方法对这些建筑进行分类。

　　2. 对照校舍建设的基本标准和学校教学工作的需要，对一所学校的校舍建设和改造提出建议。

　　3. 查看一所学校校园内的教学、行政和生活设施，运用本章所介绍的分类方法对这些设施进行分类。

　　4. 访问两位校长，请他们谈谈在校园建筑和教育设施管理方面的经验与问题。

第九章

教育政策

学习目标

了解教育政策及其相关概念；
理解教育政策的本质和作用；
了解教育政策制定的主体和过程；
理解影响教育政策制定的因素；
了解教育政策执行的含义和意义；
掌握教育政策执行的过程；
掌握教育政策执行的偏差及其原因；
理解我国现阶段教育发展的主要基本政策；
了解我国现阶段有关教育的具体政策。

第一节 教育政策概述

一、教育政策及其相关概念

（一）教育政策的定义

关于教育政策的定义莫衷一是，有代表性的大致有如下几种：①教育政策是针对教育工作的目标、途径和方法的总体规定，是国家或政党为实现教育目标而制定的行政准则。②教育政策是负有教育的法律或行政责任的组织及团体为了实现一定时期的教育目标和任务而规定的行动准则。③国家为完成教育任务、实现教育目标而协调教育的内外关系所做出的一种战略性、准则性的规定。④国家较高决策层为实现教育目标并依据一定程序而制定的教育事务的行动纲领和准则。⑤教育政策就是指由执政党和政府制定与颁布的用以指导、规范教育事业发展的一切价值准则与行为规范的总称。广义的教育政策不仅包括教育行政法规、教育行政规章，而且还包括教育法律。在以上定义中，大都提到的概念包括教育政策的主体、任务、行动准则或行为规范等。归纳以上定义，本书认为，教育政策是执政党和政府为实现教育目标而制定的行为规范的总称。广义的教育政策还包括教育方针、教育行政法规和教育法律。教育政策一般以政策文本的形式呈现。

（二）教育政策与教育方针、教育法规的区别和联系

教育方针是国家根据政治、经济和社会发展要求提出来的一定时期的教育工作的总方向和总目标，是教育工作的根本指导思想。教育政策与教育方针既有联系，又有区别。所谓联系，是指教育方针是教育政策的一种，是一种特殊的教育政策，是最基本教育政策的总概括，教育政策的范围涵盖教育方针。但是教育方针与教育政策又有区别。首先，教育方针从总体上规定教育的性质、目的，以及实现教育目的的基本途径，而教育政策的内容涵盖范围更加广泛，可以是宏观的，也可以是微观的，可以是整体的，也可以是局部的。其次，教育方针在一个时期内只有一个，而且一般可以维

持较长的时间，而教育政策则是多样化的，灵活变通的。最后，教育方针的制定主体是执政党和国家的最高领导机关。而教育政策的制定主体，既可以是执政党和国家的最高领导机关，也可以是地方的党政领导机关。

　　本书对教育法规的定义是：教育法规是有关教育方面的法律、法令、条例、规则、规章等规范性文件的总称，也是对人们的教育行为具有法律约束力的行为准则的总和。教育法规是现代国家管理教育的基本依据和主要手段，对宣传执政党和国家的教育思想、建立和改革教育制度、推动教育发展，以及提高教育质量等都具有重大作用。

　　教育政策与教育法规有共性，有联系，也有区别。从共性的角度看，教育政策与教育法规都是统治阶级意志的体现，二者的目的是一致的。从联系的角度看，教育政策是教育法规制定的依据，教育法规是教育政策的具体化和条文化。教育政策必须有利于教育法规的执行，并不可与教育法规相抵触。教育政策与教育法规的区别主要体现在：首先，制定的主体不同。教育法规是由国家立法机关或行政机关依照一定的法定权限和程序制定的。而教育政策既可以由国家立法机关或国家行政机关制定，也可以由执政党制定。其次，执行方式不同。教育法规的执行以国家强制力为后盾，具有普遍约束力，任何社会组织和个人都必须遵守，否则会受到相应的法律制裁。而教育政策的执行主要依靠党的纪律或行政的力量，通过宣传、号召、说服、教育等方式，讲究因地制宜，灵活变通，创造性地贯彻落实。最后，种类和适用范围不同。教育政策相比教育法规，其形式更加丰富多样，适用范围更加广泛，既可针对解决宏观全局性问题，也可针对解决微观局部性问题。而教育法规只针对教育的根本方面，调节基本的教育法律关系。

二、教育政策的本质

（一）教育政策是执政党和国家意志的体现

　　教育政策是执政党和国家的意志在教育领域的体现。教育政策都是由执政党或执政党通过其领导的国家立法机关和行政机关制定的。无论在联邦制国家，还是在单一制国家，这一点概莫能外。在我国，东西南北中，党是领导一切的。在教育领域，中国共产党代表全体中国人民的根本利益，领导各级各类党政机关和立法机关，负责制定切合我国实际的教育政策，推进我国教育事业的健康发展。

(二) 教育政策是一种价值选择

所谓价值选择是指人的选择性行为中一再显露出来的强烈偏好。在社会科学领域中，所有的认识或观念背后，都直接或间接地存在基本的意识形态准则，也就是价值选择或对利益优先顺序的选择。教育政策的制定者在制定教育政策的过程中，要面对各种教育发展要素之间的关系、各种利益相关者的教育利益诉求，根据自身所秉持的价值观念和价值标准，对各种相关事物做出价值排序，最后做出政策选择。

在教育政策价值选择的过程中，一些比较普遍容易发生冲突的标准包括：质量、公平和效率，自由与安全，公共利益与个人利益等。追求质量和公平，可能会放弃效率；追求自由，可能会牺牲安全；追求公共利益，可能会以损失个人利益为代价。例如，在高考招生政策上，是按各地区人口数量分布来分配招生名额，还是只看学生考试成绩；是全国一个高考分数线，还是各地区设置不同的招生分数线。这里就涉及公平和效率问题。又如，在高等教育质量问题上，是通过降低学习能力要求，尽可能多招生，来鼓励有志青年努力学习，还是严把质量关，控制招生数量。这些问题都需要教育政策制定者依据自身的价值观念，针对各种教育要素关系和各类教育利益诉求，做出价值选择。

(三) 教育政策是有关教育的权利和利益的分配

教育政策最核心的本质是其利益属性。教育政策最根本的目的是在全社会范围内进行教育权利与利益的分配。教育不仅是促进社会发展的重要因素，也是影响人群社会分层，进而影响人群经济收入的重要因素。受教育者需要通过提高自身的受教育程度来提高未来的经济收益，参与社会生活，获得相应的社会地位。由于优质教育资源在全社会中总是稀缺的，所以需要通过教育政策来平衡和协调不同机构和人群之间有关教育权利与教育利益的矛盾和冲突。许多教育不公平的问题，追本溯源都是教育政策问题。

我国是人民民主专政的国家，人民是国家的主人，教育的权利和利益归全体国民所有。但是由于社会历史发展的众多原因，目前我国东部地区和中西部地区，由于经济发展差异较大，不同地区的人所能得到的教育资源和教育机会也有不小的差异。即使在同一地区，教育资源的分布也常常是不均衡的，不同社会群体所能得到的教育机会和教育利益也是不同的。因此，教育政策在制定过程中就要充分考虑到受教育处境不利人群和弱势群体的权利和利益，兼顾效率与公平，办人民满意的教育。

三、教育政策的作用

教育政策的作用，也称为教育政策的功能。教育政策一般具有导向、规范、协调和控制等作用。

（一）导向作用

教育政策的导向作用，是指教育政策对教育教学活动和人们的行为具有引导作用，能够引导人们的行为朝着教育政策所期望的方向发展。教育政策的导向作用是以党的纪律和行政机关的权力介入为基础的。教育政策的导向作用，常常以国家的宏观教育政策中所提出的目标和措施等形式表现出来。例如，中共中央、国务院在2019年印发了《中国教育现代化2035》，并发出通知，要求各地区各部门结合实际认真贯彻落实。该政策文件提出了推进教育现代化的指导思想、推进教育现代化的八大基本理念、推进教育现代化的总体目标，聚焦教育发展的突出问题和薄弱环节，立足当前，着眼长远，重点部署了面向现代化的十大战略任务，并明确了为确保教育现代化目标任务实现的三个方面的保障措施：一是加强党对教育工作的全面领导，二是完善教育现代化投入支撑体制，三是完善落实机制。这些原则性政策意见的提出，为我国教育事业的健康发展指明了方向，具有鲜明的导向作用。

教育政策的导向作用有直接和间接之分。所谓直接作用，是指对直接调节对象的作用。所谓间接作用，是指对非直接调节对象的影响。例如，有关提高教师社会地位和生活待遇的政策，对直接调节对象——教师来说，会进一步调动他们的工作积极性，使其更加爱岗敬业，同时，会吸引优秀高校毕业生或其他行业的工作人员积极争取投身于教师岗位。

（二）规范作用

教育政策的规范作用，是指教育政策对教育教学活动和人们的行为有规范作用，要求教育教学活动在开展过程中必须遵循一定的原则、标准或规定。例如，学校在建设过程中，要遵循政府颁布的相应的硬件建设标准。各级各类学校人才培养必须遵照相应的培养质量标准要求。各类学校课程资源建设，也有相应的规范和程序加以约束。

这些都属于教育政策规范作用的范畴。

（三）协调作用

教育政策的协调作用，是指社会发展过程中，教育政策能起到协调和平衡各种教育内外利益关系的作用。教育系统是庞大的社会系统之一，与其他社会系统有着千丝万缕的联系，在发展过程中，不断与其他社会系统发生矛盾和冲突，需要各类教育政策加以协调。同时，教育系统内部关系也纷繁复杂，存在各种利益冲突和困难挑战，需要各类教育政策来化解矛盾，以促进各级各类教育的健康发展。教育政策作为调节各类教育权利和利益的工具，同时起到各类教育权利和利益关系的"显示器"和"调节器"作用。教育政策在教育发展过程中，发挥着不断协调多方利益关系的作用，将不同社会发展时期，教育领域不断出现的教育权利和利益的不平衡状态，调节到适应当时社会经济发展水平的适度平衡状态。

（四）控制作用

教育政策的控制作用，是指教育政策一般是以解决或预防一定的教育问题而制定的，具有鼓励或约束人们行为的控制功能。教育政策的控制作用，体现在其一般具有强制性、激励性和惩罚性三种特征上。教育政策制定并颁布后，执行情况要受到强制性的督促和检查，对认真执行者进行鼓励、激励，对违反者进行批评教育或实施行政、经济及法律方面的惩罚。要有效发挥教育政策的控制作用，必须责成或建立有关机构，完善相关的控制制度和措施，制订并实施有效的控制计划。

四、教育政策的表现形式和类别

教育政策的表现形式主要体现为：党和国家领导人的讲话、谈话、报告，党中央发布的有关教育的政策性文件，全国人民代表大会制定和批准的教育政策性文件，国务院及其所属各部委制定和发布的有关教育的政策性文件，以及党的各级地方领导机关、地方政府所属各部门制定和批准的有关教育的政策性文件。此外，党报、党刊有时也负责传达国家的教育政策。

教育政策的类别，从政策的层次上分，可以分为教育的基本政策和具体政策。从教育的层次上分，可以分为学前教育政策、初等教育政策、中等教育政策和高等教育政策。从教育的类别上分，可以分为普通教育政策、职业教育政策、成人教育政策、特殊教育政策和少数民族教育政策等。从解决具体问题的角度划分，又可以将教育政策划分为教育体制政策、教育人员政策、教育经费政策和课程政策等。

我国教育的基本政策是对整个教育事业发展进行指导的纲领性政策和为解决教育改革和发展中的普遍问题而制定的教育政策，包括中国共产党历次代表大会的报告或决定中关于教育的论述，《中华人民共和国宪法》（简称《宪法》）、《教育法》、《国家中长期教育改革和发展规划纲要（2010—2020年）》、《中国教育现代化2035》和《深化新时代教育评价改革总体方案》等政策文件中关于教育的条文、决定或建议。这些报告、条文、决定或建议中，对教育的性质、教育方针、教育的基本制度等内容都做了政策性规定。具体的教育政策，是针对教育工作的某一方面制定的。如关于教师职业道德规范的政策、关于教育经费投入和使用的政策等。

第二节　教育政策制定

一、教育政策制定的主体

教育政策制定的主体包括党的机关、国家权力机关和国家行政机关。党的最高领导机关是党的全国代表大会和它所产生的中央委员会，负责制定包括教育政策在内的全国性的重大政策。党的地方各级领导机关是党的地方各级代表大会及其所产生的委员会，负责制定包括教育政策在内的地区性政策。

国家权力机关包括全国人民代表大会和地方各级人民代表大会。中华人民共和国全国人民代表大会是国家最高权力机关。其常设机构是全国人民代表大会常务委员会。全国人民代表大会及其常务委员会负责制定包括教育政策在内的全国性重大政策。地方各级人民代表大会有权制定本地区的教育政策，但所制定的教育政策不能与国家宪法和法律相违背。

国家行政机关包括中央人民政府和地方各级人民政府。中央人民政府就是中华人民共和国国务院，是国家最高行政机关，也是国家最高权力机关的执行机关，负责制定全国性的教育政策。地方各级人民政府负责制定所在辖区内的教育政策。

二、教育政策制定的过程

教育政策制定通常要经历以下过程：发现和界定教育政策问题、明确教育政策目标、拟定教育政策方案、确定和发布教育政策。

（一）发现和界定教育政策问题

教育政策问题常常需要通过社会调查，通过对大量教育数据进行统计分析和预测研究加以发现和界定。教育政策问题调查的主体一般是教育政策制定的主体或教育政策制定的主体授权的机构。教育领域的问题多种多样，但不是所有的问题都是教育政策问题，要通过对收集上来的问题，依据一定的标准进行详细分析才能界定。分析和界定一个教育问题是不是教育政策问题，通常要从以下几个方面来判断：

(1) 是具有普遍意义的全局性问题，还是仅仅属于局部性的问题。

(2) 是社会影响比较大、比较严重的问题，还是一般性的问题。

(3) 是清晰的问题，还是模糊的问题。

(4) 是否是通过努力能够解决的问题。也就是分析解决问题所要付出的成本或代价是不是在问题主体和客体可以承受的范围之内。

(5) 解决问题的价值导向。也就是问题的解决是不是有利于教育的健康发展。

以上问题解决以后，就可以进入明确教育政策目标阶段了。

（二）明确教育政策目标

教育政策的目标，就是解决教育政策问题所要达到的结果。在明确教育政策目标这个阶段，至少要考虑以下几点：

(1) 教育政策目标的针对性。也就是教育政策目标是否针对教育政策问题的核心要害，有利于教育政策问题的解决。

(2) 教育政策目标的可行性。是指教育政策目标是否能被教育政策的执行主体和客体所接受，是否有实现教育目标所需要的充分的客观物质条件。

(3) 教育政策目标是否明确。包括是否有明确的教育政策执行责任主体和客体，目标实现是否有时间节点，是否能够被量化检查与评估。

（三）拟定教育政策方案

教育政策目标确定以后，就进入拟定教育政策方案阶段。教育政策方案的拟定，一般由教育政策制定的主体，组织相关研究机构的专家和学者，运用理性模式、渐进模式或综合模式来草拟教育政策方案。所谓理性模式，是指运用科学的方法拟定多种方案，并在方案中选优。所谓渐进模式，是指对原有方案进行改进，形成新的方案。所谓综合模式，是指借鉴理性模式和渐进模式两种模式的合理成分来考虑和拟定方案。

无论采用哪种模式拟定教育政策方案，一般要遵守如下原则：

（1）整体性原则。该原则是指在拟定教育政策方案时，要通盘考虑，不能顾此失彼，要兼顾局部利益和整体利益、眼前利益和长远利益、内部环境和外部环境，协调好不同教育政策之间的关系。

（2）科学性原则。该原则是指在拟定教育政策方案时，要尊重客观规律，采用科学的方法。

（3）民主性原则。该原则是指在拟定教育政策方案时，要广泛征求各类利益相关人群的意见，特别是要注意关注"沉默的大多数"的利益相关人员的意见，避免少数人独断专行，使政策方案的制定流于形式。

（4）原则性与灵活性相结合原则。该原则是指在拟定教育政策方案时，既要考虑制定严格的刚性规定，也要为政策的有效落实留有适合各类情况的余地。

（四）确定和发布教育政策

拟定教育政策方案阶段结束以后，拟定出的教育政策方案将提交给相关决策部门的领导审批，并确定颁布日期进行贯彻执行。决策层的主要领导在收到最后的教育政策方案后，会召集决策层的相关领导和相关人员，最后共同讨论审核相关教育政策方案，并做出最后确定和发布教育政策的决策。在确定和发布教育政策阶段，负有最后决策责任的领导者的个人素质和领导风格对教育政策的成败具有至关重要的作用。教育政策发布后，就进入教育政策的实施阶段。

三、影响教育政策制定的因素

影响教育政策制定的因素主要有政治因素、经济因素、科技因素、文化因素、人口因素和教育政策制定人员构成因素等。

(一) 政治因素

政治因素主要指政治体制因素。政治体制目前主要有中央集权体制和地方分权体制两种类型。实行中央集权制的国家，教育政策制定的权力主要在中央，而实行地方分权制的国家，教育政策制定的权力主要在地方。两种体制模式对教育政策制定各有利弊。中央集权体制制定教育政策和执行教育政策的效率较高，可以快速地把统一的政治理念和信仰、统一的教育标准传达和落实到全国各地，但往往难以用一个教育政策去解决不同地区的不同教育问题。地方分权体制虽然更能重视结合各地不同的实际情况，但往往难以实行全国统一的教育政策标准，特别是教育质量标准，进而可能会加大各地教育发展的不平衡状态。事实上，没有绝对的中央集权体制和地方分权体制之分，两种体制都在不断吸取对方的优点。

(二) 经济因素

经济形态和经济形势的变化对教育政策的制定有重要影响。从经济形态的角度，实行计划经济和实行市场经济对教育政策制定的要求会有很大不同。从经济形势的角度，经济结构的变化和经济形势的周期性变化对人才需求也会不断发生变化，相应的教育政策制定也要与这些变化相适应。例如，20世纪末，为应对亚洲金融危机带来的经济下行的影响，国家及时出台高校扩招政策，增加教育需求，减少就业压力。为适应我国经济对外开放的要求，国家大量出台教育国际交流政策，促进对外经济交流人才的培养。

(三) 科技因素

在影响教育政策制定的因素中，科技因素的影响不可忽视。近几十年，由于互联网、人工智能、新材料、生命科学等的飞速发展，科技对人类生活的影响已经越来越大，体现在教育领域，就是教育越来越依赖科技的力量发展，网络课程越来越普及，为此，教育部不断出台相关政策，例如，教育部印发了《关于加强网络学习空间建设与应用的指导意见》《2020年教育信息化和网络安全工作要点》等政策文件，特别是2020年暴发的全球性新型冠状病毒肺炎疫情，各类学校大量学生利用互联网在家线上上课，这一切都促使教育政策必须不断地做出新的调整。互联网科技的快速发展，导致的另一个现象是社交媒体和自媒体迅速膨胀，由此不断形成新的社会舆论热点，也对教育政策的制定产生巨大影响。

(四) 文化因素

文化的概念有广义和狭义之分，广义的文化是指人类所创造的一切物质产品和精神产品的总和。狭义的文化一般指语言、文学、艺术及一切意识形态在内的精神产品，包括传统习俗、生活方式、思维方式、价值观念、行为规范、宗教信仰等。从狭义的文化概念来看，文化中的各种因素都制约着教育政策的制定，如区域教育政策的制定，要在充分了解和尊重各地风俗习惯和宗教信仰的基础上进行。

(五) 人口因素

人口规模和人口流动等变化是影响教育政策制定的一个特殊因素。人口增长过快，会加大教育投入的压力，人口减少，又影响到学校的规模效益。改革开放以后，我国人口流动加快，表现为人口由欠发达地区向发达地区流动，由偏远城市向中心城市流动，由农村向城镇流动等趋势。加上人口政策的变化，如计划生育政策、二孩政策等，都对人口变化产生较大影响，进而影响教育投入、学校撤并、教师培养培训等各类教育政策的制定。

(六) 教育政策制定人员构成因素

无论什么教育政策，最后都是由人制定的。参与教育政策制定的人都带着不同的知识背景、不同的人生经验，代表着各自不同的利益倾向。同时，每个参与制定教育政策的人又有着不同的社会关系和工作关系，受到来自各方面不同的压力，很难完全不受各种利益关系的羁绊。因此，教育政策会因为制定者组成结构的不同而不同。

第三节　教育政策执行

一、教育政策执行的含义和意义

教育政策执行，就是实现教育政策目标，将教育政策内容转变为教育现实的过程。

教育政策执行需要通过执行的主体和客体加以实现。教育政策执行的主体主要指各级政府、教育主管部门和各级各类学校及其所属人员，也包括各种与教育政策利益相关的社会团体、机构及其所属相关人员。教育政策执行的客体指教育政策执行的目标群体，主要包括各级各类教育行政人员、教师、学生，以及与教育政策利益相关的各种利益集团和个人。

教育政策执行具有重要意义。首先，教育政策制定后，如果没有贯彻执行，就会成为一纸空文，教育政策目标就无法实现，教育事业的发展也就无法向前推进。有学者认为，"在达到政策目标的过程中，方案确定的功能只占10%，而其余90%取决于有效的执行。"这正说明政策执行环节的重要性。其次，教育政策不仅要执行，而且要通过有效执行，才能体现其价值，反之，不仅使问题无法得到解决，还会使问题更加复杂化，违背教育政策制定的初衷。最后，教育政策制定后，只有通过执行，通过实践检验，才能发现其对错和优劣，才能发现其在执行中碰到的新问题和新情况，为下一步制定新的教育政策提供改进或修正的意见和建议。

二、教育政策执行的过程

教育政策的执行大致包括如下阶段：准备阶段、实施阶段，以及检查与总结阶段。

（一）准备阶段

在准备阶段，一般要做好组织准备、制订执行计划和物质准备等几个方面的准备工作。

（1）组织准备。教育政策要落地，首先需要有组织机构作为执行载体来完成政策执行任务。组织机构可以是现有的，也可以是根据政策任务新成立的。不管是现有的机构，还是新成立的机构，都要做到内部人员配备结构合理，责任分工明确，建立有效的沟通与合作机制。

（2）制订执行计划。政策执行需要分阶段、分步骤进行，需要对政策执行从目标、任务、人员、时间、活动进程、物质条件等做出周密的设计和安排。所以，如果没有一个详细周密的执行计划是不可想象的。执行计划的制订不是机构内部人员坐在屋里拍脑袋，要广泛调查研究、征求各方意见，最后集思广益，使执行计划做到目标明确、内容完整、分工合理，有完成任务的时间节点和质量要求，同时为顺利执行预留足够的应对策略和回旋空间。

（3）物质准备。政策执行需要经济基础做保障，不能靠空喊口号，必须筹措相对足够的经费和物质资源来保证政策的落实。例如，要通过加强教育技术应用来促进教育公平，就要有较大投入来加强网络基础设施建设和计算机设备配套投入；各级各类学校要扩大招生，就要有相应的校舍、教室、教师配备等基本建设投入。

（二）实施阶段

（1）小范围试验。小范围试验，是指对影响范围可能较大的政策，在大面积推广之前，先在小范围内进行典型试验，以最小的人力、物力、财力和时间成本，为政策的大面积推广获得充分的经验，为政策的进一步顺利执行创造条件。

（2）大面积推广。大面积推广是政策执行最关键的阶段，决定政策能否最后落地并发挥作用。在大面积推广阶段，首先要做好对干部群众的文件传达和宣传动员工作，组织好相关人员认真学习有关政策的背景、指导思想、目标和任务，对政策的实施做到统一思想，上下一心。其次要注意各地的情况差异，使政策执行因地制宜，反对不顾各地的实际情况，根据前期的试验经验生硬地搞一刀切，以便使政策执行成为广大干部群众的自觉行动。

（三）检查与总结阶段

检查与总结是政策执行的最后阶段。检查与总结的目的是对照政策目标和政策执行计划中的要求，发现政策执行过程中和执行后的成绩、不足或问题，并对这些成绩、不足或问题进行总结，提炼出取得成绩的经验，找到存在的不足或问题的原因，为下一步完善或修正相关政策提供反馈信息。

检查和总结首先要做到全面、完整，要对照政策目标和政策执行计划，从政策执行的数量、质量和进度等方面进行检查和总结。其次，要注重方式方法的使用，运用访问、座谈讨论、问卷调查、现场观察等方法了解真实情况。最后，检查与总结要态度客观公正，既要肯定成绩，也不夸大成绩或姑息缺点和错误，最终目的是发扬成绩，弥补不足，改正错误，为下一步制定出更符合实际的政策服务。

三、教育政策执行的偏差及其原因

教育政策在执行过程中常常出现各种各样的问题，使政策无法得到有效执行，所以需要对执行过程中常见的偏差及其原因进行分析。

(一) 教育政策执行的偏差

教育政策执行过程中的偏差常常表现为政策偏离、政策缺损、政策表面化和政策扩大化等问题。无论是其中哪种问题，都会给事业发展带来损害。

1. 政策偏离

政策偏离是指政策完全没有得到执行，或者执行者在执行过程中完全与既定政策背道而驰，或者在执行过程中阳奉阴违，表面上与原政策相一致，实际上采取的完全是另一套做法。

2. 政策缺损

政策缺损是指政策没有得到完全彻底的执行，只是得到部分执行，政策执行残缺不全，政策目标没有完全实现。

3. 政策表面化

政策表面化是指在政策执行过程中，只是对政策进行了表面化的宣传，并没有具体执行的有效措施，使政策的执行流于表面形式，政策所要解决的问题并没有得到解决。

4. 政策扩大化

政策扩大化是指在政策执行的过程中被附加了原政策所没有的不恰当的内容，使政策调控的对象、内容、目标和结果都超出了原政策的要求。

(二) 教育政策执行偏差的原因

教育政策在执行过程中之所以出现偏差，主要有以下几种原因：

1. 准备工作不充分

准备工作不充分，表现在执行机构设置不健全，没有配备足够的态度积极主动、素质能力较高的政策执行人员，政策执行经费不能及时、足额下拨到位，宣传工作没有做深做透。

2. 政策本身有缺陷

政策本身的缺陷主要表现在政策目标可能过于理想化，或者过于模糊笼统，使执行者对政策理解多种多样，执行结果五花八门。也有可能是解决同一问题的政策缺乏稳定性，朝令夕改，变化频繁，导致政策执行者穷于应付，使政策丧失应有的权威性，政策执行缺少严肃性。

3. 协调力度不够

政策执行过程中经常会遇到各种困难，需要进行横向和纵向的协调，也就是政策执行部门和上下级部门及横向部门之间的协调。特别是政策执行在受到意想不到的抵抗时，更需要找出问题的症结，通过积极协调，及时化解矛盾，避免小问题演化成大危机。

4. 监督工作不到位

政策执行工作是否按时启动，执行的效果如何，都是政策利益相关各方十分关心的问题，需要得到不断的监督、督促。政策执行了，但对执行效果不加监督或不进行有效监督，政策执行往往会虎头蛇尾，或流于形式。

第四节 我国当前教育政策的现状

教育政策的内容十分广泛，当前我国教育的重要政策大部分都体现在《国家中长期教育改革和发展规划纲要（2010—2020年）》《中国教育现代化2035》《深化新时代教育评价改革总体方案》和《中共中央关于制定国民经济和社会发展第十四个五年规划和二〇三五年远景目标的建议》等文件当中。

一、我国现阶段教育发展的主要基本政策

（一）关于教育发展的总的指导思想

教育发展的总的指导思想是国家根据政治、经济和社会发展的总要求提出来的一

定时期的教育工作的总的方向。我国现阶段教育发展总的方向是：全面贯彻党的教育方针，坚持立德树人，加强师德师风建设，培养德智体美劳全面发展的社会主义建设者和接班人。

（二）关于教育发展的总体目标和主要发展目标

近期我国教育发展的总体目标是：到 2035 年，总体实现教育现代化，迈入教育强国行列，推动我国成为学习大国、人力资源强国和人才强国，为到 21 世纪中叶建成富强、民主、文明、和谐、美丽的社会主义现代化强国奠定坚实基础。

到 2035 年，教育的主要发展目标是：建成服务全民终身学习的现代教育体系、普及有质量的学前教育、实现优质均衡的义务教育、全面普及高中阶段教育、职业教育服务能力显著提升、高等教育竞争力明显提升、残疾儿童少年享有适合的教育、形成全社会共同参与的教育治理新格局。

（三）我国现阶段教育发展的基本任务

1. 教育的首要任务是学习和贯彻习近平新时代中国特色社会主义思想

当前和今后较长时期，教育的首要任务是学习和贯彻习近平新时代中国特色社会主义思想，并把这一任务贯彻到教育改革与发展的全过程、各环节。用习近平新时代中国特色社会主义思想武装教育战线的全体人员，使之进教材、进课堂、进头脑，完全融入中小学和大学教育，使之在研究阐释上系统化、学理化、学科化，并健全其研究成果的传播机制。

2. 教育的根本任务是全面落实立德树人

应从多角度，全面落实立德树人的根本任务，发展中国特色世界水平的优质教育。首先，从思想道德、知识素养、体育、美育和劳动教育等方面，广泛开展理想信念教育，厚植爱国主义情怀，加强品德修养，增长知识见识，培养奋斗精神，不断提高学生的思想水平、政治觉悟、道德品质、文化素养。增强综合素质，树立健康第一的教育理念，全面强化学校体育工作，全面加强和改进学校美育，弘扬劳动精神，强化实践动手能力、合作能力、创新能力的培养。

其次，完善教育质量标准体系。通过制定覆盖全学段、体现世界先进水平、符合不同层次类型教育特点的教育质量标准，明确学生发展核心素养要求。完善学前教育保教质量标准，建立健全中小学各学科学业质量标准和体质健康标准，健全职业教育人才培养质量标准，制定紧跟时代发展的多样化高等教育人才培养质量标准。建立以师资配备、生均拨款、教学设施设备等资源要素为核心的标准体系和办学条件标准动态调整机制。

再次，加强课程教材体系建设，具体措施包括：科学规划大中小学课程，分类制定课程标准，充分利用现代信息技术，丰富并创新课程形式；健全国家教材制度，统筹为主、统分结合、分类指导，增强教材的思想性、科学性、民族性、时代性、系统性，完善教材编写、修订、审查、选用、退出机制。

最后，在人才培养方式上，强调创新，包括推行启发式、探究式、参与式、合作式等教学方式，以及走班制、选课制等教学组织模式，培养学生的创新精神与实践能力；大力推进校园文化建设；重视家庭教育和社会教育；建立教育质量评估监测机制，建立更加科学公正的考试评价制度，建立全过程、全方位人才培养质量反馈监控体系。

3. 各级教育普及和教育质量提升并重

教育普及不是简单的普及，而是在高水平和高质量的基础上普及，具体做法是，在学前教育方面，以农村为重点提升学前教育普及水平，建立更为完善的学前教育管理体制、办园体制和投入体制，大力发展公办幼儿园，加快发展普惠性民办幼儿园。在义务教育阶段，着重提升义务教育巩固水平，健全控辍保学工作责任体系。在高中阶段，侧重提升高中阶段教育普及水平，推进中等职业教育和普通高中教育协调发展，鼓励普通高中多样化、有特色发展。重视振兴中西部地区的高等教育，同时提升民族教育发展水平。

4. 促进教育公平

促进教育公平，总的方向是实现基本公共教育服务均等化，帮助社会弱势群体扩大受教育机会。具体措施包括：提升义务教育均等化水平，建立学校标准化建设长效机制，推进城乡义务教育均衡发展。在实现县域内义务教育基本均衡基础上，进一步推进优质均衡。推进随迁子女入学待遇同城化，有序扩大城镇学位供给。完善流动人口子女异地升学考试制度。实现困难群体帮扶精准化，健全家庭经济困难学生资助体系，推进教育精准脱贫。办好特殊教育，推进适龄残疾儿童少年教育全覆盖，全面推进融合教育，促进医教结合。

5. 提升高等学校一流人才培养与创新能力

高等学校是国家发展的重要动力，需要提升其一流人才培养与创新能力，具体做法包括：分类建设一批世界一流高等学校，建立完善的高等学校分类发展政策体系，引导高等学校科学定位、特色发展。持续推动地方本科高等学校转型发展。加强创新人才特别是拔尖创新人才的培养，加大应用型、复合型、技术技能型人才培养比重。加强高等学校创新体系建设，建设一批国际一流的国家科技创新基地，加强应用基础研究，全面提升高等学校原始创新能力。探索构建产学研用深度融合的全链条、网络化、开放式协同创新联盟。提高高等学校哲学、社会科学研究水平，加强中国特色新型智库建设。健全有利于激发创新活力和促进科技成果转化的科研体制。

6. 发展现代职业教育

中国产业结构的升级面临迫切压力，需要加快发展现代职业教育，不断优化职业教育结构与布局，推动职业教育与产业发展有机衔接、深度融合，集中力量建成一批中国特色高水平职业院校和专业。需要优化职业院校人才培养结构，综合运用制订招生计划、提供就业反馈、拨款、制定标准、评估等方式，引导职业学校及时调整学科专业结构。

7. 构建服务全民终身学习体系

构建完善的服务全民的终身学习体系的概念已成为全社会的共识。全社会需要积极努力，构建更加开放畅通的人才成长通道，完善招生入学、弹性学习及继续教育制度，畅通转换渠道。建立全民终身学习的制度环境，搭建国家资历框架，建立跨部门、跨行业的工作机制和专业化支持体系。建立健全国家学分银行制度和学习成果认证制度。强化职业学校和高等学校的继续教育与社会培训服务功能，开展多类型、多形式的职工继续教育。扩大社区教育资源供给，加快发展城乡社区老年教育，推动各类学习型组织建设。

8. 加大教育投入

从完善教育投入支撑体制建设入手，加大教育投入。具体措施是：健全保证财政教育投入持续稳定增长的长效机制,确保财政一般公共预算教育支出逐年只增不减,确保按在校学生人数平均的一般公共预算教育支出逐年只增不减,保证国家财政性教育经费支出占国内生产总值的比例一般不低于4%。依法落实各级政府教育支出责任,完善多渠道教育经费筹措体制,完善国家、社会和受教育者合理分担非义务教育培养成本的机制,支持和规范社会力量兴办教育。优化教育经费使用结构,全面实施绩效管理,建立健全全覆盖、全过程、全方位的教育经费监管体系,全面提高经费使用效益。

9. 教师队伍建设向高素质专业化创新型方向发展

推进教师队伍建设向高素质、专业化和创新型方向发展,具体措施是:大力加强师德师风建设,将师德师风作为评价教师素质的第一标准,推动师德建设长效化、制度化。加大教职工统筹配置和跨区域调整力度,切实解决教师结构性、阶段性、区域性短缺问题。完善教师资格体系和准入制度。健全教师职称、岗位和考核评价制度。培养高素质教师队伍,健全以师范院校为主体、高水平非师范院校参与、优质中小学(幼儿园)为实践基地的开放、协同、联动的中国特色教师教育体系。强化职前教师培养和职后教师发展的有机衔接。夯实教师专业发展体系,推动教师终身学习和专业自主发展。提高教师社会地位,完善教师待遇保障制度,健全中小学教师工资长效联动机制,全面落实集中连片特困地区生活补助政策。加大教师表彰力度,努力提高教师政治地位、社会地位、职业地位。

10. 改革教育领导体制

教育领导体制改革的核心就是强化党对教育工作的全面领导。具体要求是:各级党委要把教育改革发展纳入议事日程,协调动员各方面力量共同推进教育现代化。建立健全党委统一领导、党政齐抓共管、部门各负其责的教育领导体制。建设高素质专业化教育系统干部队伍。加强各级各类学校党的领导和党的建设工作。深入推进教育系统全面从严治党、党风廉政建设和反腐败斗争。

11. 推进教育治理体系和治理能力现代化

在坚持党对教育工作的全面领导的前提下,推进教育治理体系和治理能力现代化。第一是提高教育法治化水平,通过构建完备的教育法律法规体系,健全学校办学法律支持体系,健全教育法律实施和监管机制。第二是提升政府管理服务水平,提升政府综合运用法律、标准、信息服务等现代治理手段的能力和水平。第三是健全教育督导体制机制，提高教育督导的权威性和实效性。第四是提高学校自主管理能力，完善学校治理结构，继续加强高等学校章程建设。第五是鼓励民办学校按照非营利性和营利性两种组织属性开展现代学校制度改革创新。第六是推动社会参与教育治理常态化，建立健全社会参与学校管理和教育评价监管机制。第七是加快信息化时代教育变革。通过建设智能化校园，统筹建设一体化智能化教学、管理与服务平台，利用现代技术加快推动人才培养模式改革，实现规模化教育与个性化培养的有机结合。第八是创新教育服务业态，建立数字教育资源共建共享机制，完善利益分配机制、知识产权保护制度和新型教育服务监管制度。第九是推进教育治理方式变革，加快形成现代化的教育管理与监测体系，推进管理精准化和决策科学化。

12. 开创教育对外开放新格局

教育要通过开创对外开放新格局，积极服务于构建人类命运共同体。对外开放的工作主要包括如下方面：全面提升国际交流合作水平，推动我国同其他国家学历学位互认、标准互通、经验互鉴。扎实推进"一带一路"教育行动。加强与联合国教科文组织等国际组织和多边组织的合作。提升中外合作办学质量。优化出国留学服务。实施留学中国计划，建立并完善来华留学教育质量保障机制，全面提升来华留学质量。推进中外高级别人文交流机制建设，拓展人文交流领域，促进中外民心相通和文明交流互鉴。促进孔子学院和孔子课堂特色发展。加快建设中国特色海外国际学校。鼓励有条件的职业院校在海外建设"鲁班工坊"。积极参与全球教育治理，深度参与国际教育规则、标准、评价体系的研究制定。推进与国际组织及专业机构的教育交流合作。健全对外教育援助机制。

二、我国现阶段有关教育的具体政策举例

教育的具体政策是教育的基本政策的具体化。在学前教育方面，例如，2013年，教育部发布了《幼儿园教职工配备标准（暂行）》，规定"全日制幼儿园每班配备2名专任教师和1名保育员，或配备3名专任教师；小班班级规模为20~25人，中班班级规模为25~30人，大班班级规模为30~35人"。又如，1989年，国家教委发布的《幼儿园管理条例》规定："幼儿园园长、教师应当具有幼儿师范学校（包括职业学校幼

教育专业）毕业程度，或者经教育行政部门考核合格。"这些政策属学前教育方面的基本要求和具体政策。

在基础教育方面，例如，为进一步激发中小学办学活力，2020年，教育部等八部门联合发布了《关于进一步激发中小学办学活力的若干意见》，强调要保障学校办学自主权，增强学校办学内生动力，提升办学支撑保障能力，健全办学管理机制，强化组织实施等具体的政策意见。

在高等教育方面，例如，为加快推进新时代专业学位研究生教育高质量发展，2020年，教育部印发了《专业学位研究生教育发展方案（2020—2025）》，提出："到2025年，以国家重大战略、关键领域和社会重大需求为重点，增设一批硕士、博士专业学位类别，将硕士专业学位研究生招生规模扩大到硕士研究生招生总规模的三分之二左右，大幅增加博士专业学位研究生招生数量，进一步创新专业学位研究生培养模式，产教融合培养机制更加健全，专业学位与职业资格衔接更加紧密，发展机制和环境更加优化，教育质量水平显著提升，建成灵活规范、产教融合、优质高效、符合规律的专业学位研究生教育体系。"强调要着力优化硕士专业学位研究生教育结构，加快发展博士专业学位研究生教育，大力提升专业学位研究生教育质量等具体政策措施。

在职业教育方面，例如，2021年，教育部办公厅印发了《本科层次职业教育专业设置管理办法（试行）》，强调本科层次职业教育专业设置要突出高起点，瞄准高层次，注重高要求。所谓突出高起点，是指此类专业设置条件不低于普通本科专业，基本条件突出"双师型"教师、工学结合等类型要求等。所谓瞄准高层次，是指专业布点主动服务产业基础高级化、产业链现代化，培养解决复杂问题、进行复杂操作、确需长学制培养的高层次技术人才，主要从事科技成果、实验成果转化，生产加工中高端产品、提供中高端服务，服务经济高质量发展等。所谓注重高要求，是指在专业设置中，坚持依法行政、放管结合。加强管理，明确专业设置的具体规则、操作路径等刚性要求，有序推进、规范管理，避免一哄而上，对符合条件的高等职业学校（专科）在本科层次职业教育专业设置数和学生数方面明确要求，强化事中和事后监管和服务等。

在教师队伍建设方面，例如，2020年，教育部等六部门发布《关于加强新时代乡村教师队伍建设的意见》，提出了加强乡村教师队伍建设的九个方面的举措，包括：准确把握时代进程，深刻认识加强新时代乡村教师队伍建设的重要意义和总体要求；加强师德师风建设，激发教师奉献乡村教育的内生动力；创新挖潜编制管理，提高乡村学校教师编制的使用效益；畅通城乡一体配置渠道，重点引导优秀人才向乡村学校流动；创新教师教育模式，培育符合新时代要求的高质量乡村教师；拓展职业成长通道，让乡村教师获得更广阔的发展空间；提高地位待遇，让乡村教师享有应有的社会声望；关心青年教师工作生活，优化在乡村建功立业的制度和人文环境；强化组织领导，确保各项政策措施落到实处。

本章小结

教育政策是执政党和政府为实现教育目标而制定的行为规范的总称。广义的教育政策还包括教育方针、教育行政法规和教育法律。教育政策一般以政策文本的形式呈现。教育政策和教育方针、教育法规既有区别又有联系。教育政策的本质是执政党和国家意志的体现，是一种价值选择，是有关教育的权利和利益的分配。教育政策具有导向、规范、协调和控制作用。教育政策具有多种表现形式和类别。

教育政策制定的主体包括党的机关、国家权力机关和国家行政机关。教育政策制定通常要经历以下过程：发现和界定教育政策问题、明确教育政策目标、拟定教育政策方案、确定和发布教育政策。影响教育政策制定的因素主要有政治因素、经济因素、科技因素、文化因素、人口因素和教育政策制定人员构成因素等。

教育政策执行，就是实现教育政策目标，将教育政策内容转变为教育现实的过程。教育政策的执行大致包括如下阶段：准备阶段、实施阶段，以及检查与总结阶段。教育政策执行过程中的偏差常常表现为政策偏离、政策缺损、政策表面化和政策扩大化等问题。教育政策在执行过程中出现偏差原因包括准备工作不充分、政策本身有缺陷、协调力度不够、监督工作不到位等。

我国现阶段教育发展的基本政策主要涉及教育发展的总的指导思想，教育发展的总体目标和主要发展目标，以及教育发展的基本任务等方面。

学习活动建议

1. 上网收集并阅读当前与自身工作、生活或学习密切相关的教育政策，并对照思考相关政策的意义。

2. 访问本校教师和学生，调查了解相关教育政策的执行情况，并对情况进行分析。

3. 针对本校或本地区实际情况，提出相关政策制定和执行建议。

第十章

教育法规与教育行政执法

🎓 **学习目标**

　　了解教育法规的含义、本质及其特征；
　　掌握教育法规的体系；
　　了解教育立法的含义；
　　了解教育法规的制定程序；
　　了解教育行政执法的概念和特征；
　　明确教育行政执法的地位和原则；
　　掌握教育行政执法的内容和方式；
　　明确依法治教的发展趋势。

第一节 教育法规概述

一、教育法规的概念

(一) 教育法规及相关概念

教育法规是有关教育方面的法、法令、条例、规则、规章等规范性文件的总称，也是对人们的教育行为具有法律约束力的行为规则的总和。我们通常说的依法治教，就是要按照教育法规中所确立的行为准则和规范管理教育行为。

教育一词有广义和狭义两种理解。广义的教育泛指一切起到培养人作用的活动，或者说，凡是对其施行对象能起到增长知识和技能，促进身心发展，影响思想品德等作用的活动，都可以称为教育。狭义的教育则主要是指学校教育。这是一种在特定的教育组织设施中，由专职教育人员根据一定社会的要求和教育对象的身心发展规律，有计划、有目的、有组织、有方法地施加影响，把他们培养成为社会所需要的人的活动。学校教育是国家教育事业的主要构成部分，但也包含在广义的教育之中。教育法规中的教育，是从广义的角度来理解的。因为教育法规，作为规范教育行为的规则体系，它不仅对学校教育活动具有约束力，而且对通过其他途径进行的教育活动也具有约束力。如《中华人民共和国未成年人保护法》（简称《未成年人保护法》）属教育法规范畴，其中不仅对学校教育做了规定，还对家庭教育、社会教育、司法教育等方面做了必要规定，其所涉及的教育是广泛的、全方位的。

教育法规是有关教育方面的法律、法规的总称，所代表的是一个法律部门。教育法规与教育法律从广义上理解，意义是相通的，都是指以国家政权为保证强制执行的教育行为规则的总和。从狭义上理解，教育法律主要是指由国家权力机关（或称立法机关）制定的规范性文件；而教育法规仍是一个泛指概念，既包括国家权力机关制定、认可的教育法律，也包括国家行政机关制定的教育行政法规和规章，还包括地方权力机关和地方行政机关制定的地方教育法规和规章。

教育法规的内容主要是由具有法律约束力的行为规则构成的，教育行为规则也称教育法律规范。因此，两者之间是整体与个别的关系，教育法规是教育法律规范的总和，而教育法律规范则是构成教育法规的细胞。

教育法规与教育法制也是一对相互联系并相互区别的概念。教育法制是指教育法律制度，是统治阶级按照自己的意志，通过国家政权建立，并用以维护符合统治阶级教育利益的教育法规体系及其所确立的教育制度。构成教育法制的要素有三个：①教育法规的制定方式；②以教育法规形式确立的教育制度；③法定的推行教育制度的方式。可见，教育法制必须借助于教育法规手段而建立，而教育法制一旦建立之后，又对教育法规的制定、推行、实施等产生作用。

教育法规是由国家权力机关和行政机关制定，并以国家暴力机器为后盾而实施的，并且对人们的教育权利和义务起到保护和规范作用。

（二）教育法规的本质及其特征

教育法规作为一种上层建筑，具有很强的阶级性。这是教育法规最根本的本质特征。教育法规既然是由国家权力机关和行政机关按照一定权限和法定程序制定的，而国家权力机关和行政机关是一个国家政权的组织和行使机构，因而，其必然要反映掌握政权的这个阶级的教育意志。我国的教育法规是由人民的权力机关及其行政机关制定的，它所体现的是工人阶级领导下的广大人民群众的教育意志。我国的教育法规，通过确立反映全体人民共同教育利益的教育制度，规范各种教育活动及教育行为，为促进个人全面发展和社会主义现代化建设事业服务。

教育法规的实施具有普遍的约束力，无论是被统治阶级，还是统治阶级内部成员，都必须毫无例外地遵守。我国的教育法规是按照民主集中制原则制定的，所反映的是全体人民的共同的教育利益和教育意志。只有全社会每个公民都恪守教育法规，教育法规所体现的人民的教育利益和教育意志才能得到实现。教育法规的这种具有普遍约束力的特点反映了它具有全社会性。但不能因此抹杀教育法规的阶级本质。

教育法规的实施具有强制性的特征。我国的教育法规把它所反映的人民的教育意志提升为国家意志，并且以国家暴力机器——监狱、军队、警察等作为保证力量而实施。违反教育法规的行为要依据具体情况承担相应的法律责任，即受到一定的法律制裁。教育法规的这种强制性特征的强度是其他任何社会规范都不可相提并论的。这表明教育法规与其他社会规范对人们的教育行为所起的规范作用的性质是不同的。

二、教育法规的体系

教育法规作为有关教育的规范性文件的总称，是以按照一定依据和原则排列的文件体系状态存在的。我国的教育法规体系是以在宪法指导下的国家教育基本法为母法，与其所派生的一系列单行教育法及其他各层次规范性文件构成的。它具有纵向形式层次和横向内容分类两个维度。

（一）教育法规的纵向形式层次

教育法规的纵向形式层次依据其制定机关和法律效力等级，依次分为教育基本法、单行教育法、教育行政法规、教育行政规章、地方教育法规和规章等形式。这一排列的原则是：同级国家机关之间，权力机关制定的规范性文件的法律效力等级高于行政机关制定的规范性文件；上下级国家机关之间，上级国家机关制定的规范性文件的法律效力等级高于下级国家机关制定的规范性文件。

1. 教育基本法和单行教育法

教育基本法和单行教育法由国家最高权力机关制定，属于狭义的教育法律范畴，是教育法规体系的主干部分。教育基本法是一个国家有关教育的总法的形式称谓，一般一个国家只有一个。我国的教育基本法是我国第八届全国人民代表大会于 1995 年 3 月 18 日在第三次全体会议上通过并颁布的《教育法》。其内容直接以我国宪法中有关教育的条款为依据，在教育法规中具有仅次于宪法的效力。单行教育法主要是指依据宪法或国家教育基本法，由国家权力机关制定并公布实施的各项有关教育某一方面的法律，如《教师法》、《义务教育法》、《中华人民共和国职业教育法》（简称《职业教育法》）等，另外还有其他直接含有教育行为规则的法律，如《兵役法》（简称《兵役法》）、《中华人民共和国国旗法》（简称《国旗法》）等。这一表现形式的规范性文件一般由全国人大常务委员会制定，名称通常为"法"，也有称为"条例"的，如《学位条例》。

2. 教育行政法规和教育行政规章

教育行政法规和教育行政规章是由国家行政机关根据宪法和法律（包括教育法律）授权，为贯彻实施国家教育法律而制定的规范性文件。根据《宪法》第 89 条的规定，我国有权制定行政法规的机关为国务院。因此，由国务院制定或批准的教育行政法规，如《学校体育工作条例》《学校卫生工作条例》《义务教育法实施细则》等，也是教育法规的表现形式之一。教育行政规章由国务院所属的各部、各委员会在法定的职权范围内制定，内容通常为贯彻国家教育法律或行政法规的具体措施。教育行政规章有由教育部单独发布的，也有由教育部和其他部委联合发布的，根据其规范对象的性质而定。一般而言，规范教育内部的事务由教育部单独发布规章，如《教师和教育工作者奖励暂行规定》；而当规范的对象具有综合意义时，则由相关业务管理机构联合发布，如《特级教师评选规定》，由教育部（原国家教委）与人事部、财政部联合发布。

3. 地方教育法规和规章

地方教育法规和规章是指根据宪法、法律和行政法规的授权，由地方权力机关及其行政机关制定，并且只在其行政区域内有效的规范性文件。根据《宪法》第100条和第116条的规定，我国有权制定地方性法规的机关是省、直辖市、民族自治区的人民代表大会及其常务委员会，如各省、直辖市、自治区根据《义务教育法》的授权制定的本地方实施条例、规则、细则、实施办法等。地方教育法规制定后须报全国人大备案，其内容不得与国家教育法律和教育行政法规相抵触。地方教育行政规章由地方政府制定，内容一般为执行上述各层次教育法规的具体行政措施。

（二）教育法规的横向内容分类

教育法规体系的横向内容分类主要从对教育领域的覆盖面考虑，确立哪些单行教育法作为教育部门法。由于现代教育已经成为一个多层次、多类型的开放系统，教育内部及其与外部的关系也呈现出纵横交错的复杂状态，即使教育体系本身也存在纵向层次与横向类型的区分。各级各类教育之间既有各自独特的个性问题，又有综合性的共性问题。而确立教育部门法系列，既要求对教育系统具有全面的涵盖面，又要求避免教育部门法系列之间的交叉重复。因此，构建教育部门法系列，既要考虑各级各类教育的构成，又要考虑保障各级各类发挥教育功能的教育工作体系构成。从一个国家教育事业的运作状态来看，其存在、发展并作用于社会，至少应由三个子系统构成，即各级各类教育实施系统、教育实施条件系统和教育管理系统。教育部门法的确立，可以从这三个系统出发，分为三大类，再依据宪法和教育法中所确立的教育体系及教育事务的分类将这三类教育法规具体细化。据此，教育法规的横向维度可由这样一些教育部门法构成。规范各级各类教育的法规有：学前教育法、基础教育法、义务教育法、职业教育法、高等教育法、学位条例、成人教育法、特殊儿童教育法、师范教育法、社会教育法；规范教育实施条件的法规有：学校设置法、社会力量办学条例、教育财政法、教育人事法（含教师法）；规范教育管理的法规有：教育行政法、学校管理法、未成年人保护法。教育行政法规和行政规章的制定，除对应单行教育法的实施细则外，一般是从教育行政管理工作的项目出发确定其名称和内容的，因而其文件的数量较为庞大。但除一些具有综合性或共性的教育工作的文件外，其余文件都可以归口为以单行教育法形式体现的教育部门法的下位法规。

教育法规体系是由在教育基本法统帅下的纵向形式层次和横向内容分类有机结合而成的完整体系。

第二节 教育立法

所谓"教育立法"，就是国家政权机关按照法定程序，制定、认可、修改、补充、废止教育法规的活动。制定，是指创制新的法律文件；认可，是指对既定的规则（习惯、风俗等）进行法律认可，赋予其法律效力；修改、补充是对已制定好，执行一段时间以后的法律文件中的个别部分所进行的弥补性活动；废止则是针对已经明显不符合现时需要的法律文件所做的废除活动。所有这些活动，都是由特殊机关——国家权力机关和行政机关所进行的具有特殊效力——法律效力的活动。教育立法不是随便进行的，其过程有一定的法定程序，还有一定的理论依据和原则。权力机关和行政机关在制定教育法规的程序上有所区别。

一、教育立法的准备工作

任何教育法规的制定，都需要做一些前期准备工作，也就是确定立法目标，并围绕立法目标进行理论准备和资料准备。

理论准备主要是指掌握制定教育法规的有关依据。制定教育法规的依据，总的来说包括宪法和其他主要部门法律、党的教育政策、有关教育规律等几个方面。但对于每个具体教育法规草案来说，则需要从更为具体的方面来考虑。草案的内容一般不能与上述各项相抵触。

资料准备包括国情资料、国内历史上有关的立法经验和国外有关的立法经验及有关的法规资料。教育法规的内容只有符合国情才便于实施。国情资料促使教育法规草案内容更符合实际，国内外有关的立法经验则有利于提高教育法规草案的科学性和先进性。

二、教育立法程序

（一）权力机关制定教育法规的程序

权力机关（包括国家和地方的）制定教育法规的程序主要可分为四个步骤：教育法规草案的提出、教育法规草案的讨论和审议、教育法规草案的通过和教育法规草案的公布。

1. 教育法规草案的提出

依据宪法规定，有权向全国人民代表大会及其常务委员会提交法律草案的有全国人大代表、全国人大常务委员会委员和国家最高行政机关国务院。依据宪法和《中华人民共和国地方各级人民代表大会和地方各级人民政府组织法》（简称《地方各级人民代表大会和地方各级人民政府组织法》）规定，有权向省、直辖市、自治区的人民代表大会及其常务委员会提交地方教育法规草案的有其常务委员会委员、本级人大代表和本级人民政府。

教育法规草案可以由制定机关自己起草，也可以由制定机关聘请或委托有关专家起草。

2. 教育法规草案的讨论和审议

起草好的教育法规草案提交给权力机关后，由权力机关进行讨论和审议。国家和各省、直辖市、自治区的权力机关中，通常设有不同部门的委员会。其中，教科文卫委员会和法律委员会在讨论和审议教育法规草案的过程中起着重要作用。对教育法规草案进行讨论和审议的过程，也是对其进行修改的过程。经过讨论和审议，认为还不够成熟的草案，要退回去修改。

3. 教育法规草案的通过

通过讨论和审议，认为已经比较成熟的教育法规草案，提交给权力机关的有关会议举手表决通过。国家教育基本法由全国人民代表大会的全体代表会议通过，其他单行教育法由全国人民代表大会常务委员会全体委员会议通过。地方教育法规主要由省级人民代表大会常务委员会全体委员会议通过。在到会人数以及举手同意人数达到法定要求后，该草案即为通过。

4. 教育法规草案的公布

权力机关有关成员会议通过的教育法规草案即可公布，成为正式法律。国家权力机关制定的教育法规以国家主席令的形式公布；地方权力机关制定的教育法规以地方权力机关公告的形式公布，其中一般要说明生效日期。

公布的方式通常是将其发表在国家机关创办的报纸或刊物上，使每一个公民都能了解。

（二）行政机关制定教育法规的程序

行政机关制定教育法规的程序，通常包括提议和决定、起草、协商、审核、通过、签署、审批、公布等步骤。

1. 提议和决定

行政机关制定的教育法规草案可以由教育主管机关的负责人或其成员提议，也可以由下级政权机关或其他业务主管机关、群众团体组织建议，人民群众也有一定的建议权。其提议或建议是否被采纳，通常由有权制定该项教育法规的国家行政机关进行审议和研究，通过充分论证，然后做出是否制定该项教育法规的决定。凡依法对教育事务具有管理权限的国家行政机关，都在其管理权限范围内具有一定的决定权。

2. 起草

行政机关制定的教育法规草案的拟定由有权制定该项教育法规的行政机关负责。该行政机关可以委托其所属的有关部门主持起草工作。其方式通常是组织由有关业务专家和法律专家参加的起草小组进行教育法规草案的拟定。必要时，在起草前期还需做一定的调研工作。

3. 协商

行政机关制定的教育法规草案在起草过程中和初稿形成后，都要与有关部门就某些条款进行协商。有些涉及其他部门管理权限的问题必须征得其同意。协商达不成协议时，需报上级机关裁决。涉及面较广，与人民群众切身利益有较为直接联系的教育法规草案，还需广泛征求人民群众的意见。

4. 审核

行政机关制定的教育法规草案基本定稿后，要一并附上起草说明和有关调研材料，送有关机关专门负责法规工作的部门（如国务院法制局）审核。审核的项目主要有：①该教育法规草案是否符合国家有关法律和行政法规，是否符合党和国家的教育方针、政策；②其所规定的事项是否在本机关的法定权限范围内，是否有越权行为；③其条文内容是否与其他有关法规重复或矛盾；④其所确定的各项规则是否具体、明确，是否符合实际需要、切实可行；⑤其中应当与其他部门协商的问题是否进行了协商，协商的结果是否一致；⑥其他有关手续是否齐全、完备。

5. 通过

经过审核的教育法规草案还须交由有权制定该项教育法规的主管机关的正式会议审议通过。国务院制定的教育法规草案要提交国务院全体会议或国务院常务会议通过；教育部及其他有关部委制定的教育行政规章要提交部务会议或委务会议通过；几个部委联合制定的教育行政规章要由有关部委举行联合会议审议通过；地方人民政府制定的教育行政规章要提交地方人民政府的政府会议或办公会议审议通过。

6. 签署

行政机关制定的教育法规草案经一定会议通过后，还须提交给有权制定该项教育法规的行政机关的主要负责人签署。国务院制定的教育法规草案由总理签署；各部委制定的教育行政规章由部长、主任签署；地方人民政府制定的地方教育行政规章由省长、市长、自治区主席签署。

7. 审批

行政机关制定的教育法规草案经过签署后，一般须报上级机关备案，其中比较重要的还须报请上级机关审批。如教育部单独发布或与其他部委联合发布的教育行政规章要报国务院审批或备案。审批工作通常由国务院法制办公室代表国务院进行。一般有三种处理方式：①对于教育部及有关部委报请国务院审批后用各部自己名义发布的教育行政规章，采取审核同意或者提出修改意见后原件退回的处理方式；②对于某些要以国务院名义批复或者批转发布的教育法规，采用审核后呈国务院秘书长批阅，盖国务院印章后发出的处理方式；③凡需以国务院名义发布的教育法规，则必须提请国务院全体会议或国务院常务会议通过。地方人民政府发布的地方教育行政规章，在发布前也必须具备相应的审批备案手续。

8. 公布

行政机关制定的教育法规草案经过上述各项程序后，即可公布施行。公布的具体形式一般有在政府的公报上登载，在重要报刊上发表，通过电台广播和以有权公布机关制定的"红头文件"的形式层层下发等。

三、教育法规的稳定性

教育法规制定好，并且公布以后，必须保持一定的稳定性和连续性。朝令夕改，立废无常，不仅有损于社会主义法律的严肃性和权威性，而且会使广大教育者、受教育者及教育行政工作人员无所适从，从而影响教育秩序的安定和教育事业的发展。如"文化大革命"时期和"文化大革命"结束后的一段时间内，针对中等专科学校和中等职业学校的政策不稳定，导致发展失控、比例失调以及其他种种教育问题，严重阻碍了教育为社会主义建设事业服务功能的发挥。

但是，教育法规的这种稳定性又是相对的，不是一成不变的。因为社会主义不同发展阶段有不同的历史任务，随着社会政治、经济的发展，教育事业也要有相应的发展和变化。因此，就需要对教育法规做出必要的修改、补充或废止，并产生立新法的要求。教育法规的作用是保障教育事业的发展，它体现了国家的教育意志。而当教育事业发展了，原有的教育法规往往不但不能起到保障教育事业发展的作用，反而可能会成为阻碍教育事业发展的因素，也就不能再体现国家的教育意志了。这就需要及时对教育法规进行立、改、废活动，只有使教育法规适应教育事业发展的需要，才能发挥它应有的作用。

教育法规的稳定性受到两方面因素的影响：一是社会变革，二是教育法规自身的内容。

教育法规稳定的年限，往往随社会变革的需要而变化。如在急骤变革的年代，要求教育改革跟上社会发展需要时，教育立法活动就会很频繁。而在经济发展较稳定的年代，对教育改革的要求相对稳定。如日本，第二次世界大战结束后，为结束军国主义教育，在 20 世纪 40 年代末 50 年代初，进行了一系列教育立法活动，其主要的教育法规，如《教育基本法》《学校教育法》等，都是在那段时间制定的，以后处于相对稳定的状态，如《教育基本法》几十年来未曾修改过。

不同内容的教育法规，其稳定性程度也有所差异。关于教育制度的教育法规，一般可以持续较长时间，而关于教学内容的教育法规，要适应科学技术的迅速发展，其修改的频率则会高些，以便于培养对象的知识结构适应科学技术及生产发展的要求。

第三节 教育行政执法

一、教育行政执法的概念和特征

（一）教育行政执法的定义

教育行政执法是指国家有关行政机关及其所属工作人员，在现实生活中实施教育法规的活动，是有关行政机关及其工作人员按照法定职权和程序所采取的直接影响公民、社会组织或其他社会力量有关教育的权利与义务，或对其教育权利与义务的行使和履行进行监督的具体行政行为。这一定义包括以下三个要点：

（1）教育行政执法是由特定主体进行的适用教育法规的活动。

（2）教育行政执法是特定主体依照法定职权和程序进行的活动。

(3) 教育行政执法活动的结果对一定对象（行政相对人）的有关教育的法定权利和义务产生影响，即使有关教育权利获得享有，有关教育义务得到履行。

教育行政执法中的"法"是一个外延很广的概念，它包括我国教育法规体系的全部，既包括规范教育管理活动自身的教育法律规范，也包括规范教育管理对象的教育法律规范。因而，教育行政执法是有关行政机关为实施国家的教育法规，对公民个人、教育主体、学校或者其他社会组织做出的行为。它是一种由有关行政机关依照法定权限执行教育法规，对行政相对人的违反教育法规的行为进行改正、约束、制裁的行政活动。教育行政执法是行政活动的一种，但不是行政活动的全部。在教育行政执法过程中，必须遵守教育行政法的有关要求。

教育行政执法活动具体包括制定推行教育法规实施措施；对公民、社会组织和其他社会力量遵守教育法规状况的监督检查；进行教育行政司法（即对违反教育法规的行为采取制裁措施）等。如根据《义务教育法》的有关规定，对招收义务教育适龄学生做童工的公、私营者进行处理，责令其辞退童工，并进行罚款、停止营业、吊销营业执照等处罚；责令失学或者辍学的义务教育适龄学生的父母或者法定监护人立即送子女入学接受义务教育；处理扰乱学校治安案件；处理其他教育法律纠纷等都属于教育行政执法行为。

（二）教育行政执法的特征

从以上对教育行政执法及其相关概念的分析，我们可以看出，教育行政执法具有如下特征：

1. 教育行政执法是一种具有国家意志性的活动

教育行政执法首先是一种以国家权力机关的执行机关为主体来实施的一种活动。其实质是执法主体依据国家权力机关的授权，适用教育法规在特定领域内的操作，是代表国家来进行的。同时，教育法规作为国家法律的一个分支，其所体现的是上升为国家意志的我国人民的共同教育意志。因而，教育行政执法具有明显的国家意志性。无论是进行教育行政执法的主体，还是其执法对象——行政相对人都必须服从它。

2. 教育行政执法是一种具有法律性的活动

教育行政执法作为一种执法活动具有明确的法律性是不言而喻的。由于在现实生活中，相当一部分人对教育执法活动的这一法律性特征的认识还比较模糊，因此，有必要加以强调。对教育行政执法的法律性特征应做如下理解：

（1）教育行政执法是一种法律行为，它依法成立后就产生行政法律效果，非依法不得变更或者撤销。也就是说，从法律效力上讲，教育行政执法具有确定力、不可变力。这种效力来源于法律的授权。

（2）教育行政执法也是受法律约束的具体行政行为。这种约束力从两个方面体现出来。其一是对其行政对象，即教育行政相对人的约束力，要求其必须按照教育行政执法主体所实施的教育法规，充分履行教育法规所设定的教育义务；其二是对教育行政执法主体自身的约束力，即其执法主体的执法行为自身必须是合法的，而对于依照教育法规生效的行政执法行为，行政机关有义务维护。这说明，行政执法中也含有守法的问题。

3. 教育行政执法是一种具有强制性的活动

教育行政执法的这一特征是由前面两个特征推导而出的。所谓强制性是指确定的、不可改变的约束力。既然教育行政执法是体现国家教育意志的法律活动，因而必然具有强制性，体现为以国家军队、警察、监狱等暴力机器为后盾。可见，行政机关对已经生效的教育行政执法行为要依照法律规定采取一定的措施，使教育行政执法行为得以完全实现。如果管理对象拒绝履行教育法律规范设定的教育义务，国家行政机关可以，并且必须依法强制执行或者申请人民法院或公安机关强制执行。强制性特征使教育行政执法成为一种有效的活动。如对于非法强行占用校园土地，或者在学校附近设置污染校园环境的污染源等行为（包括物质污染和精神污染），有关主管行政机关经过规劝、责令限时改正及罚款等处罚无效的，可申请人民法院或者公安机关采取强行拆除非法占用校园土地上的建筑物，或者清除污染源等强制执行手段。

4. 教育行政执法是一种具有单方权威性的活动

由于教育行政执法是由国家行政机关代表权力机关执行教育法规的活动，而其所执行的教育法律又是由具有普遍约束力的教育行为规则所构成的，其执法主体可以通过自身拥有的各种强硬手段来强迫执法对象服从，并不需要考虑其执法对象的个人意愿；反之，其执法对象必须无条件地服从执法主体的约束，使教育行政执法成为一种具有单方权威性的活动。如对未遵守《义务教育法》的有关规定的各种行为，除法律另有规定的特殊情况以外，一般均可由教育行政执法主体单方依法做出处置决定，违法者必须服从，否则可以一定形式强制执行。

教育行政执法的单方权威性并不意味着专制。因为它所执行的教育法律规范是体现了广大人民共同教育意志的教育行为规则，其民主性在立法过程中就已经得到了充分的体现。教育行政执法的单方权威性恰恰是人民共同教育意志实现的保证。

5. 教育行政执法具有主动性特征

教育行政执法一般是由行政机关主动做出的，即一经发现就必须处理，这一点有别于民事法律行为中的"不告不理"原则。如对于一些学校出现的乱收费问题，有些社会不法分子干扰学校教育教学秩序的问题等，一经发现，就必须处理，否则就是渎职。教育行政执法具有这种主动性特征，是由行政权的性质所决定的。行政权从其本意来说，就是执行政务和对社会事务进行管理的权力。如果立法活动从某种意义上说是具有决策性质的活动，那么，教育行政执法可以看作一种对教育决策加以执行的活动。而决策后的执行和对教育活动的管理，应当是积极主动的，而不是消极被动的活动。但我们也要看到，这种主动性是就一般状况而言的，不是绝对的，教育行政执法中也有一部分是应行政相对人的要求而做出的，如批准办学、发放教师资格证书等，需由有关公民或其他社会主体先提出申请，然后才由行政机关进行审核后决定是否批准或发放资格证书。

6. 教育行政执法具有执法主体多元性的特征

在现实生活中，人们有一种误解，认为教育行政执法仅仅是教育行政部门的事，这是不够全面的。在我国行政制度中，各个不同部门的行政主管机关拥有不同范围的行政相对人。教育行政作为国家行政制度的一个组成部分，必然也要遵循这一规则。就教育内部来看，其主管机关是教育行政机关。从国家教委制定的《中华人民共和国教育行政处罚暂行实施办法》（简称《教育行政处罚暂行实施办法》）的内容来看，也主要是针对办学中出现的有关违法行为的处理，从某种意义上讲，所调整的主要是教育内部的关系。但是，在现代社会中，教育已经发展成为一种全社会的事业，教育法律所约束的对象不再仅仅是学校、教师、学生等教育主体，它同时约束着全社会每个成员和各种社会组织、团体，使他们也具有了一些与教育有关的义务，同时也赋予了他们一定的教育权利。如不得侮辱、殴打教师和学生；不得扰乱学校的教育教学秩序；

不得侵占校园土地；不得制作、播放可能诱导未成年人行为不良的广告；等等。从《教育法》的内容来看，其所涉及的守法主体包括国家各级政府机关、军队、企事业组织、社会团体及其他社会组织和个人；教师和其他教育工作者；受教育者以及境外人员申请在国内从事有关教育活动的人；等等，几乎囊括了所有社会主体。而其中有相当一部分属于教育行政部门管理范围以外。同时，有些行政制裁措施的执行，也不是教育行政部门所拥有的权限允许的。如对扰乱校园秩序情节严重，依法必须予以行政拘留的，必须由公安机关执行；对招收义务教育适龄学生做童工，经教育仍不改正的，根据《义务教育法》的规定，须责令停止营业或者吊销营业执照的，必须由工商管理机关执行。此外，《教育法》《教师法》以及其他有关教育法规中多处使用"地方各级人民政府""有关部门"这样的表述，表明也并没有将教育行政执法的权力完全授予教育行政主管部门，其他"有关部门"应在其管辖职权范围内进行教育行政执法。由此可见，教育行政执法已经成为教育行政部门以外其他有关行政机关的职责的组成部分，教育行政执法的主体具有多元性特征。认识到这一点，对于提高各有关行政机关的教育执法意识是十分重要的。教育行政部门，尤其是教育督导部门，应能起到督促、协调作用。

二、教育行政执法的地位

对于教育行政执法的地位，我们可以从两个方面来分析。

（一）教育行政执法是国家行政机关的基本职能之一

《宪法》明确规定教育事务由各级行政机关以中央统一领导，地方分级办学、分级管理的形式进行领导管理。同时还规定国务院"根据宪法和法律，规定行政措施，制定行政法规"（第89条）；"县级以上地方各级人民政府依照法律规定的权限，管理本行政区域内的"教育事业（第107条）。《教育法》第14条和第15条对这一制度做了进一步的明确规定，明确了国务院和县级以上各级政府及其教育行政部门和其他有关部门在管理教育事业上的职责、权限。而教育行政执法，实质上也是一种行政机关依照法律规定的权限管理教育事业的活动。因而，教育行政执法是国家行政机关的基本职能之一。而从另一个角度看，这也意味着行政机关对此负有相应的行政责任，并且是不可推卸的、必须承担的责任，否则可能构成不作为违法，即渎职或玩忽职守。

以上提到的《宪法》第89条和第107条内容中所出现的"法律"概念，在外延上是有所区别的。由不同国家机关制定的法律，具有不同的效力等级。第89条中出现的"法律"主要是指国家权力机关制定的法律，在教育方面的目前有：《教育法》、《义务教育法》、《教师法》、《未成年人保护法》、《职业教育法》、《中华人民共和国高等教育法》（简称《高等教育法》）、《学位条例》等，此外还有一些由国家权力机关制定的内容包含有教育条款的法律，如《国旗法》、《兵役法》、《中华人民共和国残疾人保障法》（简称《残疾人保障法》）、《中华人民共和国妇女权益保障法》（简称《妇女权益保障法》）等。因为这一条是对国务院的有关授权的规定。而第107条中所出现的"法律"概念则不仅要包括国家权力机关所制定的法律，还包括地方权力机关所制定的地方法规和国务院所制定的行政法规在内。如地方各级政府管理义务教育事业，不仅要遵守《义务教育法》，而且要遵守由国务院批准实施，在全国范围内生效的《义务教育法实施细则》和本省、直辖市、自治区人民代表大会制定的地方义务教育实施条例（或细则、办法等）。

（二）教育行政执法是教育法规实施的主要方式之一

教育行政执法是教育执法制度的重要组成部分，是教育法律制度正常运转的重要环节。

教育法规的实施方式主要有两种，一是广大教育关系主体对教育法规的遵守；二是教育行政执法。而其中教育行政执法占有极为重要的地位。因为如前所述，管理教育的事务首先是国家行政机关的行政职能之一，行政机关要依法对教育事业的运转与发展进行组织和管理。而通常违反教育法规的行为属于一般违法行为，主要通过行政途径解决，只有在违反教育法规的行为情节特别恶劣，达到犯罪程度，同时也触犯了国家刑法，或由行政制裁无效时，才由司法机关出面解决。也就是说，大量的教育违法行为是通过行政机关采取制裁措施，得以规范改正的。而规范改正教育违法行为，又恰恰是教育法律制度实现正常运转的关键环节。教育法律制度是否完善，与教育执法制度是否健全有着密切联系。

三、教育行政执法的原则

教育行政执法不是一种任意进行的执法活动，它必须遵循合法性、越权无效、应急性、合理性等原则。以下分别论述。

1. 合法性原则

所谓合法性原则，简言之，即教育行政执法必须符合有关法律规定。这是由教育行政执法是一种法律性活动所决定的。在此，"法"这一概念是从最广义的角度来理解的。从其表现形式来看，它包括以宪法、教育基本法、各单行教育法、教育行政法规和规章、地方教育法规、自治教育条例、各种单行教育条例，以及其他包含有教育条款的法规等各种形式为载体的教育法律规范。从其在法律生活中的作用来看，则包括实体法和程序法。

这一原则要求做到：

（1）教育行政执法必须在法定职权范围内进行，即其执法主体与其所拥有的权限必须符合有关法律规定。

（2）教育行政执法活动的进行过程必须符合法定的执法程序。

（3）教育行政执法的内容与手段必须符合有关法律规定。

（4）教育行政执法主体既然拥有某种职权，就必须使用才合法，否则也构成违法。

由此可见，遵循合法性原则既须做到以法治教，又须做到依法治教。当前尤其需要注意纠正法律只是一种管理武器的认识偏向。事实上，在完善的教育法制中，教育法规也是规范教育管理活动自身的规则。因而，教育行政执法必须做到严格依法办事。

2. 越权无效原则

这一原则是由合法性原则引申而出，并对合法性原则进行反证。其含义是指超越法定职权范围的教育行政执法行为属于无效行为。从构成国家生活的整体角度讲，每一个国家机关的成立，都要以法律形式确定其职权范围，各个行政机关在各自不同的职权范围内运作，依据行政效率原则，通常具有不可推卸和不可重复的特点。教育行政执法必须遵循越权无效的原则，方可避免重复执法。同时，在一定程度上也可以防止权力滥用。如对拒不送子女入学接受义务教育，经教育、罚款处罚仍不改正的，可予以行政拘留的处罚。但行政拘留必须申请公安机关执行，教育行政机关不得自行拘留。否则，处罚不仅无效，反而会引起不必要的法律纠纷。此外，涉及一些专门技术问题的监督检查，也必须由专业部门进行。如对学校卫生工作的监督检查，必须要有卫生部门的参与；是否符合卫生标准的评价，必须由卫生部门做出，否则也是无效检查。

3. 应急性原则

应急性原则以行政法所确定的行政紧急权力为基础而提出。其含义是指根据公共利益的需要，在紧急情况下采取的非法行为可以有效。在诸如战争、流行病变、自然灾害等非正常情况下，有时维护公共利益的必要性会超过对合法性的要求。例如在正常情况下，停课是不允许的，做出停课的决定是违法的。但在突然出现自然灾害，校舍处于危险状态，可能会危及学生、教师生命健康、安全，或在某一地区出现恶性传染病流行（如甲肝、乙肝等），为维护师生生命健康、安全，或防止流行病扩散时，在一定时间及一定范围内做出停课决定，以便及时从危险地带疏散师生，或对传染源起到隔离作用，就应该是有效的，而不是无效的。由此，我们可以看出，应急性原则是合法性原则的一种特殊情况。

4. 合理性原则

这一原则是指在进行教育行政执法时，所采取的措施、手段等在内容上要客观、适度、合理。这一原则是针对教育行政执法过程中存在自由裁量权而提出的。

严格来说，在教育法律制度完备的条件下，教育行政活动主要是执行教育法规。其活动的展开从内容到形式都应当依法进行。但是，由于行政事务的复杂性，受到错综复杂的关系制约，也常常会发生意外情况，立法机关并不可能制定十分严密的教育行政法对所有的教育行政活动予以规范或者约定，因而不得不从法律上和事实上承认行政机关的自由裁量权，使之在一定程度上能够对执法行为做出选择。教育作为国家统一领导的公共事业，现有教育法规中在相当多的问题上授予了教育行政以自由裁量权。如《义务教育法》规定地方人民政府可以批准有"特殊情况"的义务教育适龄儿童、少年"延缓入学或者休学"；"国务院和地方各级人民政府用于实施义务教育财政拨款的增长比例应当高于财政经常性收入的增长比例，保证按照在校学生人数平均的义务教育费用逐步增长，保证教职工工资和学生人均公用经费逐步增长"。在这两个条款中对"特殊情况"和各级人民政府教育经费财政拨款增长的具体比例幅度没有做出具体规定，这就使行政上对特殊情况的认定和用于义务教育的经费的增长幅度在一定程度上具有自主决定的权力。因而，为防止教育行政执法中滥用自由裁量权，必须遵循合理性原则。贯彻这一原则要求做到：

(1) 执法行为的动因，必须符合立法目的。

(2) 执法行为步骤，必须建立在正确考虑的基础上，即要符合客观规律。

(3) 执法行为内容要合乎情理。

如地方人民政府在做教育经费预算时，必须以符合义务教育法保证义务教育事业健康发展的立法目的为指导思想；在预算过程中必须研究当地教育发展的需要和财力可能，以及当地经济发展的需要，并如何使教育为当地经济服务等问题，从而在符合"两个增长"的法律原则的前提下，对增长的幅度做出合乎情理的预算。这要求地方政府处理好经、科、教三者的关系。

四、教育行政执法的内容和方式

教育行政执法的内容，概括地说，就是有关行政机关依据教育法规进行教育管理活动，直接影响或者直接涉及公民个体、社会组织有关教育的权利和义务。也就是说，在教育管理活动中，涉及教育权利和义务关系，以有关行政部门为一方，以行政相对人为另一方，对行政相对人有关教育的权利和义务的实现产生影响的活动，就是教育行政执法活动。

教育法规在实践中的不同环节，教育行政执法的具体内容是不同的。主要可以分为推行教育法规实施，对遵守教育法规状况进行检查和监督，以及进行教育行政司法等三个方面。

1. 推行教育法规实施

推行教育法规的实施，主要是依照有关教育法规做出决定，采取措施，直接规范公民个体、学校、教师、社会组织和其他社会力量对有关教育权利的享受和有关教育义务的履行。

《宪法》明确规定了我国公民有受教育的权利和义务（第46条第1款），使受教育成为我国公民的基本权利和义务之一。《教育法》根据宪法所确定的基本权利和义务，以及人人在法律面前一律平等的原则规定，进一步明确规定：我国"公民不分民族、种族、性别、职业、财产状况、宗教信仰等，依法享有平等的受教育机会"（第9条第2款），作为保障公民受教育权利和义务实现的条件。为保证我国公民的基本素质，《教育法》和《义务教育法》中都进一步规定"国家实行九年（制）义务教育制度"

(《教育法》第19条第1款,《义务教育法》第2条第1款);《义务教育法》还规定了义务教育适龄学生不分性别、民族、种族等,应当入学接受规定年限的义务教育(第5条)。由此使九年制义务教育成为既是公民应当享有的教育权利,又是公民必须履行的教育义务。此外,根据宪法及有关教育法规的规定,我国公民还有平等竞争除义务教育以外的其他层次、类型的教育的权利。宪法和教育法规中所规定的这些公民的教育权利和义务如何实现呢?《宪法》中规定:"国家发展社会主义的教育事业","举办各种学校","发展各种教育设施","国家鼓励集体经济组织、国家企业事业组织和其他社会力量依照法律规定举办各种教育事业"(第19条)。《教育法》和《义务教育法》中则具体明确了义务教育的推行方式:地方各级人民政府必须创造条件,使适龄儿童、少年入学接受义务教育。根据这些规定,各级政府及其行政机关必须在职责范围内做出教育规划,采取具体的行动步骤,设置义务教育设施,以保证公民享受义务教育权利;同时,也要采取其他有效措施,制约公民接受义务教育义务的履行。从而使宪法中有关教育的规定、《教育法》和《义务教育法》以及其他教育法规得到贯彻实施。

教育法规主要是通过政府行政部门来贯彻实施的。《教育法》中对国家所要建立的各种教育制度的规定,和《教师法》中有关各项教师权益的实现,也有赖于各级政府及其行政机关制定具体的行政措施予以保证。由此我们可以看出,制定各种推行教育法规的行政措施,是进行教育行政执法的重要内容。教育法规中许多授权行政机关进行管理的教育事务,都需要有关行政部门制定出相应的具体行政措施。从这个意义上看,制定推行教育法规的行政措施,也是教育法规本身系统化、配套化的需要。

2. 对遵守教育法规状况进行检查和监督

对遵守教育法规状况进行检查和监督,是指通过各种方式对公民个体、社会组织和其他社会力量是否正当行使教育权利和履行教育义务的情况进行监督、检查。除了从正面采取推行教育法规的行政措施外,教育行政执法的内容还包括对公民个体、社会组织和其他社会力量遵守教育法规的情况进行监督检查,以防止违反教育法规的行为发生,或者做到及时纠正违反教育法规的行为。

由于进行教育行政执法,如前所述,是一种作为行政机关的职责,是由有关行政机关主动做出的行为,并且是一种代表国家意志的行为;又由于教育是一种特殊的社会事务,有时违反教育法规行为的社会危害具有潜在性特点,其所危害的是国家和社会的长远利益。如造成义务教育适龄学生失学或者辍学的行为，对违法的公民个人或者某个法人来说，可能是眼前利益的满足，但是，对国民整体素质的提高造成障碍，从而对国家和社会的将来发展形成隐患。又如，目前学校教育中存在的种种"反教育"现象，对年轻一代造成的不良影响，其社会后果也将是十分严重的。因此，为了维护国家民族和社会的长远利益，国家行政机关有权，也有义务对管理对象遵守教育法规的情况进行监督检查，以保证教育法规实施的效力。

对公民个体、社会组织和其他社会力量的守法情况进行监督、检查，也是各级政府了解和掌握教育法规在教育生活中运转情况的主要途径之一。根据在监督、检查过程中掌握的情况和针对其所发现的问题提出改进的对策，一方面促使行政机关完善自身的教育行政措施；另一方面，可以将问题反映到国家权力机关，通过权力机关完善教育法规建设。

3. 进行教育行政司法

进行教育行政司法，主要是指通过行政途径，处理教育法律纠纷，对违反教育法规的行为采取一定的制裁措施。

《教育法》《教师法》《义务教育法实施细则》《未成年人保护法》等教育法规文件中，均列有"法律责任"一章，对于必须进行追究教育行政法律责任的行为做出了规定。有关行政机关在其管理权限范围内行使制裁权限。

虽然对违反教育法规行为的法律责任的追究，并不仅仅限于行政责任，还可能涉及民事法律责任、刑事法律责任，甚至涉及违宪责任，但是由于教育管理主要是行政职能，教育法规中有相当数量的内容以教育行政法规的形式表现出来，而且教育违法行为大多数只是一种一般性的违法行为，使教育行政司法在整个教育司法中占有相当比例。

对违反教育法规的行为，应当给予教育行政处罚的，必须按照《教育行政处罚暂行实施办法》所明确的范围、手段和程序进行。这是就教育内部而言的，如果违反教育法规的行为，超出该"实施办法"的处罚范围，则应使用国家其他法律法规进行处理。

以上三个方面的内容体现了教育行政执法过程的不同阶段。通过制定行政措施推行教育法规，是进行教育行政执法的第一个阶段。由于行政措施通常以行政法规和行政规章形式表现，又可视之为一种行政立法活动。行政措施制定以后，在要求有关守法主体遵守和有关部门贯彻实施过程中不可放任自流，仍需有必要的监督、检查，这是教育行政执法的第二个阶段。在监督、检查过程中，发现和处理违法行为，即进行教育行政司法，这是第三个阶段。这仅仅是从一个单程来看的。监督、检查的过程，除具有发现违法行为的作用之外，对教育行政措施乃至教育法规自身的制定是否科学、合理，也起着反馈作用。如果发现教育行政措施本身在内容上有需要改进的地方，必须进行修改时，其教育行政执法又回到了"立法"这个开端。可见，这三个方面的内容又是相互联系和影响的。处理好这三个阶段的关系，对于提高教育行政执法的总体水平具有重要意义。

针对教育行政执法的不同内容，具体可以采用制定行政措施、组织监督检查、许可与确认、追究行政责任、奖励等几种方式进行教育行政执法。

本章小结

教育法规是有关教育方面的法、法令、条例、规则、规章等规范性文件的总称，也是对人们的教育行为具有法律约束力的行为规则的总和。现代教育法规同时具有阶级性和全社会性，教育法规的实施还具有强制性。我国的教育法规体系是以在宪法指导之下的国家教育基本法为母法，与其所派生的一系列单行教育法及其他各层次规范性文件所构成的，具有纵向形式层次和横向内容分类两个维度。下位法规通常是上位法规原则规定的具体化。

教育立法是国家权力机关和行政机关按照法定程序制定、认可、修改、补充、废止教育法规的活动。进行教育立法活动要有前期准备工作，包括理论准备和资料准备。国家权力机关和行政机关在权限内制定教育法规文件的程序有所区别。

教育行政执法是指国家有关行政机关及其所属工作人员，在现实生活中实施教育法规的活动，是有关行政机关及其工作人员按照法定职权和程序所采取的直接影响公民、社会组织或其他社会力量的有关教育权利和义务，或对其教育权利与义务的行使和履行进行监督的具体行政行为。教育行政执法活动必须依据合法性原则、越权无效原则、应急性原则和合理性原则展开。教育行政执法的内容包括推行教育法规实施、对遵守教育法规状况进行检查和监督、进行教育行政司法三个方面。

学习活动建议

1. 阅读已公布施行的教育法规及相关学习辅导材料,把握其立法宗旨和基本内容。
2. 观察教育实践,收集有关教育纠纷的案例资料,分析其法律解决途径。
3. 熟悉教育法规的文本结构。
4. 提出完善我国教育法制的建议,特别是如何加强教育法规实施监督体系的构建。

第十一章

教育规划

学习目标

了解教育规划的含义和内容；
理解制订教育规划的相关因素；
理解制订教育规划的原则；
掌握制订教育规划的人力需求法；
掌握制订教育规划的社会需求法；
掌握制订教育规划的学校布局法；
掌握制订教育规划的主要程序。

第一节　教育规划概述

一、教育规划的含义

教育规划，又称为教育事业发展规划，是国家或地方各级政府根据国家的教育方针、政策和法规，为实现一定的教育发展目标，促进国家或地方经济和社会发展，对有关教育事业的发展目标、规模、速度，以及相应的步骤和措施等所做的设计、部署和安排。它不但是国家或地方在一定时期做出教育决策，发展教育事业的依据，而且是实现一定时期国民经济和社会发展目标的战略措施。

教育规划的种类很多。从教育规划所覆盖的区域范围划分，有宏观教育规划和微观教育规划。宏观教育规划以一个国家或地区的整个教育事业为规划对象，主要针对教育发展与国民经济和社会发展的相互关系、教育发展速度如何适应并促进经济和社会发展、教育结构改革如何为社会经济结构和产业结构的调整与变革服务、教育事业如何在宏观上与经济和社会发展相协调等问题开展规划。微观教育规划则以一个学区或一所学校为规划对象，主要针对该学区或学校的教育问题，如学制、招生、师资、校舍、设备、课程、教材等各种因素及相互关系等进行设计和安排。宏观教育规划在各国应用最广，相关研究也较多。国外早期的教育规划多系全国性教育规划，以后又逐步偏重地区性教育规划。

从教育规划所覆盖时间的长短划分，有长期教育规划和短期教育规划。长期教育规划所覆盖的时间较长，一般在十年左右甚至更长；短期教育规划的时限一般在五年左右，有的甚至只有一年到二年。国外应用较多的是长期教育规划，我国既重视长期教育规划，也重视短期教育规划。在我国，习惯上把五年以内的教育规划称作教育计划。

从规划所涉及内容的复杂程度划分，有综合性教育规划和专题性教育规划。综合性教育规划一般以整个教育系统为规划对象，是一种对教育事业的全面规划，内容主要包括各级各类教育发展的速度与规模、教育机构的调整与设置、教师与管理人员队伍建设、图书资料的购置、教学仪器设备的更新与添置、办学经费的筹措等。综合性教育规划涉及面广，内容复杂，制约因素多，制定的难度较大。专题性教育规划以某个教育阶段或教育类型为规划对象，主要涉及某一阶段或某一类教育的发展速度和规模，以及人员、图书、经费、设备等因素。专题性教育规划因涉及范围相对较窄，涉及的相关因素不很复杂，所以难度也较小。20世纪60年代以来，专题性教育规划越来越受到一些国家教育界的重视。

二、教育规划的内容

教育规划的内容随教育规划的种类不同而有所不同。不同种类的教育规划，规划对象的范围不同，规划所涉及的因素不同，规划的要求也各不一样，因此规划的具体内容存在差别。一般来说，教育规划主要包括以下一些内容。

1. 教育事业发展目标

任何教育规划都要确定规划范围内教育事业的发展目标。发展目标主要包括各级各类教育适龄人口的入学率，各级各类学校在校生的数量、层次、专业结构，以及学校数量、规模、布局等。发展目标是教育规划的核心内容。

2. 实现教育发展目标的措施

教育发展目标通常需要做出更多更大的努力才能够实现，所以为保证目标的实现，在教育规划中应当提出相应的措施。一般来讲，主要是两大方面的措施：一是教育自身方面的，如为达到目标所需要的师资力量、新增校园面积、校舍以及教学仪器设备等；二是社会方面的，如为实现教育发展目标，政府有关政策、法规、制度及行政管理等应当采取的措施，社会或社区所应营造的有利环境，等等。

3. 投资预算

教育发展目标的实现，需要有可靠的经费保证。在教育规划中，应当确定实现教育发展目标所必需的教育经费的数量、主要来源渠道，以及分配使用计划与方案。

4. 教育发展目标的实施计划

教育规划中所确定的发展目标往往是一个持续的发展时期的发展目标，要实现这个目标，需要做出连续的、持久的、递进式的努力。所以，在教育规划中要确定年度发展速度、各项工作指标，以及相应的工作方法、程序、步骤等。

第二节 制订教育规划的相关因素

教育不是孤立的，它与社会经济、政治、文化、人口等有着不可割裂的联系。一方面，教育的发展要受到社会经济、政治、文化、人口等的制约；另一方面，教育的发展又对社会经济、政治、文化、人口素质等有着重大的促进作用。因此，在教育规划中，必须对规划所涉及的社会经济、政治、文化、人口等相关因素进行必要的研究，找出它们之间的相关性，为提出教育事业发展目标及相应措施等提供重要依据。本节着重讨论教育规划中常常涉及的社会经济、政治、人口及教育等四种主要因素。

一、经济因素

教育与经济之间的关系，首先体现在社会经济发展为教育发展提供物质基础，教育活动赖以依存的各种物质条件，包括校舍与校园设施、教学仪器设备，以及各种技术条件等，无不取决于经济发展水平与状况。与此同时，教育的发展规模和速度以及教育体系和结构都取决于社会经济的发展水平和质量。社会生产力的发展水平还决定着社会劳动力的规格和质量要求，从而也决定着学校教育培养人才的规格和素质。此外，社会生产力的发展水平还直接或间接地影响着教育内容的选择和更新，以及教育活动所采用的组织形式、教育方法、教育手段等。

现代社会生产发展表明，教育与经济之间的关系越来越密切，教育的发展离不开经济的发展，经济的发展也离不开教育的发展。教育不仅承担着社会劳动力再生产的任务，而且已经成为提高生产的技术水平和劳动生产率的重要手段。因此，教育发展与经济发展必须相互适应。

在教育规划中考虑经济因素，主要应当关注三个问题：

1. 经济发展的要求

社会经济发展需要教育为其提供人力和技术支撑。在规划周期内，社会经济发展目标所需要的各级各类人才是确定教育发展目标的主要依据之一；经济结构的调整以及经济形势所面临的各种变革必然要求从业者具备相应的素质，对此，教育规划也应当做出回应。

2. 教育物质供给的可能性

教育发展目标的实现必须有可靠的物质保障，而物质保障最终取决于社会经济发展水平所能够满足的程度。如果教育发展目标超出了社会经济发展所能够提供的物质条件，那么，这个目标是不具备实现的客观条件的。

3. 教育资源使用的有效性

加强对教育经费的收支预算与控制，提高教育资源使用的有效性，是勤俭办教育的要求。国外主要采用四种指标测评教育资源使用的有效性，包括外效性，即教育系统的外部有效性，用教育系统达到目标的情况来衡量；内效性，即教育系统的内部效率，用生均成本来衡量；外部生产性，即毕业生为个人和社会所创造的全部价值；收益率，即个人通过教育所形成的收益能力与受教育所付出的成本之比。

二、政治因素

政治对教育有着重要的影响，有时甚至是决定性的影响，因此，在教育规划中不能回避政治因素。政治对教育发展的影响主要表现在四个方面：第一是教育目的。教育目的通常都是由政府制定的。第二是教育制度。各种教育法律、法规、政策等都是通过有关政治或行政程序制定的，是为保障一定的教育目的的实现服务的。第三是教育机会分配。在受教育机会不充分或受教育机会差别较大时，教育机会的社会分配往往成为政治行为，而不是单纯的教育行为。第四是教育财政。政府或社会有关政治势力不仅对国家财政预算中教育经费所占份额及其增减有重要影响，而且对于教育资源的筹措、再分配和使用等都发挥着重要作用。

在教育与政治的关系中，教育并不是完全被动地受政治制约的，而是能够发挥重要的、积极的能动作用的。教育对政治的能动作用主要体现在三个方面：首先，教育具有促进社会政治延续，传承社会政治传统的作用；其次，教育具有改善社会政治生活，提升社会政治文明水准的作用；最后，教育具有促进社会成员政治社会化，普及社会政治理念的作用。

教育规划既要正视政治对教育发展的影响，又要考虑教育发展对政治的积极能动作用。具体来讲，在教育规划中考虑政治因素，主要应当重视三个问题：

1. 社会政治环境与政治改革的要求

教育的发展状况不仅可以看作一定的政治环境影响的结果，而且政治环境还是未来教育发展的重要制约或促进因素。在教育规划中，要通过对社会政治制度、政治形势和政治改革目标与进程的分析，弄清政治环境与未来教育发展之间的关系，使教育规划在政治上具有可行性。

2. 社会政治决策对教育发展目标确定的影响

教育发展目标的确定不是单纯的教育决策，也就是说，它在很大程度上不是教育规划人员能够最终决定的。教育发展目标中有关发展规模、速度等方面的内容更需要经过一定的政治决策程序才能确定下来。也只有这样，才能保证教育规划的顺利实施。

3. 社会政治策略与手段对教育发展目标实现的作用

教育发展目标的实现需要有各种行之有效的策略和手段。这些策略和手段既包括经济、财政方面的，也包括政治、行政方面的。所以，在教育规划中，应当弄清楚哪些政治策略和手段有助于教育发展目标的实现。

三、人口因素

教育以受教育人口为对象。教育发展的最终目标就是满足全体人口接受教育的需要，最大限度地造福全体社会成员。因此，在现代社会，教育与全体社会成员息息相关，教育规划不能不考虑人口因素。

人口与教育之间的关系，可以从两个方面来认识：第一，人口状况是教育规划的基础。教育的规模、学校网点布局、教育层次结构，以及教育内容、形式、方法、手段等无不受到人口因素的制约。在一定意义上，教育规划就是根据社会人口的实际状况，制定人口受教育的目标及相关的各种保障措施。第二，教育对人口的优化功能。教育能够普遍提高人口的素质，优化人口结构，促进人口的职业和社会地位的迁移与变化，甚至还可能发挥调节人口增长类型的作用，促进人口向低出生率、低死亡率、低增长率和高教育水准方向发展。

在教育规划中考虑人口因素，主要应当重视三个问题：

第一，人口统计。教育规划中，各种定量、定性分析和各种发展目标与战略措施的确定都必须以人口统计为依据。人口的总数、年龄结构、性别结构、地理分布、受教育状况等都是教育规划不可缺少的资料。

第二，人口的动态结构。人口的动态结构从另一个方面反映出人口的状况。人口的动态结构可以从人口增长、人口迁移和人口变化趋势三个方面来认识。人口增长往往会带来人口的年龄结构和性别结构等的变化，这些变化对一定时期的教育发展目标有着重要影响。人口迁移常常造成人口地理分布的改变，从而影响到社会教育需求。人口变化趋势受多种因素制约，如出生人数、死亡人数、外来居民人数和移出居民人数等。对人口变化趋势的预测能够增强教育规划的有效性。

第三，教育人口统计。教育人口统计要着重弄清与教育规划有关的各种主要人口因素。教育人口统计的内容主要有三个方面：一是教育输入统计，主要包括在校学生总人数的统计或预测，各级各类学校、各年级、各专业的入学人数统计或预测，等等。二是教育过程中的人口统计，主要包括升学率、升级率、毕业率、辍学率等。三是教育输出统计，主要是对教育水平和教育质量的统计，如国家或地区人口的受教育程度、教育成就、教育合格率、以往教育目标的实现情况等。

四、教育因素

教育规划不仅涉及社会经济、政治、人口等因素，而且还与教育本身有着密切的联系。尽管教育规划是一项技术性较强的工作，但规划人员不能单纯从技术角度来看待教育规划。教育规划人员应当熟悉教育过程，对教育体制及其运行过程有比较深刻的认识。只有这样，才能制订出符合教育规律的、科学的教育规划。

在教育规划中考虑教育因素，重点应当关注四个问题：

第一，教育目标。教育目标是国家、社会、个人对教育的一种期望。它的确定取决于社会经济、政治、文化、个人等多方面的需要。教育可以有多重目标，比如，教育的经济目标，即培养训练有素的、促进国家经济发展的建设人才；教育的政治目标，即培养具有爱国主义精神，远大政治理想，有志于献身民族复兴的伟大事业的政治素质过硬的人才；教育的文化目标，即传承民族优秀传统文化，借鉴和吸收外来优秀文化，创造时代新文化；教育的个人目标，即促进个人身心和谐发展；等等。

第二，教育结构。教育结构是指教育系统内部各级各类教育之间的构成状况，其主体是各级各类学校教育的构成状况。在教育规划中，对教育结构的探索主要应当分析其层次结构、形式结构、专业（学科）结构和区域布局结构等。

第三，师资队伍。教师是教育目标的直接实施者，师资队伍的状况与教育事业的发展速度和教育质量密切相关。针对师资队伍的状况，主要应当分析师资队伍的年龄结构、性别结构、职务（职称）结构、学历结构、学科（专业）结构，以及师资队伍人数与其他有关人员之间的比例关系等。

第四，教育内容。教育内容包括学生通过学习所获得的全部知识和经验。随着科学技术和人类文化的不断发展与进步，教育内容越来越丰富。同时，教育内容也是决定人才培养规格、质量的关键因素。因此，如何选择教育内容，选择什么样的教育内容就成为十分重要的教育问题。教育规划必须对此做出明确的回答。

第三节 制订教育规划的原则

教育规划既涉及复杂的社会因素，又涉及教育内部的各种因素。不管是教育发展目标的确定，还是各种战略措施和计划进程的选择与安排，都必须以理性的、科学的、合理的判断为基础。要保证所做的判断科学、合理，必须坚持以下五条基本原则。

一、教育与经济和社会发展相互协调的原则

教育与经济和社会发展之间的关系是教育发展所面临的最基本的外部关系，在教

育规划中贯彻这条原则，就要注意调整教育与经济和社会发展之间的关系，使教育发展适应并促进经济和社会的发展。具体来讲，就是要从以下三个方面做好工作：

第一，确立教育在国民经济和社会发展中的战略地位，把教育发展作为国民经济和社会发展的重大战略措施，为教育发展提供充足的资源和条件，使教育事业的发展速度和规模适应经济和社会发展及国民素质提高的要求。

第二，调整教育结构，使教育的层次、科类、形式等结构适应经济结构和经济发展水平的需要。只有建立与经济发展相适应的教育结构，才能使教育发展更好地为经济建设服务。这是现代教育发展的基本要求，也是教育的人力开发功能的集中体现。

第三，加强统一领导和各方协作，建立教育、计划、劳动、人事、经济、财政、科技、文化等部门及社会其他有关方面共同参与、统筹协调、通力合作的教育事业发展协作机制。这是制订合理可行的教育规划的可靠保证，也是教育规划能够付诸实施的基础。

二、各级各类教育事业协调发展的原则

各级各类教育事业之间相互衔接、相互依赖是现代教育发展的一个重要特征。初等教育、中等教育和高等教育之间，职业技术教育和普通教育之间，正规教育和非正规教育之间，以及各个不同地区的教育之间都存在相互影响、相互作用的关系。坚持各级各类教育事业协调发展，有利于优化教育结构和教育体制，促进教育事业健康发展。

在教育规划中贯彻各级各类教育协调发展的原则，就是要处理好各级各类教育事业发展的比例关系，包括各级各类教育内部的规模、质量、结构和效益之间的关系，统筹兼顾，合理确定教育事业发展的重点，合理分配教育资源，使整个教育事业在教育规划的调节和控制下健康发展。

各级各类教育事业之间的比例关系主要指：初等教育、中等教育和高等教育之间，正规教育与非正规教育之间的比例关系，普通教育与职业技术教育之间的比例关系，发达地区教育与欠发达地区教育之间的比例关系等。合理确定这些比例关系是各级各类教育事业协调发展的前提条件。

三、数量目标与质量目标相结合的原则

教育目标一般表现为一定的数量和一定的质量要求。在教育规划中，数量目标往往比较容易受到人们的重视，而质量目标，尽管人们口头上也说重视，但常常不能落实到行动上。实际上，教育发展的数量目标和质量目标之间是辩证统一的关系。只顾数量的增长，盲目追求入学率、学校数、升学率的增长，而不考虑教育质量的保证和提高，这种增长不但是不能够持久的，而且也是有害的。反之，如果只考虑教育质量的提高，而置巨大的社会教育需求压力于不顾，就会破坏教育与经济和社会协调发展的关系，使教育发展的速度和规模不能满足经济和社会发展的需要，最终，教育的发展也会受到制约。因此，在教育规划中，必须遵循数量目标与质量目标的辩证统一关系，正确处理教育发展中的数量和质量关系，实现教育事业在数量快速增长的同时，教育质量稳步提高。

在教育规划中，贯彻数量目标与质量目标相结合的原则，首要的问题是处理好普及与提高的关系。在教育资源紧缺时期，普及与提高之间的矛盾尤为尖锐。在教育事业的发展上，就整个教育系统而言，普及是基础，提高是目的。也就是说，要在普及的基础上抓提高。比如，只有在普及了小学教育的基础上，才能逐步普及初级中等教育，进而向普及高级中等教育延伸。就某一级教育或一类教育而言，处理普及与提高的关系应当视具体情况而定。

四、从实际出发的原则

教育事业的发展既受到客观社会环境和条件的制约，又受到教育自身状况的制约。在教育规划中，确定教育发展目标，选择教育发展战略和措施，决定教育发展速度和进程，安排未来教育收支预算等，都应当从客观社会和教育自身的实际状况出发，实事求是，量力而行。

在教育规划中，贯彻从实际出发的原则，就是要处理好需要与可能的关系。所谓"需要"，是指国民经济、社会发展和人民群众对教育提出的要求以及教育自身发展的要求。所谓"可能"，是指国家、社会、家庭等能够为教育事业发展提供的资源以及教育系统自身的基础条件。在教育资源紧缺的情况下，需要与可能之间的矛盾尤其尖锐。

因此，教育规划，应当从可能的资源和条件出发，确定满足社会多方面的教育需要的程度。

此外，还应当根据不同地区经济和社会发展的水平和条件，承认发展的不平衡性，因地制宜，从实际出发，提出各级各类教育事业的发展规模、速度和质量要求，制订教育事业发展的近期和长远规划。

五、贯彻改革精神的原则

教育在改革中发展和进步。没有改革，就没有教育的发展，也不可能有适应社会变革的新的教育制度。因此，制订教育规划，必须贯彻改革精神，大胆解放思想，鼓励向旧的教育思想和教育模式挑战，积极吸收和采纳教育研究的新成果，努力改进和完善教育体制。

在教育规划中，贯彻改革精神，就是要研究社会经济、政治、文化、科技、人口等的发展对教育提出的新要求，研究教育不适应经济和社会发展的问题，正视教育的不适应性，以改革的精神探讨教育发展的新目标和调整与改革教育体制的策略，合理规划教育事业的未来发展方向，从而保证教育适应经济和社会发展的需要。

完善教育体制，促进教育事业健康发展是教育规划的主要目的。教育体制中存在的各种问题，如结构失调、功能紊乱、资源浪费、效率低下、质量不高等，都只有通过贯彻改革的精神，制定积极有力的改革措施并有效地付诸实施，才能得到克服和遏制。

第四节　制订教育规划的方法和程序

一、制订教育规划的方法

教育规划好比建筑工程设计，是一项技术性很强的工作。制订教育规划的方法很多，如人力需求法、社会需求法、学校布局法、成本—收益分析法、人口预测法、内部外推法、数学模型法、系统动力学方法等。本节主要介绍应用较多的三种教育规划方法。

（一）人力需求法

人力需求法是应用最广、影响最大的教育规划方法。它从教育与国民经济之间的密切关系出发，以国民经济发展对人力需求的预测为基础，根据社会各行业、各部门对各级各类人才的需要制定教育事业的发展目标。其基本理论依据是教育发展应当以满足社会经济发展对各级各类人才的需求为目的。

人力需求法的核心是人力供求预测。其基本步骤是：第一，预测受教育的人力需求；第二，预测教育人才供给；第三，平衡供求关系。其中，预测受教育的人力需求是整个人力需求法的基础。

由于人力需求预测技术的不同，人力需求法还可以细分为若干不同的具体规划方法，主要有国际比较法、固定系数法和调查法等。

1. 国际比较法

国际比较法假定世界各国的经济发展水平与其人力发展水平之间存在某种因果关系，如要使规划国家的经济发展达到一定的水平，必须使该国的人力发展水平赶上已经处于这一经济发展水平的国家。国际比较法包括纵向比较法和横向比较法。纵向比较法是将一国与其他国家的某一历史发展阶段进行系统比较的方法；横向比较法则是将一国与同一时期的许多国家进行比较的方法。

国际比较法的大致步骤是：第一，对国内人才培养和使用现状进行调查分析；第二，预测国内主要的经济和社会发展指标，收集世界各国相关的发展指标，确定比较对象，并就教育发展状况展开国际比较；第三，根据对比国家的劳动力结构、教育投资比重和教育发展的历史与现状，分项目进行专题比较研究；第四，取得对比研究结果后，根据国内人才现状，确定各类人才培养的规划指标，并据此制定国家教育事业发展目标。

2. 固定系数法

固定系数法假定生产过程中各因素与劳动力之间的相关性存在一定的系数或比例关系，据此推算生产因素的变化所必然要求的劳动力的变化，由此获得确定教育发展目标的依据。如果以产出与劳动力之间存在的固定系数来进行人力需求预测，就是劳动力产出系数法；如果以投资增加与劳动力增加之间存在的固定系数来进行人力需求预测，就是投资与人员比例法；如果以某一类劳动力中某一具体部门的劳动力所占比例为系数来进行人力需求预测，则是密度比例法。这类固定系数或比例关系很多，可以根据不同规划目的或规划对象进行选择。

3. 调查法

调查法是一种应用十分广泛的方法。它主要包括用人单位（雇主）调查法和专家调查法。用人单位（雇主）调查法是通过问卷或访谈等形式直接向社会用人单位（雇主）了解人力需求情况，并根据用人单位（雇主）的要求预测社会人力需求的方法。专家调查法的调查对象是一批经验丰富、具有代表性的专业人员。它立足于从专家集体中获得规划信息，集中专家集体的知识、经验和智慧，以保障人力需求预测结果更加准确。专家调查法一般有四个步骤：第一，调查问卷设计。这一项工作由教育规划人员完成。第二，专家单独填写问卷。在此之前，规划人员应当向专家介绍有关背景或提供有关参考材料。第三，统计调查结果。第四，组织专家论证，优选最佳方案。专家调查法的关键是所选择的专家应当具有代表性。

（二）社会需求法

社会需求法是以个人的教育需求为依据制订教育规划的方法。也就是说，社会需求法所指的社会需求，实际上是个人的教育需求的汇总，与社会经济发展对人力的需求没有直接关系。社会需求法的理论依据是发展教育事业就是为了满足个人的受教育要求，因此，教育规划的关键就是要对个人的教育需求进行预测，并根据预测结果制定教育发展目标，即提供足够的受教育机会，以满足"社会需求"。

社会需求法所需预测的公众个人的受教育需求受到多种因素的影响，有教育外部的因素，也有教育内部的因素，还有公众个人方面的因素。就教育外部而言，影响社会教育需求的主要因素有社会人口变化、职业前景与变化、社会经济状况、社会文化环境等；就教育内部而言，影响社会教育需求的因素主要有各级各类教育的结构与变化，各级各类学校的招生制度、学生资助制度、教育收费制度等；就公众个人方面而言，影响其教育需求的主要因素有个人的家庭背景、性别、学习基础、智力、兴趣爱好等。

在教育规划中，一个简单的社会需求法，就是假定社会公众个人的教育需求都是一致的，然后以社会人口预测为基础，分年龄段预测各级教育的学龄人口数，并据此测算公众的教育需求。这一方法在义务教育阶段的教育规划中是行之有效的，因为义务教育阶段的学龄人口都有受教育的义务，该年龄段人口的受教育需求较少地受到教育的各种内外部因素以及公众个人方面因素的影响。对于其他年龄段人口的受教育需求，则不得不重视各种相关因素的影响，因此，对这些社会需求的预测往往要复杂得多。

（三）学校布局法

学校布局法是根据国家的教育政策和规划区域的人口分布情况确定学校的地理位置和办学规模的方法，一般适用于地区或区域性教育规划。其目的是要使规划区域的学龄儿童和青少年获得均等的受教育机会和均等的教学条件，提高教育资源的使用效率。

学校布局法包括预测、诊断和规划三个环节。预测是对各学龄段人口及其地理分布情况进行预测。预测的方法可以采用社会人口预测法。诊断是对教育体制的现状做出分析和评价。诊断的内容主要是规划区域内每一所学校的办学条件和办学效率。办学条件指的是学校的人力、物力、财力和交通便利情况；办学效率是指学校对所拥有的人力、物力和财力的利用率高低情况。诊断是学校布局法的关键技术，它需要建立一个完备的数据库，收集有关人口分布、地理环境和教育系统的基本数据。在数据缺乏的情况下，应当开展现状调查，调查内容依规划的对象和规划的具体要求而定。规划是在预测和诊断的基础上提出合理化建议。规划的关键在于学区的划分及相关标准的制定。学区的划分需要考虑学生的年龄、地理条件、交通条件和住宿条件，有时还可能涉及其他社会因素，如宗教、民族问题等。制定标准既要考虑教育因素，又要考虑经济因素，尤其要考虑生均教育成本。制定有关教育标准的一般原则是：在保证教育质量的前提下，努力提高各所学校的各种教育资源的利用率。

教育规划的种类多种多样。不同的教育规划，因其规划目的、任务、要求各不相同，在制订过程中所运用的有关理论、方法和具体技术各不相同，制订程序也各有不同，有的比较复杂烦琐，有的相对简单。一般而言，制订一个教育规划的程序大致有七个步骤。

二、制订教育规划的程序

(一) 确定规划组织形式

科学高效的组织形式是完成教育规划的制订工作，做出高质量的规划报告的组织保证。制订教育规划的组织形式主要有：

(1) 由各级教育行政部门或有关学校的规划机构制订。
(2) 委托有关教育研究机构或有关专业人员制订。
(3) 成立专门的规划机构承担规划任务。

(二) 建立规划工作程序

规划工作程序是指制订教育规划方案的全部活动过程，包括总的工作程序、进度安排、分工协作及相关制度与要求等。规划工作程序是制订教育规划全过程活动的基本依据，必须进行系统设计，统筹安排，以保证整个规划过程有条不紊地顺利进行。

(三) 建立教育规划资料库

教育规划资料库是教育规划活动的信息源。建立教育规划资料库的主要任务是：收集、存储与教育规划有关的各种信息、资料，并根据规划要求进行统计处理，供有关分析、决策者参考。教育规划资料主要包括三个方面的信息、资料：一是与教育相关的外部信息、资料，包括社会经济、政治、文化、科技等方面的情况；二是与规划相关的教育系统自身的信息、资料，主要包括各级各类学校数、在校生人数与结构、师资人数与结构、课程与教学、教育经费与使用、校舍、设备、基建与维修，以及各种相关教育制度等；三是与教育规划相关的人口信息、资料，主要包括各学龄段人口总数与年龄分布，学龄人口的地理分布、性别、家庭背景、学习基础、对受教育水平的期望等。

(四) 确定规划参数，建立数学模型

规划参数是教育规划所涉及的各种关系的数学表达形式，是规划中推算、决定教育发展目标、计划、进程的重要依据。它或它们是在对有关教育规划资料进行充分研究的基础上提出来的。

数学模型是根据所确定的规划参数和掌握的相关资料，运用数学方法，模拟各级各类教育的未来发展状况的仿真系统。在教育规划中，通过数学模型，可以模拟出各级各类教育在今后若干年甚至几十年的发展状况，包括各级各类教育发展的规模、结构、师资需求、教育投资需求等。规划中常常根据不同的规划系数，建立多个教育发展的数学模型，然后从中做出最佳选择。

（五）拟订规划草案

教育规划既可以是国民经济和社会发展规划的一个组成部分，也可以是一份专门的规划文件。不同的教育规划因其规划目的和呈报对象不同，具体内容有很大差异。一般来讲，一份教育规划报告通常包括现状描述、发展目标和主要战略措施三个方面的内容，即应当阐明教育发展的现状、所面临的形势与任务、规划周期内教育事业的发展目标、主要政策、战略措施、预算经费及筹资渠道等。

（六）评估论证

评估论证是对规划草案和规划中所运用的资料、方法及规划过程的各环节与程序等进行检查与审核，对规划目标及主要战略措施的科学性、合理性和可行性进行鉴定论证，在此基础上，提出评估论证结论与规划草案修改意见、建议的过程。评估论证的目的在于集思广益，确保教育规划的科学性、合理性和可行性。评估论证一般采用专家论证会的形式。

（七）决策实施

教育规划的最后一个步骤是将规划报告呈报有关决策部门审批。影响教育规划决策的因素很多，除教育规划本身外，还有其他各种相关因素，如社会政治因素、经济因素等。教育规划报告的审批不是一个单纯的技术性问题，它往往还是一个政府决策行为，并由此而成为一个政治性问题。

规划报告如果未能获得批准，应当根据有关要求重新制定或修订，并再次组织专家论证。一旦获得审批通过，那么，有关教育行政管理部门应当积极组织力量，按照教育规划报告的要求，制订各项实施计划，并付诸实施。在教育规划的实施过程中，可以根据实际情况，对教育发展的目标、重点、战略、措施、进程、步骤等进行必要的修改或调整，但这种修改或调整也应当按照严格的规划组织程序进行，不得随意擅自进行。

本章小结

教育规划既是政府教育行政的主要职能，同时又是教育行政的一种有效手段。在世界各国的教育行政中，教育规划受到广泛的重视。我国自20世纪80年代初期开始大规模地制订教育发展规划以来，教育规划的理论研究和实践都取得了丰硕的成果，教育规划的作用越来越显著。

教育规划是政府及其教育行政部门对教育事业的发展目标、规模、速度，以及相应的步骤和措施等所做的设计、部署和安排。教育规划的种类很多，有宏观教育规划和微观教育规划、长期教育规划和短期教育规划、综合性教育规划和专题性教育规划。教育规划的内容主要包括教育事业发展目标、实现教育发展目标的措施、投资预算及教育发展目标的实施计划。

教育规划必须对规划所涉及的社会经济、政治、文化、人口等相关因素及教育本身进行必要的研究，找出它们之间的相关性，为提出教育事业发展目标及相应的措施等提供重要依据。与此同时，为保证教育规划的科学性、合理性、可行性，必须坚持以下五条基本原则：教育与经济和社会发展相互协调的原则、各级各类教育事业协调发展的原则、数量目标与质量目标相结合的原则、从实际出发的原则、贯彻改革精神的原则。

制订教育规划的方法很多，在不同的教育规划中，所采用的方法往往是不同的。本章主要介绍了人力需求法、社会需求法、学校布局法三种应用较为普遍的方法。尽管教育规划的类型不同，其编制的程序大致是：确定规划组织形式；建立规划工作程序；建立教育规划资料库；确定规划参数，建立数学模型；拟定规划草案；评估论证和决策实施；等等。

学习活动建议

1. 阅读你所能收集到的相关文献。

2. 调查一个县级教育行政部门，了解教育行政部门相关工作人员对制订和实施教育规划的意见。

3. 对所在地的教育规划提出1~2条建议。

第十二章

教育督导

> 学习目标
>
> 了解教育督导的含义；
> 了解我国教育督导当前存在的主要问题和改革措施；
> 明确教育督导的职能；
> 了解教育督导的过程；
> 掌握教育督导的内容；
> 了解教育督导的机构；
> 熟悉教育督导的原则。

第一节 教育督导概述

一、教育督导的含义

20世纪50年代以来,美国的学者一般把教育督导理解为教育视导(supervision),即视导人员对学校教育目标的达成、课程编制与教学实施、学校人际关系与管理行为等方面的视察与指导。在我国,教育督导是指政府或其教育主管部门任命或聘任的教育专家,对下级政府或教育行政机关以及学校的教育行为,进行监督、指导、反馈的教育行政管理活动。理解这一概念应注意以下六点:

(1)教育督导是政府或教育行政部门管理教育的行为。教育督导一般从国家普及义务教育时开始建立,并随着普及义务教育目标的实现,逐步加强对学校管理、学科教学水平和学生学习质量的评估及监控。

(2)教育督导系统是构成科学、健全的教育行政系统的重要部分。决策系统、执行系统和监督系统形成了现代教育管理的一个完整体系。只有决策、执行系统,而没有监督系统,必然使教育决策缺乏科学论证,执行缺乏监督检查,使教育管理处于低效率、低效益的运行状态。

(3)监督系统应相对独立,即相对独立于决策、执行系统。主要表现在机构相对独立,保证督导机构能够独立行使教育督导职权;工作独立,使工作不受决策和执行部门的影响,保证督导工作的客观性和公正性。

(4)教育督导的主要职能是监督、指导、反馈和做好参谋。

(5)督导机构设置必须与其职能相适应。

(6)督学必须是教育管理或教学专家。

二、教育督导的意义

1. 开展教育督导,是落实教育优先发展战略的需要

近些年来,党的历次大会都把教育摆在了社会主义现代化建设过程中优先发展的战略地位上，并把这一举措视作实现我国现代化建设的根本大计。为此，国家先后颁布了《义务教育法》《扫除文盲工作条例》《教师法》《教育法》《职业教育法》《社会力量办学条例》等一系列教育法律法规，并确立了教育督导制度的法律地位。国务院颁布的《教育督导条例》自 2012 年 10 月 1 日起实施，根据我国现阶段的教育管理体制，中等及中等以下的教育在国家法律法规和方针政策的指导下，主要由地方政府负责。但是，由于多方面的原因，在实际工作中，许多地方"教育优先发展的战略地位并未完全落实，教育投入普遍不足，公用经费比例下降，办学条件较差。这些问题的存在，制约着教育事业的进一步发展"。事实说明，仅仅依靠一般的行政手段和领导人的重视，是难以彻底解决这些突出问题的，常常出现"人在政举、人去政息，甚至人在政不举"的状况。教育督导的核心内容是监督执法，即依法对督导对象贯彻执行教育法律、法规、方针、政策和履行法律责任情况进行监督指导。因此，必须依靠教育督导来依法监督地方各级政府全面落实教育优先发展的战略地位，从而推动教育事业沿着健康的轨道发展。

2. 开展教育督导，是全面推进素质教育的需要

中共中央、国务院在《关于深化教育改革全面推进素质教育的决定》中明确提出："进一步健全教育督导机构，完善教育督导制度，在继续进行'两基'督导检查的同时，把保障实施素质教育作为教育督导工作的重要任务。"当前，我国正全面推进以培养学生创新精神和实践能力为核心的素质教育，教育督导在这个过程中具有非常重要的作用。教育督导通过发挥监督、检查、指导、反馈的作用，引导地方政府和中小学校全面贯彻教育方针，全面提高教育质量。教育督导从根本上改变了传统的以考试升学为主要标准来评估学校的"应试教育"评估模式，代之以"适应社会发展需要，促进人的全面发展为目标"的评估学校办学水平的素质教育评估模式，督促政府、教育行政部门和学校加强教育教学管理，规范办学行为，实施素质教育。

3. 开展教育督导，是健全教育行政管理制度的需要

在现代教育管理体系中，决策系统、执行机构和监督部门形成了一个完整的、科学的、缺一不可的体系，在立法和正确的决策之后，行政指挥和督导评估就成为教育行政的"两个轮子"。特别是随着我国教育管理权的逐步下放和教育法制的不断健全，对下级人民政府、教育行政部门和学校的执法监督和检查，显得越来越重要。因此，在现代教育管理中，教育督导日益成为决策、执行和监督反馈三个大环节中不可缺少的重要组成部分，这在世界各国的教育行政行为中已得到证实。国务院要求，在政府职能转变的过程中，要建立健全决策权、执行权、监督权既相互制约又相互协调的权力结构和运行机制，形成权责一致、分工合理、决策科学、执行顺畅、监督有力的行政管理机制。确立教育督导的法律地位是建立健全教育决策、执行、监督相互协调的行政管理体制的重要举措。

三、教育督导的类型和程序

教育督导因其划分的标准不同可以区分为不同的类型。按督导目的分，有总结性督导、调研性督导、检查性督导；按督导对象分，有督政（重在对下级政府和教育行政部门的督导）和督学（重在各级各类学校的督导）；按督导范围分，有宏观督导（如对一个地区的督导）、微观督导（如对一所学校的督导）；按督导内容分，有综合督导、专项督导（如学科督导）和经常性检查（如临时性督导）；按督导时间分，有巡视式督导（时间短）、蹲点式督导（时间长、较深入）、跟踪式督导（不止一次、前后连贯）、定时式督导（如阶段性定时督导或规定每学期甚至每月、每周的督导日期）、不定时式督导（不定时间的经常性、突然性督导）；按督导人员分，有专职人员督导（督导人员独立一人负责的督导）、集体督导（几人以上集体参加的督导）、联合督导（有外单位参加的集体督导）。

开展教育督导，特别是综合督导和专项督导，应当遵循一定的程序。如《北京市教育督导规定》第13条规定，综合督导和专项督导应当按照下列程序实施：

(1) 向被督导单位下达督导方案或者督导提纲，并发出《督导通知书》。

(2) 指导被督导单位进行自查自评。

(3) 对被督导单位进行督导检查或者督导评估。

(4) 向被督导单位通报督导结果，提出督导意见，并下达《督导结果通知书》。

遵循"程序优先"的原则，是当前依法督导的必然要求。

四、我国教育督导当前存在的主要问题和改革措施

我国教育督导目前主要在管理体制、运行机制、结果运用和督学队伍建设等方面

都存在不同程度的问题。在管理体制方面,主要是教育督导机构缺乏相对独立性,督导委员会各成员单位还没有充分发挥作用,地方各级教育督导机构设置不规范、管理不严格。在运行机制方面,主要是督导定位不够清晰,既当"裁判员"又当"运动员"的现象还普遍存在,督导工作重点不突出,督导方式方法仍比较落后。在结果运用方面,主要是督导报告缺乏权威性,督导意见常被"束之高阁";整改问责不力,没有真正形成震慑。在督学队伍方面,总体上人员严重不足,各级督学都面临专职少兼职多、年龄结构老化、专业水平不高、条件保障不够、吸引力不足等问题。

为解决以上问题,党中央、国务院作出明确部署,要求深化教育督导体制机制改革,提高教育督导的权威性和实效性,促进教育督导机构独立行使职能,落实督导评估、检查验收、质量监测的法定职责。在指导思想上,坚持以习近平新时代中国特色社会主义思想为指导,全面贯彻党的十九大和全国教育大会精神,紧紧围绕确保教育优先发展和落实立德树人根本任务,以优化管理体制、完善运行机制、强化结果运用为突破口,不断提高教育督导质量和水平。在发展目标上,力争到2022年,基本建成全面覆盖、运转高效、结果权威、问责有力的中国特色社会主义教育督导体制机制。具体来说,在督政方面,构建对地方各级政府履行教育职责的分级教育督导机制,督促省、市、县三级政府履行教育责任。在督学方面,建立国家统筹制定标准、地方为主组织实施,对学校进行督导的工作机制,指导学校不断提高教育质量。在评估监测方面,建立教育督导部门统一归口管理、多方参与的教育评估监测机制,对各级各类学校办学行为和教育质量进行评估监测,为改善教育管理、优化教育决策、指导教育工作提供科学依据。

在改革措施上,将着力推动教育督导在管理体制、运行机制、问责机制、督学聘用和管理机制、保障机制等方面取得重要突破。管理体制方面,主要推动完善教育督导机构设置,全面落实教育督导职能,充分发挥各级教育督导委员会成员单位的作用,强化对地方各级教育督导机构的领导,确保教育督导机构能够独立行使职能。运行机制方面,主要是建立健全"督政、督学、评估监测"三位一体的中国特色社会主义教育督导体系,进一步加强对地方政府履行教育职责的督导,加强对各级各类学校的督导,加强和改进教育评估监测,改进教育督导方式方法。问责机制方面,主要通过完善报告、反馈、整改、复查、激励、约谈、通报、问责八个方面的制度,强化教育督导的权威性和严肃性。督学聘用和管理机制方面,明确要求配齐配强各级督学,创新督学聘用方式,提高督学专业化水平,严格教育督导队伍的管理和监督,着力建设一支数量充足、结构合理、业务精湛、廉洁高效、专兼结合的督学队伍。保障机制方面，提出加强教育督导法制建设，切实落实教育督导条件保障，加快构建教育督导信息化平台，加强教育督导研究等改革举措。

第二节 教育督导的职能

教育督导的职能是指教育督导的人员、机构和活动应起的作用。教育督导之所以成为教育管理的重要组成部分，在教育管理过程中有其相对的独立性和不可或缺的环节，是因为它有其特定的职能，发挥着不同于其他教育管理活动的作用。根据国务院2012年发布的《教育督导条例》的规定，教育督导的职能主要是监督、指导和反馈。

一、监督职能

监督是指上级行政机关对下级行政机关和学校工作进行控制、规范和督促，使其沿着正确的轨道运行。其实质是行政执法监督，其目的是使国家的教育法规政策得到贯彻和执行，促进教育事业得到发展。具体来说，教育督导的监督职能主要起着控制和规范作用。

1. 教育督导的控制作用

根据《教育法》的规定，中等及中等以下教育在中央大政方针的指导下，由地方人民政府实行统筹和管理。就义务教育而言，"地方政府"涉及省、市、县、乡四级，涉及各级政府中的绝大多数职能部门，以及企事业单位和各种社会团体。从范围上看，还涉及社会、经济、教育和自然条件相差较大的各个行政区域。如何使各级政府履行自己的职责，就必须发挥教育督导的控制功能。通过教育督导机构的行政监督，协助政府加强对所辖区域内教育管理和发展过程的控制，加强对各职能部门教育行为的控制，加强对社会力量所办教育机构的控制，纠正对教育的错误认识和行为，敦促有关各方努力克服困难，落实政府的教育发展战略，保证国家和各级政府教育目标的实现。

2. 教育督导的规范作用

教育督导的规范作用主要表现在以下两个方面：

（1）规范各个被督导单位对教育的认识。我国经济、社会发展对教育提出了许多新的课题，必然会对教育产生一定的影响，这些影响可能是积极的，也可能是消极的。教育督导的作用就是坚持用党和国家关于教育的方针、政策、法律、法规来规范被督导单位对教育问题的正确认识。这有利于促使因循守旧者将认识提高到党和国家关于教育的方针政策及律法规上来，也有利于疏导少数被督导单位的偏离基本原则和违反教育客观规律的认识及行为。

（2）规范行政机关的教育政策和学校的规章、制度。我国幅员辽阔，各地差异较大。因此，应允许各地根据当地的实际情况制定适宜的地方教育政策，但必须服从中央的大政方针。教育督导的规范作用就是运用中央的大政方针来规范各地具体的教育政策，使地方教育政策体现、服从中央的教育政策法规，从而体现我国教育法制统一的原则。同样，我国中等及中等以下学校数量庞大，各地、各个学校之间的办学条件、培养目标等方面差异性较大，应当允许并鼓励各校根据实际情况制定学校管理规章制度，办出特色，但也不得与教育政策法规相抵触。

教育督导的规范作用，对于学校而言，就是运用党和国家关于教育的方针政策、法律法规，运用当地政府和教育行政部门所规定的学校工作原则来规范学校的规章、制度。这也是校长负责制的前提、基础和保证。

二、指导职能

教育督导不仅要监督，还要在检查的基础上对被督导单位进行指导。指导，就是根据监督和检查的结果，帮助被督导单位找出问题的原因和解决问题的方法。这可以说是教育督导的目的所在。督导指导的范围十分广泛，从教育管理、教育课程、教育内容到教育方法，从地方政府、教育行政部门到学校、课堂都需要指导。

一般而言，教育督导的指导作用，主要表现在教育督导机构运用科学的评估方案对有关对象进行评估和检查。这些方案体现了党和国家关于教育的方针、政策、法律、法规的基本原则和要求；体现了教育及其管理的客观规律；体现了经济、社会发展对教育的要求；体现了受教育者的成长规律。评估方案是政府关于教育发展战略思想和目标的具体化和操作化，在一定程度上体现了科学性和可行性的统一。运用这些方案对被督导单位进行评估和检查，就是指导。它有助于被督导单位和人员较好地达到方案所提出的标准与要求，有助于被督导单位正确认识自身工作所取得的成绩、存在的问题和努力的方向。因此，这些方案本身对各自的客体而言具有一定的指导作用。教育督导的实践证明，督导机构所制定的督导评估方案，对那些刚走上领导岗位、不太熟悉教育规律、不太熟悉教育管理和学校管理的人来说，更具有较强的指导作用。

同时，教育督导的指导作用，不仅体现在督导评估方案的指导上，而且体现在督导评估意见的指导上。根据教育督导的工作程序和要求，教育督导人员在对被督导单位的有关情况进行较深入、广泛的信息采集之后，必须在信息处理、集体研究并取得一致意见的基础上，向被督导单位反馈督导评估的结果。不仅要充分肯定被督导单位所取得的成绩，认真总结先进经验，而且要指出其存在的问题，分析问题产生的原因并提出解决问题的建议；还要就其今后的有关工作提出发展思路。因此，这些督导评估意见对被督导单位以后的教育工作具有一定的指导作用。

三、反馈职能

从政府管理教育的环节来看，它包括决策、信息传输、执行、监督、反馈等环节，因此，督导信息的传递与反馈在教育督导过程中具有十分重要的作用。

首先，教育督导起到了信息传递的重要功能。一方面，它可以通过各种有效的方式使被督导单位了解并帮助其正确而全面地理解教育决策；同时，在总结被督导单位的教育经验、纠正不当或错误的教育行为的过程中帮助其解决思想认识上的问题，以便更好地把握教育决策。另一方面，教育督导人员由于了解政府的教育决策过程，了解政府领导在教育发展上的战略意图，并与教育行政部门联系密切，了解较大范围的教育经验，因而能较为直接地、准确地传递有关教育信息。

其次，教育管理系统的教育管理信息反馈，对于决策的修正、补充、更改和后续决策也是十分重要的。根据有关教育督导的规定，教育督导机构对被督导单位进行督导、检查或根据政府领导的要求对教育方面的某些案件调查后，必须及时将其结果向本级政府（必要时必须向上级政府）汇报。因此，教育督导是政府管理教育的一个重要的信息反馈途径。

第三节　教育督导的过程

教育督导是一个复杂的系统工程，要顺利地完成好这项工程，就必须采用一套严密、科学、规范化的程序和方法。教育督导过程就是把教育督导活动的各项内容，按其先后顺序，有机地组织在一起，成为一个具有特定功能的整体。确立一个完整的教育督导过程，有助于落实方案的基本内容，保障督导全过程的有效实施和管理，加强督导全过程的监督和调控。教育督导过程一般包括：准备阶段、实施阶段和总结阶段。

一、准备阶段

1. 组织准备

组织准备包括：①就某一督导事项成立专门的督导小组，设置一定形式的督导办事机构，聘请有关专家作为兼职督学。②提前与被督导单位联系，以便被督导单位了解督导要求，做好必要准备，更好地与教育督导人员协作。③阅读被督导单位的有关书面材料，先掌握被督导单位的一些基本情况，以便节省时间，集中精力研究主要问题。④安排具体的工作日程，既便于被督导单位正常进行工作，也便于督导工作的有序运转。建立和完善督导组织机构，必须理顺各种关系，尤其是要与政府和教育行政部门建立起联系。

2. 人员准备

人员准备包括：①组织有关人员学习督导的知识和相关文件，使其明确督导目的、意义和要求，树立起全面贯彻党的教育方针、全面提高教育质量的价值取向。②做好督导人员的思想工作，端正教育督导人员的工作态度，强调督导工作的纪律要求，从而使教育督导人员以高度的责任感和实事求是的科学态度认真负责地做好督导工作。③明确教育督导人员分工、督导方法以及日程和注意事项。

3. 方案准备

方案准备包括：①明确督导目的。督导目的是指开展督导活动想要得到的结果，即为什么要督导。②拟定督导提纲和标准。提纲主要是确定督导项目和具体内容。内容一般宜少些、具体些，便于被督导单位按提纲做准备，也便于教育督导人员做深入的调查研究。标准是评估的依据，便于教育督导人员把握方向和做出公正的判断。③选择收集和处理督导信息的方法。④设计表格和文本，准备督导用具。这是上述工作的延伸，主要是根据督导要求设计相应的、便于统计分析的表格。包括被督导单位的审计表、各类数据表、实地调查表、现场汇报提纲、专家评议表等；同时还应准备有助于督导调查、测量、统计分析等的用具。

二、实施阶段

实施阶段是督导工作的中心环节，要通过对被督导单位的严密视察和科学评估，充分发挥对下的监督、指导职能，并为对上的参谋和反馈打基础。主要的任务和工作内容包括：

1. 发动

发动包括：与被督导单位的领导见面，召开见面会，初步听取汇报，分析情况，落实督导计划的具体安排，动员有关群众，争取群众的密切合作。

2. 收集督导信息

收集督导信息是开展督导活动的重要环节，信息收集的多少和质量的高低直接关系到督导结果是否具有科学性。为了确保督导工作顺利开展，每次督导收集的信息均应达到以下要求：

（1）全面性。全面性指收集的督导信息要能反映督导目的、督导准则和标准所规定范围内的全部信息，不能有任何方面的缺漏。

（2）准确性。准确性指在众多的反映被督导单位状况的信息中，要收集到反映本质的信息。

（3）真实性。真实性指收集到与被督导单位的实际状态相一致的信息。但在实际中，督导信息失真的现象屡有发生。这主要是因为选用的方法不当，或测试工具缺乏效度，或疏忽大意、张冠李戴，或无中生有、故意作假。

（4）足量性。实践表明，只收集一次督导信息就获得正确的结果是不可能的，必须多次收集。收集督导信息的方法有：教育督导人员按分工深入实际，有计划地了解和掌握被督导单位工作的全面情况，可以通过有关专题汇报、审阅材料、座谈会、个别谈话、参加活动、实地考察等方式，真实、全面地获得各方面的为督导所需要的信息资料，完成视察任务。

3. 整理督导信息

整理督导信息是指将收集到的全部信息，反复加以核实，对督导信息的全面性、准确性、真实性、足量性，以及收集方法的可靠性认真进行检查、分析和整理。信息整理一般包括以下三个步骤：

（1）归类。即将各教育督导人员取得的信息资料，在规定的时间内汇集归口，初步理出类别。

（2）审核。即根据既定的督导目的，对全部信息逐一审核、鉴别、筛选，去粗取精、去伪存真。尚缺的信息及时补充，代表性差的信息及时舍弃，需要运用统计方法加工的信息及时进行处理。

（3）建档。即将审核后的督导信息，根据督导指标体系分门别类地制定成统一的表格形式和卡片形式，然后进行编号建档，为得出督导结论做好准备。

4. 整合督导结果

整合督导结果是教育督导人员将分项评定的结果，运用教育理论知识和统计方法，把它们汇总成被督导单位的整体综合结论。这要求督导组织者，对汇总的各级督导结果进行定性、定量分析，形成督导意见。必要时，可对评价对象做出优良程度的区分，或做出是否达到应有标准的结论。

5. 召开初次信息反馈会

在结束督导工作前，一般要召开由有关人员参加的初次信息反馈会。会上，督导组负责人做督导总结，并请与会者发表对督导工作的改进意见。反馈会对督导组来说，是工作成果的检验。对被督导单位来说，是一次较为全面的重要指导（在督导过程中往往只是个别的、一般性的指导），是改进自己工作的关键。因此，教育督导人员会前需要与有关人员先行交换意见，必要时可先开骨干会作为准备。反馈会的重点在于正面教育，提出的问题也属于带有普遍性的问题。有关修订工作计划、牵涉领导作风的问题，一般宜于向领导人单独提出，遇有重大意见分歧，不宜过早下结论，可以提出来讨论，也可以留待以后研究，暂不向对方提出。

三、总结阶段

总结阶段的主要任务在于深入地总结工作，扩大督导的作用，帮助和指导被督导单位改进工作；同时还要了解被督导单位对督导工作的反馈，改进督导工作。主要包括：

1. 分析诊断问题

为了充分说明督导结论，有效地促进被督导单位改进工作，还需要对有关资料进行细致分析，并对被督导单位的优劣状况进行系统评论，以帮助其找出存在的问题及问题的症结所在。分析诊断问题常用的方法有：

（1）趋势直推法。趋势直推法就是以被督导单位过去和现在的情况为依据，按照其自身发展的趋势推断未来的情况。

（2）趋势横推法。趋势横推法就是拿被督导单位与同类者相对照进行分析推断，来确定被督导单位在同类中的位置。

（3）因果分析法。因果分析法就是在其影响达标要素的诸因素中，分析出哪些是促进因素、哪些是干扰因素，以及它们所带来的后果。

2. 撰写督导报告

督导报告是根据督导目的、要求对被督导单位所做的总结。督导报告要公正地肯定成绩，指出优点、经验；也要实事求是地、具体地指出缺点和问题；还要提出建议，明确今后努力方向。当然，这是一般的要求。根据不同情况，也可以只侧重某一方面。

3. 开展督导指导

开展督导指导是根据调研和评估的结果，对被督导单位进行帮助和辅导，以促进其改进工作，提高教育质量和效率的过程。

（1）对面上工作的指导。可以采用会议的形式或书面的形式（转发督导报告、根据督导报告发指示、印发督导工作纪要、写成文章发表等）对面上的工作起指导作用。

（2）改进行政部门自身的工作。下面发生的问题，也可能是由于上级领导部门的工作失误和不当而造成的，因此反馈督导结果，改进上级领导部门的工作，也是处理督导结果的重要工作内容。这里也包括通过督导发挥对上的"参谋""反馈"职能作用。

4. 反馈督导结论

督导结论的信息反馈是督导总结阶段的重要环节，包括向有关领导部门汇报督导结论，为其进行决策提供依据；在一定范围内的同行中公布督导结论，使同行们相互借鉴；向被督导单位反馈，必要时要对某些结论做慎重解释，并向被督导单位提出今后改进工作的建议。

5. 督导工作的总结

督导工作的总结包括：

（1）总结督导工作的经验教训，探寻督导活动的规律，提高督导工作的效益，使督导工作走上科学化的发展轨道。

（2）开好督导工作总结会议，表彰先进，鞭策后进，不断提高督导质量。

（3）建立督导资料档案，将督导过程中各项文件、计划、方案、数据和总结等，立卷建档，并建立督导档案管理制度，以备今后查阅和研究之用。

第四节 教育督导的内容

一、教育行政督导的内容

教育行政督导是指上级教育行政部门对下级政府及其教育行政部门的监督、检查、评估和指导。督导的范围主要包括政府的教育工作情况和教育行政部门的教育工作情况。教育行政督导具有重要意义，它可以促使政府履行教育职责；可以促使教育改革不断深化；可以保证国家教育法规、政策的贯彻；也可以促使教育行政管理的科学化发展。教育行政督导主要包括以下内容：

（1）组织工作的督导。包括督导教育行政组织是否完善，组织建设是否符合本地教育事业发展的需要。

（2）领导工作的督导。包括政府是否确立了"教育必须为社会主义建设服务，社会主义建设必须依靠教育"的指导思想；是否把教育摆在了优先发展的战略位置；是否把解决教育的有关问题列入政府的重要议事日程；是否把教育发展目标列入领导成员的任期目标；是否把发展教育事业纳入当地经济发展的总体规划。

（3）教育政策法规执行的督导。一是按照这些法规政策和上级的决定、指示做好对教育发展的行政管理工作；二是根据国家的法规、政策和上级的决定、指示制定一系列的实施细则，并以行政手段推动下级教育部门对其的执行。

（4）教育事业发展规划的督导。包括教育规划制订是否科学、合理、可行；各级教育是否构成了协调的整体；教育发展规划是否适应了社会经济发展的需要；规划是否有实施的具体方案和步骤；特别是看有没有经费上的保证；等等。

（5）教育管理工作的督导。包括考察分级办学、分级管理的基础教育管理体制的落实情况；是否建立了县、乡、村和学校领导者的教育目标管理责任制；是否建立了有效的管理运行机制；考察依法治教情况和义务教育的发展情况及学校教学秩序的稳定情况。

（6）教育队伍建设的督导。包括师资队伍建设和教育管理队伍建设。

（7）教育经费筹措和使用的督导。是否逐步提高国家财政性教育经费支出；关于《教育法》规定的"三个增长"各级政府是否贯彻到位；教育资源是否得到了合理配置。

（8）教育社会效益的督导。

二、中小学督导的内容

中小学督导是根据教育的性质、教育法规、政策和教育方针所确立的教育目标，制定一套科学、可行、具体、明晰的督导评估指标体系，运用科学的手段和方法，对学校的全部工作状况和工作效果，进行系统的监督、检查、评估和指导，并将督导结果及时上报主管行政部门，为及时解决学校中存在的问题提供依据，及时向被督导单位通报督导评估情况，使其明确成绩、发扬优点、发现问题并及时解决这些问题。通过此过程，以期达到实现工作目标、提高教育质量和效益的目的。根据相关法律法规的规定，中小学督导的内容主要有：

1. 办学方向

主要包括：是否坚持教育为社会主义现代化建设服务，实行教育与生产劳动相结合，适应经济、社会发展和学生自身发展的需要；是否面向全体学生，因材施教；是否全面进行德育、智育、体育、美育和劳动教育，促进学生生动活泼地主动发展，保障教育目标的实现。

2. 管理体制和领导班子

主要包括：校长负责制的运行；党组织政治核心作用的发挥；民主管理与监督，教职工积极性的发挥；依法办学，执行有关教育的法律和规章；领导班子的办学思想，政治、业务素质，领导能力，领导作风，廉洁自律；团结协作，党政系统在工作中的协调；校长岗位培训情况。

3. 教师管理与提高

主要包括：专任教师编制及实有人数和师生比例，平均工作量；学历、职称、专业、年龄结构，任职资格合格率，非教学人员占教职工总数比例；教师的职业道德、业务水平、工作实绩；教师聘任制的运行，考核与奖惩；教师业务培训和提高，继续教育，骨干教师、青年教师的培养；教职工的思想政治工作；有关法规、政策的执行情况；教师住房和医疗保健等方面的情况。

4. 教育教学工作

主要包括：根据学生实际，进行思想教育、道德教育、行为规范、养成教育和心理健康教育措施的落实；思想品德课和思想政治课的开设；班级、团队、学生会工作；校内外德育基地和环境建设；在学科教学及各项工作中渗透德育，教书育人、管理育人、服务育人；校风建设；正常教学秩序的建立与维护；课程计划与教学大纲的执行，学科课程的开设，选修课程的开发，活动课程的落实；教学过程的组织、实施和监控；教学研究与教学改革；教材的使用和辅导资料的管理；学生学习习惯与学习能力的培养；因材施教，对品行有缺陷、学习有困难学生的帮助与辅导；劳动、劳动技术教育与社会实践；职业指导教育；体育、卫生工作制度；体育与卫生课的开设；课外体育锻炼；国防教育；健康教育与卫生监督；早操、课间操、眼保健操的施行；音乐课、美术课的开设；美育在教育教学活动中的渗透；学校教育、社会教育、家庭教育的结合；学生个性的培养；考试与考核；学生学业负担的控制。

5. 行政工作的常规管理

主要包括：行政管理机构的设置，职责划分和运作情况；年度计划的制订与落实；规章制度、岗位责任制的建立与执行；学籍管理，招生计划的执行，班额控制，统计辍学率、留级率；信息和资料的收集与统计分析，档案管理；后勤服务；财务管理与监督；收费项目与收费标准的执行；各种教育设施及设备的使用、管理与维修；安全教育与安全保卫措施；勤工俭学。

6. 办学条件

主要包括：年教育经费开支及经费来源，生均经费，生均公用经费；校舍、场地及其他教学设施；校园规划；校园环境建设；教学仪器、图书资料及各类器材的配备。

7. 教育质量

主要包括：学生的思想政治观点（高中）、道德判断能力、文明行为习惯、个性心理品质、自律能力；操行合格率；有犯罪行为学生的比例；基本知识和基本技能；各年级全科合格率；高中会考合格率；毕业年级毕业率，按时毕业率；体育锻炼和卫生习惯，学生的身体发育、体质、体能状况；毕业年级体育成绩合格率；各年级近视眼及其他多发疾病的发病率；学习能力；创造能力；动手能力；审美能力；兴趣爱好；劳动态度和劳动技能；生活自理能力。

第五节 教育督导的机构和人员

一、教育督导机构

具有近现代意义的中国教育督导始于清朝末年，"废科举，兴学堂"开启了中国近代学校教育，1905年，清政府成立学部，参酌日本文部省官制，设视学官。1909年，清政府颁布《视学官章程》，视学制度正式确立。辛亥革命后，国民政府于1912年建立了中央教育部，沿用清末视学制度。1913年公布《视学规程》，而后，又相继颁布了《视学处务细则》《视学留部办事规程》《视学室办事细则》《修正视学公费规程》等章程。全国逐步建立起中央、省、县三级视学网络。1931年8月，颁布《教育部督学规程》，同年9月颁布《教育部督学办事细则》，此后督学制度逐步在全国建立并加强。

中华人民共和国成立伊始，在教育部设立了视导司，各级教育机构设立了视导室或视学室。1955年10月，教育部颁发了关于加强教育视导工作的通知，强调教育视导工作是我国教育行政的一个重要组成部分，它的任务就是对所属学校实现国家督导与指导。1958年以后，因受"左"的影响，教育视导组织被削弱，视导工作被其他教育行政部门所取代。党的十一届三中全会以后，教育视导制度开始恢复。1986年经国务院批准，国家教委成立督导司。1991年，国家教委发布了《教育督导暂行规定》。1995年9月，《教育法》以法定的形式确立了教育督导与评估制度。2012年，国务院颁布了《教育督导条例》。《教育督导条例》明确规定教育督导包括两项内容：一是县级以上人民政府对下级人民政府落实教育法律、法规、规章和国家教育方针、政策的督导，即督政；二是县级以上地方人民政府对本行政区域内的学校和其他教育机构（以下统称学校）教育教学工作的督导，即督学。2020年，中共中央办公厅、国务院办公厅印发了《关于深化新时代教育督导体制机制改革的意见》，提出要在2022年基本建成全面覆盖、运转高效、结果权威、问责有力的中国特色社会主义教育督导体制机制。在督政方面，要督促省、市、县三级政府履行教育职责。在督学方面，要建立教育督导部门统一归口管理、多方参与的教育评估监测机制，为改善教育管理、优化教育决策、指导教育工作提供科学依据。

目前，全国已经形成中央、省、地、县四级教育督导机构网络。在教育督导机构设置上，各地创造和积累了一些好的做法和经验。其中，主要有两种机构设置形式。一是建立人民政府教育督导机构，明确代表人民政府及其教育行政部门依法行使教育督导职能，并对本级人民政府负责。二是在教育行政部门内部建立专门的教育督导机构，由同级人民政府授权，代表人民政府及其教育行政部门依法行使教育督导职能。

中央教育督导机构是国家教育督导团。国家教育督导团及督导团办公室的主要职责是：①依据国家的教育法律、法规、方针、政策，制定教育督导与评估工作的方针、政策、规章和有关文件；②组织国家督学对地方各级政府和教育行政部门以及中等和中等以下各类学校贯彻执行国家教育法律、法规、方针、政策的情况进行督导、评估、检查、验收；③宏观指导各地的督导与评估工作；④当前主要是抓好"两基"实施和巩固提高的督导检查和评估验收工作；⑤建立素质教育的督导评估和检查验收机制，保障素质教育的全面推进。

省级教育督导机构的主要职责是：①对本行政区域贯彻执行教育法律、法规、方针、政策的情况进行督导检查；②对下级人民政府及有关职能部门履行教育职责的情况进行督导检查；③对本行政区域内"两基"的实施和巩固提高工作进行督导检查和评估验收；④对本行政区域内中等和中等以下学校和其他教育机构实施素质教育工作进行督导评估和检查验收；⑤制定地方教育督导与评估的工作制度和指导性文件。

县级教育督导机构的职责主要是：①组织实施本区、县的教育督导工作；②对本区、县贯彻执行有关教育的法律、法规、规章和方针、政策的情况实施督导；③对本区、县有关行政部门、乡镇人民政府领导、管理教育工作的情况实施督导；④依据分工对中等及中等以下各级各类学校的办学方向、教育质量实施督导；⑤会同教育行政部门组织协调本区、县教育评估工作；⑥对本区、县教育工作中存在的重大问题进行调查研究，向区、县人民政府及其教育行政部门报告和反映情况，提出建议；⑦组织督学进修，开展教育督导的科学研究；⑧履行区、县人民政府授予的其他职责。

二、教育督导人员

教育督导人员（督学）是执行教育督导公务的专业性的行政人员。根据国务院2012年颁布的《教育督导条例》规定，国家实行督学制度。县级以上人民政府根据教育督导工作需要，为教育督导机构配备专职督学。教育督导机构可以根据教育督导工作需要聘任兼职督学。兼职督学的任期为3年，可以连续任职，连续任职不得超过3个任期。

在国家教育督导团，设总督学、副总督学和督学三级。在地方，一般称督学，其领导分督学主任、督学副主任。兼职督学，一般在符合督学条件的人员中聘用，具有与专职督学同等的职权。

1. 督学的基本条件

根据《教育督导条例》的要求，督学应具备下列条件：

(1) 坚持党的基本路线，热爱社会主义教育事业。

(2) 熟悉教育法律、法规、规章和国家教育方针、政策，具有相应的专业知识和业务能力。

(3) 坚持原则，办事公道，品德端正，廉洁自律。

(4) 具有大学本科以上学历，从事教育管理、教学或者教育研究工作10年以上，工作实绩突出。

(5) 具有较强的组织协调能力和表达能力。

(6) 身体健康，能胜任教育督导工作。

符合上述条件的人员经教育督导机构考核合格，可以由县级以上人民政府任命为督学，或者由教育督导机构聘任为督学。

2. 督学的行为准则

(1) 深刻理解国家的教育宗旨，热爱教育事业，发扬奉献精神，恪尽监督、指导之责。

(2) 认真学习国家有关的法律、法规和方针、政策，增强依法治教观念，提高督导水平。

(3) 钻研教育理论，熟悉教育管理工作，掌握教育督导与评估的理论、方法和技术，探求教育规律，支持教育改革，促进教育发展，在工作中精益求精。

(4) 坚持原则，依法办事，敢讲真话。对违反法律、法规和违背教育规律的行为态度明确，及时制止、纠正或引导解决。

(5) 深入基层，深入群众，了解真情，实事求是。对被督导单位的评价客观公正，言之有据。提出的督导建议中肯、确切。

(6) 作风民主，对人热情、坦诚，尊重被督导单位，热心为地方和学校服务。保障被督导单位的正常工作秩序，维护被督导单位的合法权益。与其他有关部门密切配合，团结协作。

(7) 遵纪守法，秉公办事；崇尚俭朴，拒腐倡廉；严于律己，以身作则。

3. 督学的职权

教育督导室和督学，有权采取下列方式对被督导单位进行督导：听取情况汇报；查阅有关文件、档案、资料；参加有关会议和教育、教学活动；召开有关人员参加的座谈会，进行个别访问、调查问卷、测试、现场调查。

教育督导室和督学在督导活动中依法行使下列职权：

(1) 查阅、复制财务账目和与督导事项有关的其他文件、资料。

(2) 要求被督导单位就督导事项有关问题做出说明。

(3) 就督导事项有关问题开展调查。

(4) 向有关人民政府或者主管部门提出对被督导单位或者其相关负责人给予奖惩的建议。

被督导单位及其工作人员对教育督导机构依法实施的教育督导应当积极配合，不得拒绝和阻挠。

第六节 教育督导的原则

一、法治性原则

教育督导的法治性原则是指督导活动必须遵循依法治教的原则来监督、检查、评估和指导教育活动。在我国，就是要依据党和国家制定的教育方针、政策和法律、法规以及被督导单位的任务来开展督导工作，引导被督导单位全面贯彻国家教育方针，全面提高教育质量，提高办学水平和办学效益，更好地为社会主义建设服务。贯彻这一原则应注意以下两个问题：

1. 以贯彻教育政策、法规作为督导的出发点和主要依据

《教育法》规定："国家坚持以马克思列宁主义、毛泽东思想和建设有中国特色社会主义理论为指导，遵循宪法确定的基本原则，发展社会主义的教育事业。"《教育法》还规定"必须为社会主义现代化建设服务、为人民服务，必须与生产劳动和社会实践相结合，培养德、智、体、美等方面全面发展的社会主义建设者和接班人"的教育方针，以及其他保障教育事业沿着社会主义方向健康发展的一系列法律法规。这就明确规定了教育督导的指导思想，并为教育督导提供了法律依据。

2. 督导行为要与现阶段教育改革和发展的要求相结合

我国教育改革发展进入新的时期。当前我国正处于由教育大国向教育强国、由人力资源大国向人力资源强国迈进的历史新阶段。新形势对教育督导提出了更高的要求，落实教育优先发展战略、促进教育公平、提高教育质量，需要教育督导发挥更重要的保驾护航作用。只有从法律上进一步确立教育督导的职能，才能从根本上保障教育规划纲要提出的新时期教育改革与发展的各项目标任务的完成。各督导机构要依据《教育督导条例》，制订工作计划和督导方案，并认真组织实施，逐步在全国范围内全面推行促进教育改革和发展的督导评估制度。坚决改变以升学率高低为主要指标评估教育政绩优劣、办学水平高低、教师工作好坏的做法。督导工作要为学生营造一个互相关心、互相帮助、生动活泼发展的和谐环境。

二、客观性原则

客观性原则是指在进行教育督导时，必须具有客观、实事求是的态度，公正、准确地反映被督导单位的性状和特征，不能主观臆断和掺杂个人感情。教育督导是一项科学性很强的工作，督导工作是否客观、实事求是，关系到督导结果是否正确，也关系到督导目的的实现。因此，从某种意义上说，遵循客观性原则是做好教育督导的根本出发点，是做好督导工作的基本保证。贯彻客观性原则应注意以下三点：

1. 坚持实事求是的态度和公正的立场

教育督导人员在督导时应具有实事求是的态度和坚持公正的立场。实事求是是党的思想路线的核心，也是开展督导工作的指导原则。教育督导只有坚持了实事求是的思想路线，才能客观地做出价值判断，否则就会挫伤被督导单位的工作积极性，妨碍教育工作的顺利进行。同时，教育督导人员应坚持公正的立场，不徇私情、不怀偏见、主持公道。要求教育督导人员对每个被督导单位一视同仁，对于相同的情况要相同对待，不能显失公平。教育督导人员不能以督导的名义将主观意志、个人好恶强加于被督导单位。客观与公正是相辅相成的统一整体。离开客观，公正就失去了基础；没有公正，客观就是一句空话。只有两者有机结合，才能提高教育督导工作的科学性和有效性。

2. 督导要做到全面、准确

在进行教育督导时，要全面、准确地考察教育的实际工作，多方面地听取意见，包括被督导单位对自己的看法；尽可能多地收集第一手信息资料，避免道听途说、捕风捉影和主观猜测；对来自不同方面、不同性质的意见，要注意核实情况，弄清事实，有些不同意见一时难以弄清的，要注意分析其原因以及量与质的区别，不能主观臆断、随意取舍；做督导结论时，对收集到的情况材料必须加以辨别、鉴定，去伪存真，剔除谬误，没有弄清的情况不能作为依据。

3. 要有科学的督导技术和方法

在教育督导中，无论是督导方案的设计，还是督导信息的采集整理，无论是督导组织机构的建立，还是督导结果的整合与处理，所使用的各种督导技术和方法，都必须多管齐下，互为补充。既要在理论上有可靠依据，符合认识论和辩证法的要求，又要在实践上具有较高的可靠性和有效性。要建立一个科学合理的督导指标体系，全面地收集督导信息，使定性督导与定量督导相结合。目前，在教育督导工作中还存在一些问题，如在编制督导指标体系时，一些人把所有问题不分主次都列为督导指标，把督导指标体系搞得既烦琐又复杂，给督导工作带来不必要的麻烦；有些人在督导方式、方法上把督导工作等同于过去的评比，把"群众提名、小组评论、领导审批"的方法搬到教育督导上来；在督导结果的运用上，把督导结果只作为惩罚的手段，这只能挫伤被督导单位的工作积极性，与教育督导的真正目的背道而驰。这些现象违背了教育督导的客观性原则，极大地挫伤了教育工作者的积极性和创造性，必须引起高度的重视。

三、可行性原则

可行性原则是指教育督导必须从国家对教育的要求以及被督导单位工作的实际情况出发，在设计督导方案、制定督导指标体系、确定督导标准和实施督导活动等各个环节中，都要采取实事求是的态度，使督导工作切实可行，具有符合实践要求的可操作性。贯彻可行性原则应注意以下四点：

1. 对督导的总体要求要切合实际

如督导的范围和规模，要量力而行；在督导结果的精确度方面，也要考虑教育现象可变量大，难以控制的特点。

2. 督导评估指标要简明不失其关键、全面不失其重点

督导方案涉及的指标越多，督导运作的成本就越高，因而督导评估指标必须少而精，简明集中，但也要照顾全面，能在整体上反映被督导单位的现状。同时，督导评估指标又要突出重点，抓住关键，所设指标能集中体现被督导单位的本质属性和功能。

3. 督导标准要有可达性和鉴别力

督导标准要符合被督导单位的发展水平，既不是高不可攀，又不是唾手可得。应要求被督导单位经过努力就能达到督导标准的基本要求，经过较大的努力就能达到标准的优良水平。同时，督导标准在坚持基本标准的前提下，要有分类要求，体现不同水平、不同被督导单位的特点，不搞一刀切。

4. 督导的方法要简便易行，具有可操作性

由于我国开展教育督导活动起步较晚，督导技术和方法还比较落后，加之教育督导人员的知识结构和督导水准还不能完全适应科学督导的要求，因而客观上要求现行督导技术和方法应好学、易懂、便于操作。有些方法虽然简单、粗糙，但只要便于使用，又能彼此沟通且能基本达到督导的目的，也是可行的。

四、效用性原则

效用性原则是指教育督导必须针对实际存在的问题，充分利用督导的导向、激励作用，以促进实际问题的解决。督导活动如果不能有效地帮助被督导单位找出存在的问题，不能对其工作提供有价值的帮助，这种督导就是无实效的。贯彻效用性原则应注意以下两点：

1. 督导应针对实际存在的问题

督导工作需要花费一定的人力、物力和财力，如果督导不能解决实际问题，搞形式主义，不仅浪费了国家的钱财，而且也给被督导单位增加了很大负担，导致其反感，影响其对督导活动本身的看法。无效的督导，宁可不搞，也不滥施。

2. 督导要有较高的信度和效度

信度是指所督导的属性或特征前后一致性程度，即多次督导的结果是否一致。如果一个被督导单位在多次督导中得到近乎相同的督导结论，那么，可以认为该督导稳定可靠，其信度是高的。效度是指督导活动或督导工具能够正确体现所要督导的属性或特征的程度。它是科学督导最重要的必备条件，一项督导如果没有效度，那么，无论具有其他任何优点，都无法发挥其真正的功能。当然，效度是一个相对的概念，任何一项督导活动只有对一定的目的来说才是有效的。教育督导只有具有较高的信度和效度，才是有意义的督导。

五、激励性原则

激励性原则是指在督导过程中，督导组织者和教育督导人员要注意最大限度地调动各个方面的积极性。不仅要调动被督导单位参与督导活动的积极性，而且要注意保护和调动其在督导活动后进行教育教学改革的积极性，从而发扬优点，改正缺点。贯彻激励性原则应注意以下三点。

1. 督导活动本身要具有激励性

督导活动应成为一种从事实出发，肯定工作绩效、表彰先进、树立榜样的过程，应成为一种激励与教育的力量。因此，督导活动应该是公正、公平、公开的，那种显失公正、耍阴谋诡计的督导是不具有激励性的。同时，教育督导人员应该与被督导单位相关人员在人格上是平等的，并成为他们的表率，通过教育督导人员的言行激发被督导单位的主动性和创造性。

2. 体现民主的精神

教育督导人员是执法监督人员，要有严格执法的精神；但教育督导人员也是人民的勤务员，更要有民主的精神。教育督导人员要善于听取群众的意见，发挥所有参与者的专长和才能，与群众一起采用商量、讨论、分析、研究、建议的方法。提出批评，也要持与人为善的态度。

3. 督导活动应该促进被督导单位的发展

素质教育是"发展"性的教育，它应该为所有被督导单位获得良好发展提供重要的反馈信息。这就意味着教育督导要立足于被督导单位的差异性，从思想上、情感上、行为方式上接纳不同风格的被督导单位，尤其是要关注不同兴趣爱好、不同个性心理品质的校长。同时，督导也不能被视为筛选淘汰的工具，而是一种及时地诊断问题、总结成绩、改进教学目标、优化教学方案、促进被督导单位发展的有效手段。从"选拔"走向"发展"，更要注重发挥督导在教育活动之前、之中、之后的导向功能，促使教育活动改进，使教育目标一步一个脚印地达成，促进被督导单位获得发展。

本章小结

教育督导是指政府或其教育主管部门任命或聘任的教育专家，对下级政府或教育行政机关以及学校的教育行为，进行监督、指导、反馈的教育行政管理活动。目前，我国教育督导的基本类型主要有综合督导、专项督导和经常性检查。我国教育督导目前主要在管理体制、运行机制、结果运用和督学队伍建设等方面都存在不同程度的问题。在改革措施上，将着力推动教育督导在管理体制、运行机制、问责机制、督学聘用和管理机制、保障机制等方面取得重要突破。

教育督导的职能主要是监督、指导和反馈。教育督导过程一般包括准备阶段、实施阶段和总结阶段。教育行政督导主要包括组织工作的督导、领导工作的督导、教育政策法规执行的督导、教育事业发展规划的督导、教育管理工作的督导、教育队伍建设的督导、教育经费筹措和使用的督导及教育社会效益的督导。中小学督导的内容主要有办学方向、管理体制和领导班子、教师管理与提高、教育教学工作、行政工作的常规管理、办学条件和教育质量。目前，全国已经形成中央、省、地、县四级教育督导机构网络。在国家教育督导团，设总督学、副总督学和督学三级。在地方，一般称督学，其领导分督学主任、督学副主任。兼职督学，一般在符合督学条件的人员中聘用，具有与专职督学同等的职权。教育督导必须遵循五个原则：法治性原则、客观性原则、可行性原则、效用性原则、激励性原则。

学习活动建议

1. 了解一所学校两年内接受教育督导的次数与时间，以及该学校接受教育督导时所做的准备工作。

2. 向一名位教育督导人员了解督导的基本过程。

3. 阅读一份教育督导报告或督导反馈意见。

4. 设计一份教育督导计划。

第十三章

教育评价

学习目标

了解教育评价的含义；
明确教育评价的基本功能；
熟悉教育评价的主要类型；
理解教育评价的基本原则；
区分教育评价的主要方法；
掌握教育评价实施的基本步骤。

第一节 教育评价概述

一、教育评价的定义与模式

教育评价是一个系统地收集有关信息，为教育决策服务的过程。这一定义涉及教育评价的两个重要特性。

其一，教育评价首先是一个信息收集的过程。信息可以由书面问卷得来，也可以由讨论中得来，可以由私人谈话得来，也可以由观察得来。评价不是评价者关起门来，凭主观印象打分，而是必须向有关方面和有关人士收集资料，听取意见，了解情况，实地调研，汇总信息。科学的评价与日常生活中的评价不同，科学的评价必须系统地收集信息，不带有主观偏向，不得随意地、零乱地收集信息。科学的方法、手段和合理的程序是现代教育评价成功与否的重要保证。教育现象是一种十分复杂的现象，对一个学校教育工作进行评价，必须运用现代先进的分析技术（如教育测量、教育统计、定性分析、控制技术等）来对所取得的原始材料进行科学处理和精密分析，对评价的程序进行合理的规定。

其二，教育评价要为教育决策提供依据。收集信息不能漫无边际。收集哪些信息，收集什么样的信息，取决于评价的目的，教育评价中收集信息的目的在于为教育决策者在不同决策方案中做出挑选服务，通过评价来促使教育工作者（政府决策者、教育行政官员、学校管理者、教师等）对自身的工作绩效和失误进行反思、控制，对影响实现教育目标的因素（人、财、物、法令、时空等）进行优化，从而为实现教育的近期目标和长远目标创造更好的条件，并为实现最终目的做出更大的贡献。

为了进一步把握教育评价的准确含义，下面把两个相关的概念加以区分。

1. 评价与测量

教育测量是按照一定的法则，运用数学语言对教育现象的属性予以数量化的过程。

它包括三个要素：①教育测量的对象——教育现象的属性；②教育测量的工具——某一确定的法则；③教育测量的结果。通过测量，我们可以使某一特定的教育事实数量化，但测量并不是我们研究问题的最终目的，我们还需要对该教育事实的测量结果进行价值判断，即进行教育评价。由此可知，评价和测量是紧密相连的两个概念，测量是评价的基础，若没有测量，就没有可进行评价的素材。评价是对测量结果的进一步判定，若仅有测量，而不进行评价，则无法确定该教育事实属性的价值如何，是优还是劣。

2. 评价与评比

教育评比是我国教育界普遍使用的一种管理手段，它通过对人或事物的比较，认定达标差异。评比有三个基本特征：①评比属于横向的比较认定；②评比以考核指标为评比项目；③评比以导向和激励为主要功能。评价有时候会对评价对象采用评比方式，但评价远比评比来得多样化，更趋于科学。

下面简述四种最有影响力的教育评价模式。

（1）泰勒的行为目的模式。

教育评价作为一个概念最早于1929年由美国教育家泰勒（R. W. Tyler）提出。他于20世纪30年代主持了美国教育史上著名的"八年研究"（1933—1940年），在批判地吸收传统的教育测验理论的基础上首次明确地提出了教育评价的指导思想和理论方法，把评价建筑在教育目标分类的基础上，形成了教育评价的行为目标模式。他认为，教育首先要把教育的总目标转化为可测量的学生行为目标，根据行为目的编制课程、编写教材和进行教学，然后根据行为目标进行评价。泰勒倡导的教育评价赋予了传统测验以新的含义，测验成了搜集资料的手段，它以教学目标为依据来开展，通过测验，教育评价对学生达到教育目标的程度做出判断。这种以教学目标为依据进行的目标达到度评价，被称为教育评价的行为目标模式。此外，教育评价经过半个世纪的发展又出现了一些新的评价模式。

（2）斯塔弗宾的决策中心模式。

这一评价模式由美国著名教育评价学专家斯塔弗宾（L. D. Stufflebeam）提出。他认为，教育评价不应局限于目标的达到程度，还要评价达到的背景、条件和过程，从而为教育决策提供更加全面的信息。这一评价模式把评价分成四个方面：①背景评价，即对评价对象的整体状况做出评价，以确定原有工作目标是否恰当；②输入评价，即对达到目标所需的条件、资源所做的评价,以确定目标达到的可行性;③过程评价,即对工作过程所做的评价和获得的反馈;④结果评价,即对目标达到程度所做的评价。这一评价模式将教育工作目标也列为评价对象,并将评价贯穿于教育工作的全过程。

(3) 斯克里文的目标游离模式。

这一评价模式由美国教育学家斯克里文(M. Scriven)提出。他认为,教育评价不能仅限于评价教育目标的达到程度,还应当考虑到工作产生的"非预期效果",这种非预期效果有时是很大的,教育评价不仅要对照决策者的意愿来检查效果,还要收集民意,考察工作实际收到的效果。这一评价模式拓展了评价者关注的视野。

(4) 法庭评价的对手模式。

这一评价模式形成于20世纪70年代初期。它引进了法庭评价的技术,适用于重大决策在确定之前听取两种截然不同的观点,也适用于听取对工作效果的两种截然不同的评价。它通常由评价者决定问题,由观点不同的两方评价人员进行辩论准备,最后是听证和形成结论。这一评价模式适用于对争议性较大的工作的评价。

多年来,教育评价获得了很大的发展,表现出四个特点:①评价目的从早期的选拔学生转向为改进教和学服务;②评价对象从单纯的学生成绩扩大到教育的所有领域,小到课堂教学,大到国家宏观教育政策;③评价手段多样化,从早期的纸笔测验发展到现在的计算机测试,从单纯的数量评价发展到数量评价与语言描述相结合;④评价人员的专业化,教育评价在重视评价对象的主动参与的同时,越来越趋向专业化,出现了许多专业的教育评价机构、团体、出版物和培训机构。

二、教育评价的功能

教育评价的功能即教育评价所具有的效能或所能发挥的作用。教育评价的功能包括诊断功能、改进功能和鉴定功能。

(一) 诊断功能

在学校某项工作开始前、某一决策方案出台前或整个评价活动开始前,可以进行准备性评价。这种评价具有预测性和诊断性,其目的是了解评价对象的现状和存在的主要问题,同时也包括对评价对象的各种优势特点的了解,从而有针对性地制订工作方案和计划。在教学开始前进行的诊断性评价，其主要目的就是认清评价对象所处的水平状态。

在教学工作中，诊断性评价的主要作用在于确定致使教育低效、无效的根本原因，依此而设计出一种有助于学生排除学习障碍的教育方案。而对于那些已掌握了一部分或全部教材内容的学生，可设计出一些发挥他们的长处并防止他们厌烦和自满的教学方案来。可见，这种诊断的目的是促进学习，而不是评定成绩的好坏。

对于各级教育行政部门来说，做好诊断性评价是十分重要而有益的。为了制定某项教育行政性法规或制定某一教育改革方案，无论在法规条例制定的过程中，还是在方案正式出台之前，做好诊断性评价工作，都将会使方案更为切合实际，有助于一个新方案顺利地实施，以取得预期的效果。可见，做好诊断性评价是制定一个科学的工作法规条例或教育改革方案的基本前提。

（二）改进功能

教育评价的目的并不在于评价自身，而在于改进教育工作，教育评价的改进功能是教育评价的主要功能，它主要通过形成性评价进行。教育过程是一个不断发展不断变化的动态过程，为提高教育质量，这个过程需要不断完善和改进。教育评价本身就是改进教育活动的积极表现，同时，教育评价又是改进教育活动的重要手段。

形成性评价是在学校工作方案、计划实施过程中进行的评价，是对照学校工作目标经常地检验教师工作状况或学生各方面发展水平状况而进行的评价。

形成性评价也被称为过程评价。总是在某一工作方案或计划在实施与执行过程中进行的，其目的不是预测，也不是为评定成绩或总结，而是为了解工作的进展情况，以便及时调整工作的状态。比如在具体的教学过程中，形成性评价就是为了测定评价对象对某一具体任务掌握的程度，并指出还没有掌握的那部分任务或者在学习过程中存在的问题或不足，其目的不是给学生评定学习成绩或做学业证明，而是帮助学生也帮助教师把注意力集中于掌握知识的程度上。在教学过程中，教师要对学生进行形成性评价，教师也可以对自己的整个教学工作进行形成性评价，以便更好地改进教学。对于一个改革方案，尤其是重大的改革方案，在方案的具体实施过程中及时做好这种形成性评价是十分必要的，因为任何一个重大方案的制定都是建立在一定的预测基础上的，但这种预测是否符合实际情况，有待在具体的执行中来检验。因而，形成性评价将有助于教师及时发现问题，以便及时对方案做出适当的调整。

（三）鉴定功能

鉴定功能是教育评价的重要功能之一。从教育评价的发展历史看，教育评价在其早期阶段是以发挥鉴定功能为主要特征的。"鉴定"意味着对教育活动的成效甄别优劣，它与总结性评价密切相连。鉴定具有选拔、分等的效能，对于比较同类评价对象之间的优劣高下具有重要作用。鉴定的对象可以是学生，可以是教师，也可以是教育机构或教育方案。通过成绩测验等方法可对学生的发展水平做出鉴定（这种鉴定亦称学力评定，常用的方法为常模参照法和目标参照法），通过问卷法和其他方法可对教师的工作成效予以鉴定，通过综合性的评判可以对一所学校的办学水平是否符合或达到某一标准进行鉴定。

鉴定是中小学教育评价的功能之一，但不是中小学教育评价的根本目的，因此，在中小学教育评价实践中，切不可将评价与评优完全等同，评价的根本目的在于改进和提高中小学教育工作质量，而不仅是为了分出优劣高下。

以上对三种评价功能的区分也不是绝对的，在实际评价工作中它们相互联系，相互渗透。比如诊断性评价，一般来说是一种工作初始时的准备性评价，但是，实际上由于任何一项工作都是有前后延续性的，阶段的划分也只是相对的，形成性评价也有诊断的性质。没有诊断性评价就不能成为真正的科学的评价，它只能是一种主观臆断，而没有形成性评价也就必然失去评价的意义。

教育评价发展到今天，已成为各国政府和各级教育行政机构以及学校自身加强对各级学校进行宏观管理和各类学校内部微观管理的重要手段。教育评价的功能日益突出，各国对教育评价也越来越重视。

1985年以来，我国国家教育行政主管部门相继发布了对各级各类学校的评价要求，2020年10月，中共中央和国务院印发了《深化新时代教育评价改革总体方案》，要求各地完善立德树人体制机制，扭转不科学的教育评价导向，坚决克服唯分数、唯升学、唯文凭、唯论文、唯帽子的错误倾向，提高教育治理能力和水平。该文件提出，到2035年中国要基本形成富有时代特征、彰显中国特色、体现世界水平的教育评价体系。

三、教育评价的类型

教育评价从不同的角度可以划分为多种类型。以下简述教育评价的四种分类方法。

（一）宏观评价与微观评价

宏观评价与微观评价，是依据评价对象的范围来划分的。教育的宏观评价以教育政策及教育事业的总体状况为评价对象，它涉及大中小学教育的各个方面。宏观评价的范围可以是世界范围内的学术比较评价，也可以是一个国家、一个地区某时期教育的评价。宏观评价的内容包括国家某一时期的教育体制、教育性质、教育方针政策、教育目标、教育行政管理及教育的内容、方法、条件与质量，以及教育与社会发展、教育与政治经济等。

而教育的微观评价是指对某一学校或某些学校内教育工作的运行状况的评价。在中小学教育评价工作中，应注意宏观评价与微观评价相结合，这样有助于通过评价工作既把握全面，又突出重点，抓住典型，认清主要问题。一般来说，以宏观调控为目的的评价，应更注重宏观评价，以求全面把握材料，避免以偏概全。以解决具体细节问题为目的的评价，应更注重微观评价，以求更深入地认清事物的本质，有助于对问题的深入研究。

（二）相对评价与绝对评价

按照评价参照的标准，可将教育评价分为相对评价与绝对评价两种。

相对评价是以某一确定群体（如年级、班组、教研组、学校整体等）的教育的平均状况为基准，对群体中的个体逐一进行检测和考评，进而通过相互比较而确定个体所处的相对位置的评价活动。相对评价也称常模参照性评价。所谓常模，是指某一确定群体实际平均水平的数量化表示，一般是一个或者一组数值指标。常模的客观性和准确性，在一定程度上决定着相对评价的科学性和有效性。因此，开展相对评价的基础工作就是建立常模参照系。

绝对评价是指在评价对象群体之外，根据一定的目标和准则确定一个标准，在评价时，将每一个评价对象与确定的标准进行比较而做出评价结论的评价。比如，我国的高中毕业会考就属于一种绝对评价，凡达到合格要求的高中学生都可以得到毕业资格。

绝对评价的评价标准是独立于评价对象群体之外的相对客观的尺度，它与评价对象群体的实际水平无关。比如，国家制定的有关中小学办学条件、师资、教育目标等方面的法规条例都可作为中小学绝对评价的标准，它是独立于任一评价对象群体之外的客观要求和尺度。由于绝对评价的评价标准比较客观，如果评价是准确的，那么评价之后，每个评价对象可以明确自己的实际水平及与客观标准的差距。对于中小学来说，绝对评价有利于创设一种积极上进的、宽松的工作环境。

由于相对评价与绝对评价各有利弊，优缺点共存，所以在实际评价工作中不能只单纯长期使用其中一种，而应注意将两种评价结合起来，以求取长补短。这也是现代评价的一种发展趋势。

（三）自我评价与他人评价

根据评价主体的不同，教育评价可分为自我评价与他人评价。

自我评价就是评价者根据一定的标准对自己进行评价。比如，学校对自身教育质量的评价，教师对自己的教学思想、内容、方法、态度、效果等的评价，学生对自己的德、智、体、美、劳各方面发展的评价，等等，都是自我评价在教育评价中的具体体现。

自我评价是教育评价中一种最主要、最经常的评价形式。组织有效的自我评价，有助于评价者进行自我认识、自我教育、自我提高，还有助于提高广大教育工作者提高自我评价的能力。

他人评价就是指评价对象以外的组织或个人依据评价标准对评价对象进行的评价活动。这种评价包括各级教育行政部门所做的检查与督导、专家评价、同事与同行的评价、社会各界的评价，以及学校领导对教师的评价、教师对学生的评价、同学之间的互评等。他人评价不涉及评价范围的大小，而是指评价者不是自己，所以他人评价又称外部评价。

在他人评价过程中，如果是上级对下级的评价，则评价过程是一个指导与被指导的过程。如果是同行间的评价，其评价过程则是一个相互学习的过程。一般来说，他人评价要比自我评价更为客观、真实，更容易看到成绩与问题的所在，更有益于评价对象总结经验及同行间相互学习，共同提高。

（四）单项评价与综合评价

根据评价的内容来分，中小学评价可分为单项评价与综合评价。单项评价是先对评价内容进行分解，其中对某一个具体项目的评价即是单项评价。比如，在对中小学评价中，可以将中小学教育分解为德育、智育、体育、美育、劳动教育五个方面；在对中小学办学条件的评价中，可分为领导班子、教师队伍、校舍、设施设备、经费等方面，对其中某一方面的评价可以说是单项评价。

综合评价是对评价对象的整体进行全面评价。综合评价方法有两种基本的思路，一是通过分析的方法，先对评价对象的评价内容进行分解，在单项评价的基础上汇总做出全面的评价结论。二是直接通过综合的方法，不对评价内容进行分解，而是凭经验对评价对象的整体进行评价，这种评价简便，一般适用于非正式评价。比如，领导在视察某校后，做出一个比较简单的综合性评价，表示印象很不错，"办学条件较好""办学质量高""教师队伍素质高"等。

单项评价与综合评价之分不是绝对的，在不同的评价对象条件下，可以相互转换。比如，在以办学条件为评价对象时，对领导班子、教师队伍、物质条件、经费的评价都是单项评价，对办学条件的评价则为综合评价。如果以整个学校的教育教学为评价对象，此时对办学条件的评价则为单项评价，它与对办学水平等方面的评价并列。可见，所谓的单项评价与综合评价之分是相对的。

在实际的评价过程中，单项评价与综合评价相辅相成，互为补充。单项评价是综合评价的基础，综合评价是单项评价的综合。在做好单项评价的基础上做好综合评价，能够避免"只见树木，不见森林"的错误；在重视综合评价的同时，注重做好单项评价，有助于深入、准确地掌握资料，避免笼统、模糊的评价倾向。

此外，评价功能还可以分为诊断性评价、形成性评价和总结性评价，按评价方法可分为定量评价和定性评价。定量评价和定性评价这一部分内容将在本章第三节展开说明。

第二节 教育评价的原则

教育评价的原则是指教育评价必须遵循的基本要求和基本准则，对评价活动具有普遍的指导意义。从教育评价的专业角度看，有两个基本的原则必须遵循：有效原则和可信原则。

一、有效原则

评价的有效性，就是评价结果达到评价目的的程度。评价一定要经过测量来搜集信息，评价对象是整体的、多方面的。测量只能把评价对象区分为多个方面来分门别类地搜集信息，这种分门别类地搜集来的信息反映评价对象的有效程度就是评价的效度。教育评价者关注的效度主要有三类。

（一）内容效度

这指的是评价中所选用的试题对评价内容的代表程度。一学期或一学年结束后，学生对所学内容的掌握程度如何，中小学的教学质量如何，有必要经过学科测试来了解情况并做出评价。每门学科在进行考试时，不可能把所学过的知识点都拿过来考试，这就要求试卷中所选中的试题能有较好的代表性，能覆盖学科一个学期或一学年的主要内容，能展示学生学习的不同技能水平，该了解的内容、该背诵的内容、该运用的内容，要有所区别。要编制双向细目表，其中一项是学科中不同单元或不同专题的知识分布；另一项则是学生技能水平。内容效度可以请专家结合双向细目表来对试题进行估计，也可以用克隆巴赫 a 系数公式（见后页）来测算。内容效度主要用于学生成绩评价。

（二）结构效度

具体的评价对象，如时间、长度、体积等，测试时容易把握。但有时评价对象是抽象的，如教师对学生的爱心、对事业的责任感；学生的学习动机、智力、情绪、意志等抽象的概念或结构是难以直接评价的。我们所能做的就是测量抽象结构的外部表现形式。结构效度就是抽象结构的外部特征反映抽象结构的程度。确定结构效度首先要建理论框架，然后把抽象概念或结构具体为外显行为，同时，对外显行为的形成原因进行假设，再围绕这些假设搜集信息，分析各种外显行为之间的一致性。结构效度主要用于个性特征和心理品质的评价。

（三）标准效度

这是指一种评价结果与另一种同类评价结果之间的一致程度。标准效度又可分为两类：同时效度和预测效度。同时效度是指一种评价结果与另一同时进行的评价所获结果之间的一致程度。如两家评价机构用同样的评价工具，同时对中学教育进行评价，这两家评价结果的一致性就是评价的同时效度。预测效度是指先期进行的评价所获评价结果与以后对同一评价对象的评价结果的一致程度。

二、可信原则

评价的可信性就是运用评价同一工具在不同时间评价同一对象时，评价结果的稳定性和一致性。评价要通过测量来搜集信息，测量不可能绝对精确，总是含有一定的误差。评价信度用两次测量结果的相关性来表示，评价信度系数的取值范围为从 0 至 1。教育评价总是力求取得高信度系数。具体来说，评价信度有以下四种计算方法：

（一）等值信度

先后用两个题型、题量、难度、区分度相等的试题，对评价对象先后进行两次测验，这两次测验的分数的相关性就叫作等值信度。如果测验的信度高，这两次测验的分数应当非常接近。

（二）再测信度

用同一种试卷对相同的评价对象进行两次或者多次的测验，这些测验结果之间的相关程度就叫作再测信度。再测信度越高，则多次测验的结果越接近、越稳定。

（三）二分信度

在编制测验试卷时，把测验试题分成相等的两部分。所谓相等指的是试题的内容相同，题型、题量相等，难度、区分度相近。一份试卷中两部分试题得分之间的相关程度就叫作二分信度。如果二分信度很高，一份试卷中两部分试题的得分要么同是高，要么同是低。

（四）单测信度

只进行一次测验，对测试所得结果用克隆巴赫 a 系数公式来计算信度，这样计算得到的信度反映了试题内部的一致性。克隆巴赫 a 系数公式为：

$$a = (K/K-1)\left[1-(\Sigma S_i^2/S_T^2)\right]$$

公式中，a 为信度系数，K 为题目数，ΣS_i^2 为每题各评价对象得分的方差之和，S_T^2 为每个评价对象所得总分的方差。因其计算量很大，评价中通常使用 SAS（Statistical Analysis System，统计分析系统）或 SPSS（Statistical Product and Service Solutions，统计产品与服务解决方案）这样的计算机软件来计算克隆巴赫 a 信度系数。

影响信度的因素有很多，测验时间的长短会影响到信度系数。测量出的内容会影响到信度。学术领域和技能领域的评价信度会明显高于有关心理品质的评价信度。

第三节　教育评价的方法

从评价方法看，教育评价可分为定量评价和定性评价。有时需要评价信息是定性的，有时需要评价信息是定量的，有时需要评价信息既定性又定量。

一、教育的定量评价

（一）定量评价的概述

定量评价指的是对现实世界的条件特征做出定量的全局性的估计。通过对样本中的人的测量与调查，定量评价试图对各种人类行动的表现做出描述、比较和相关分析，从而达到预测和控制人类行为及社会现象的目的。定量评价意在对总体情况及其在不同背景下的特征做出估计。这就要从总体中随机抽取若干个体（个别的人或机构）作为样本，描述样本的特征，对样本的各种特征进行相关分析，并对样本中的不同小组的特征做出比较，最后根据样本的情况对总体的情况做出相应的估计。决策者从而以较少的费用，通过对较少个体的调查，获得对全局的客观可信的了解，在制定政策时对全局心中有数。下面将按定量评价的步骤分别加以说明。

（二）定量评价问题的选取

教育评价的第一步工作就是要选取适当的评价问题。评价问题的选取首先要考虑到政策需要。评价者要了解当前重要和紧迫的教育问题，了解教育决策者的兴趣所在，从中选出有代表性的问题。在基础教育方面经常受到评价的问题有：学生的入学率问题，辍学问题，毕业合格率问题，课程的适用性问题，教育的成本与费用问题，边远地区和少数民族学生的教育机会问题，教师的职前职后培训问题，教育的分级管理问题，教材教法的更新问题，等等。

一旦评价的问题明确以后，接下来就要把评价问题具体化，就要注意提问题的方式和所提问题的可操作性。评价只是提供有关现状的信息，它不直接回答怎么办的问题。只有把怎么办的问题转化为是什么的问题，评价的问题才可以找到答案。例如，关于小学教育机会均等的问题，我们所提的问题不是怎样促进教育机会均等，而是教育机会不均等表现在哪些方面，不均等的程度有多大，哪些因素导致教育机会的不均等。在表现方面，通常涉及的是入学率、巩固率和合格率。在发展中国家，男女生在小学阶段的这三项指标上有明显的差异。在每项指标上差异有多大，是由哪些因素造成，这些都是教育评价可以明确回答的问题。

（三）定量评价的抽样

一旦评价问题确定之后，评价者就要考虑怎样来回答这些问题，即让谁来回答和怎么回答这些问题。让谁来回答的问题就是抽样所涉及的问题。教育评价中经常涉及的评价对象包括学生、家长、教师、校长，以及教育行政官员和校外辅导人员。以向学生调查为例，全国有那么多的学生，究竟抽多少学生，怎样抽这些学生，必须依照抽样的原理和方法进行选择。抽样是一门复杂的统计技术，这里限于篇幅，仅列出四种主要的抽样方法：

（1）简单随机抽样。
（2）等距抽样。
（3）分层抽样。
（4）整群抽样。

在大型的教育评价中，分层抽样和整群抽样是常用的抽样方法。分层抽样和整群抽样在最后抽取个体时也需要使用简单随机抽样和等距抽样的方法。

（四）定量评价工具的编制

定量评价中常用的工具是问卷（包括学生问卷、教师问卷、校长问卷和教育行政官员问卷等）和考试（对学生的考试）。问卷是一种用来搜集信息的自我报告工具，它由一系列问题组成，要求被调查人回答所提出的所有问题。使用问卷有三个前提条件：一是被调查人能读懂并理解所提问题；二是被调查人有能力回答这些问题，也就是说这些问题处于被调查人知道的范围；三是被调查人愿意诚实地回答这些问题。缺少这些条件，问卷效果就大受影响。

问卷在设计中有一些格式问题,如问卷的前面应有简短的说明,告诉被调查人该问卷的目的和要求、问卷的保密性,从而打消被调查人的心理顾虑,以及该问卷调查对被调查人和其他人的意义。问卷可长可短。短到一页纸,几个问题,长到十几页纸,上百个问题。如果问题多了,就可以把所有问题分成几个方面,列小标题,这样既有利于答卷又有利于处理数据和分析数据。问卷中的问题可以采取选择题的形式,也可以采取问答题的形式。

(五) 定量评价数据的收集,处理与分析

数据收集就是拿设计好的研究工具(如问卷表、测试题、面谈问题表等)到现场进行测试或者请被调查人书面或口头作答,从而取得研究所需要的数据。在小型的教育评价中一个人可以承担所有的数据收集任务。但在大型的评价中,通常要动用很多人来协助工作。这就要求对协助人员进行培训,让他们理解该评价的目的与要求,从而使评价的数据尽可能全面可信。有了这些写在纸上的数据还不够,在教育的定量评价中,通常的做法是把数据输入计算机,由计算机来处理数据。

二、教育的定性评价

(一) 定性评价的概述

教育的定性评价是基于对教育活动的现场观察甚至亲自参与,通过与有关人员的深入交谈,通过阅读有关的书面资料,来理解教育工作者的主观感受的方法。其理论依据是,现实世界不是一个等待人去观察的静止不动的东西。对同样的东西,不同的人会有不同的感受。定性评价就是以定性方法去理解人的主观感受,从人的主观感受中去理解教育问题的来龙去脉,从而找到解决问题的线索。定性评价可以单独进行,也可以与定量评价结合进行。

(二) 定性评价问题的选取

定性评价问题的选取当然也要考虑到教育决策的需要,也有一个把评价问题具体化的过程。与定量评价不同的是,定性评价的问题并不是一开始就很明确的。定性评价的过程就是一个对话的过程。评价者提出一个问题,请被调查人回答。究竟会得到什么样的回答,评价者先不去设想。如果被调查人的答案中有出人意料的地方,那么评价者就要跟踪问下去，直到弄清楚为止。

（三）定性评价的抽样

定性评价的抽样不同于定量评价的抽样。定量评价的样本要能全面准确地代表总体，就像建筑模型酷似建筑本身一样，像地图反映地貌特征一样。定性评价的抽样重在典型，其样本内的个体数不必大，也不必准确地代表总体，而在于所选取的样本具有典型意义，有思考的余地，能提供很多深层信息，说明很多问题。定性评价中常用的抽样方法有：

1. 极端抽样

这种抽样就是抽取两极，即极端好的和极端差的，极端难的和极端易的。通过极端抽样来发现问题和解决问题的方法，在中国的教育行政领域早就受到关注，所谓"抓两头带中间"，就是通过分析极端例子来发现问题和解决问题，从而带动全局。

2. 普通抽样

如果想了解教师们的生活，当然可以看特级教师一天的时间是怎样度过的，看看他们的教学负担和生活环境，也可以了解一下事业心不强的教师们的情况。但这并不等于我们对大多数普通教师的情况有了真切的了解。看看那些名不见经传、默默无闻的教师们是怎样生活和工作的，会带给评价者很有意义的信息。

3. 配额抽样

很多事情很难分好与坏、难与易。比如，各民族之间就没有好和坏的问题。每个民族在中国都享有同等的权利和地位。如要研究少数民族学生的学习积极性问题，就可以从不同的少数民族学生中各选一部分做样本来进行研究。

4. 滚雪球式抽样

在很多定性评价中，评价者在一开始并不是很清楚究竟应该抽取哪些人而不抽取哪些人。在调查的过程中评价者不断地听各种被调查人提到某人或某事，则说明该人或该事很重要。评价者虽然事先没有想到也没有听说，但他会立即把注意力转到大家都提到的该人或该事上，做深入研究。也可能从该人或该事中又发现了新的线索，评价者再顺着线索不断地追下去，直到找到答案为止。

(四) 定性评价资料的收集

定性评价的工具比较灵活，可以用编制好的工具去现场收集资料，也可以什么工具也没有，因评价目的而异，因人而异。在定性评价中，评价者可以在评价现场边了解情况，边明确问题，边找寻主要的调查对象。因此有人说定性评价中的评价工具就是评价者自己。这里拟联系资料收集的过程和方法来说明定性评价的手段问题。在定性评价中，下列三种评价手段是常用的。

1. 深入交谈法

这是指评价者向被调查人提出问题，请被调查人回答或者同被调查人交谈。在深入交谈中提出的问题，通常没有现成的标准答案。主要目的在于让被调查人自由发挥，敞开内心世界，从而使评价者了解到人们的真实感受。这样的交谈实际上是一种自由对话。开始是评价者通过提宽泛的问题来引导被调查人围绕一定的范围进行对话，之后，评价者就是一个忠实而热情的听众。交谈的技巧很多，关键是通过与被调查人的无拘束的交谈获取所要获取的信息。交谈可以当场用笔记录下来，也可以在交谈结束后马上追记。如果被调查人同意的话，使用录音机记录最好。

2. 现场观察法

现场观察就是深入现场去实际观察已经发生和正在发生的事情。这样，一是可以使评价者了解教育工作所处的现实环境，二是可以使评价者获得第一手资料，消除头脑中的旧观念和旧看法，三是可以发现一些平时大家都没有注意到的问题。

3. 书面材料分析法

评价一所学校和一个班级的工作，收集书面材料也是一种有效的方法，如以往学生的成绩单和期末与学年鉴定，学校的各种计划、总结与鉴定材料，学校的考勤记载与档案文件，这些都可以成为收集和分析的对象。分析书面资料的重点是发现活动的主体、内容、对象、方式、途径、效果与原因，同时还要透过现象看本质。

(五) 定性评价资料的分析

定性评价中的资料分析不同于定量评价中的统计分析。这里涉及的不仅是数值，更重要的是对意义的分析，从而发现给人们的思想和认识带来启示和震动的东西。定性分析就是要从纷繁复杂的资料中找到秩序、类型，并说明这些秩序与类型所反映的问题与意义。

第四节 教育评价的实施

教育评价按评价对象分为教育政策实施的评价，政府对教育工作管理的评价，学校教育工作的评价，教师评价和学生评价。针对这些评价对象实施的教育评价需经一定的程序，这个程序包括三个步骤：确定评价方案、收集和处理信息、撰写评价报告和反馈。

一、评价方案的形成

评价方案的优劣直接影响着整个评价的质量。这里遇到的第一个问题是谁来制定评价方案。有些时候是行政部门来制定评价方案，行政部门根据自身工作需要，经常会组织综合性评价。有些时候，为加强评价的公开性和客观性，教育行政部门会委托学术部门和外部人员进行教育评价。这些受委托的人员要根据行政部门的要求来制定评价方案。还有些时候，教育行政部门会开展评价招标，在比较不同竞标机构的评价方案后挑出最好的一种评价方案。不管是谁来组织评价，都需有专门的评价机构，包括评价专家组和办事机构（秘书处），专家组要对评价的技术问题把关，办事机构要按评价专家组的要求开展具体评价工作。

第二个问题是评价目的。这里要解决"为什么评价"的问题。任何一个评价都要弄清评价的目的。有些评价是鉴定性的，看教育工作是否达到预期目的，对现有教育人员和机构进行区别和分类；有些评价则是诊断性的，看教育工作中存在哪些问题，产生问题的原因是什么，怎样解决这些问题。目的不一样，评价方案也就不一样。在鉴定性评价中，评价标准要非常清晰，把关要严格，严守自上而下的程序。在诊断性评价中，评价标准是粗线条的，重在征求基层意见与建议，听取他们的想法，因此评价的开放程度大。

接下来第三个问题是"评价什么"。有些评价侧重于评价学生的学习成绩与教育效果，有些评价侧重于评价教师的教学，有些评价侧重于评价学校管理，还有些评价侧重于评价课程计划、教育投资水平及教育设施配置，不是所有的问题都能在教育系统内解决的，因此有些教育评价还涉及家长心态、社会对教育的需求及期望。

明确了上述三个问题之后，就可以着手制定评价方案了。评价方案一般包括以下内容：①评价的目的；②评价人员的组成；③评价方法；④评价过程安排；⑤评价条件配备；⑥评价结果的反馈方式与对象。

二、评价信息的收集与处理

评价方案确定之后，就要依据评价方案收集信息。收集的信息愈全面，评价的准确性就愈高。收集信息的方法很多，通常分为定性和定量两种方法。具体来说，包括学生成绩测验，各种形式的现场观察，个别谈话和各种形式的座谈会，听汇报和情况介绍，现场听课和听教师说课，查阅工作计划、工作小结、教师备课笔记和学生作业等书面材料，请校长、教师和学生填写问卷等方法。这些方法各有其优缺点，要从实际出发，有选择地组合使用。

评价信息的处理包括定量处理和定性处理两种方式。定量处理就是对定量数据进行集中程度、离散程度和相关程度的分析。一组数据的集中程度是用集中量数来描述的，主要包括算术平均数和中位数。算术平均数就是一组数据的总和除以数据的总频数所得的商，简称平均数、均数或均值。中位数是一组按大小顺序排列的数据中居中间位置的数据，简称中数。当一组数据的个数为奇数时，中位数就是正中位置的那个数；当一组数据的个数为偶数时，中位数就是中间两个数值的平均数。

一组数据的离散程度通常用全距、方差和标准差来表示。全距就是一组数据中最大值与最小值之差，也叫两极差。全距计算简便，但受极端的数值影响很大，绝大部分数据没有参与运算。为了反映所有数据的变异性，统计学中使用方差，即一组数据中每个数据与平均数的差异的平方和，标准差即方差的平方根。

两种数据之间的相关程度可以用相关系数来表示。两个变量的变化方向一致时叫作正相关，两个变量的变化方向相反时叫作负相关，两个变量的变化方向无一定的规律时叫作零相关。相关系数的取值范围为正负 1 之间。

评价信息的定性处理就是从总体上对被评单位和个人做出关于其工作的定性的综合意见。必要时这种综合意见对评价对象做出优良程度的区分，或者对其合格与否做出结论。与此同时，对形成的原因进行分析，从而帮助评价对象找出问题的症结所在。定性处理主要借助于对评价信息的逻辑分析和归纳。

三、评价报告的撰写与反馈

在完成评价信息的收集和处理后，评价者有必要就评价过程和结论进行全面的叙述，提出相关建议，并将结果以报告的形式反馈给决策者和评价对象。

评价报告包括两大部分，即封面和正文。

评价报告的封面提供下列信息：①评价项目的名称；②评价者姓名；③评价报告接受者姓名；④评价活动实施时间；⑤呈送评价报告时间。

评价报告的正文提供下列信息：①评价报告提要，含评价的目的、主要结论和建议；②评价方案的背景信息，即评价方案出台的原因、编制过程及理论依据；③评价过程，即收集信息和处理信息的过程；④评价结果。

本章小结

教育评价是通过系统地收集教育信息，为教育决策提供依据的过程。教育评价具有诊断功能、改进功能和鉴定功能。科学地进行教育评价有利于学生学习水平的提高，教师教学工作的改进，学校教育质量的提高和国家教育水平的提高。科学地评价要讲究信度和效度。具体来说，评价采用的是两种方法：定量评价和定性评价。评价实施一般分为三个步骤：确定评价方案，收集和处理信息，撰写评价报告和反馈。

学习活动建议

1. 请联系学校工作实际说说教育评价与教育测验的区别与联系。
2. 请思考学校在接受不同类型的评价时应如何做准备。
3. 试举出日常教育评价中违反教育评价的有效原则和可信原则的例子。
4. 请思考在什么情况下只能使用教育评价的定性方法，不能使用定量方法。
5. 阅读一份教育评价报告，列出其基本的实施过程。

参考文献

[1] 法律出版社法规出版中心. 中华人民共和国教育法. 北京：法律出版社，2006.

[2] 中共中央文献研究室. 邓小平论教育（2）. 北京：人民教育出版社，1995.

[3] 刘佛年. 回顾与探索：论若干教育理论问题. 上海：华东师范大学出版社，1991.

[4] 柳斌. 关于基础教育的思考. 上海：上海教育出版社，1992.

[5] 顾明远. 素质教育的理论探讨. 北京：中国和平出版社，1996.

[6] 联合国教科文组织. 教育：财富蕴藏其中. 北京：教育科学出版社，1996.

[7] 国家教育发展研究中心. 中国教育发展的宏观背景、现状及展望. 北京：中国卓越出版公司，1990.

[8] 萧宗六，贺乐凡. 中国教育行政学. 北京：人民教育出版社，2004.

[9] 陈孝彬. 外国教育管理史. 北京：人民教育出版社，1996.

[10] 熊贤君. 中国教育行政史. 武汉：华中理工大学出版社，1996.

[11] 季明明. 中国教育行政全书. 北京：经济日报出版社，1997.

[12] 梅汝莉. 中国教育管理史. 北京：海潮出版社，1995.

[13] 李冀. 教育管理辞典（2）. 海口：海南出版社，1997.

[14] 顾明远. 教育大辞典. 上海：上海教育出版社，1999.

[15] 中央教育科学研究所. 中华人民共和国教育大事记：1949—1982. 北京：教育科学出版社，1984.

[16] 别敦荣. 关于基础教育管理体制改革的几点设想. 教育管理研究，1991（2）.

[17] 别敦荣. 教育规划. 教育研究，2002（10）.

[18] 张济正，周立，李榷. 教育行政学通论. 上海：华东师范大学出版社，1992.

[19] 黄昆辉. 教育行政学（2）. 台北：东华书局，1988.

[20] 谢文全. 教育行政制度比较研究. 高雄：复文图书出版社，1981.

[21] 陈孝彬. 教育管理学（2）. 北京：北京师范大学出版社，1999.

[22] 国家高级教育行政学院. 新中国教育行政管理五十年. 北京：人民教育出版社，1999.

[23] 孙锦涛. 教育行政学. 武汉：华中师范大学出版社，1998.

[24] 孙绵涛. 教育行政学. 北京：高等教育出版社，2001.

[25] 孙绵涛. 教育政策学. 北京：中国人民大学出版社，2010.

[26] 吴志宏. 教育行政学. 北京：人民教育出版社，2000.

[27] 杨颖秀. 教育法学. 北京：中央广播电视大学出版社，2004.

［28］李晓燕．教育法学．武汉：武汉工业大学出版社，1992．
［29］田慧生．教育环境论．南昌：江西教育出版社，1996．
［30］陈忠文．教育督导实用手册．北京：北京师范大学出版社，1992．
［31］黄崴．现代教育督导引论．广州：广东高等教育出版社，1998．
［32］沈卫理．教育督导概论．大连：辽宁师范大学出版社，1996．
［33］肖远军，等．学校人员评价．沈阳：辽宁人民出版社，1999．
［34］苏艳霞．教育政策与法规．北京：北京师范大学出版社，2016．
［35］褚宏启．教育政策学．北京：北京师范大学出版社，2011．
［36］陈学飞．教育政策研究基础．北京：人民教育出版社，2011．

教育行政概论课程组成员及其分工

学术顾问：萧宗六　贺乐凡

课程组组长：陈孝大

课程组副组长：杨永博

多种媒体教材一体化设计：杨永博

文字教材主编：陈孝大

教材编写人员

　　　　陈孝大（上海远东学校执行理事长、教授）

　　　　别敦荣（厦门大学教育研究院院长、教授）

　　　　杨永博（国家开放大学副教授）

　　　　余学锋（华中师范大学副教授）

　　　　李晓燕（华中师范大学教授）

　　　　肖远军（浙江外国语学院教授）

主讲：陈孝大